农村土地经营权抵押融资：风险控制与模式创新

吕德宏　等著

西北农林科技大学出版社
·杨凌·

图书在版编目（CIP）数据

农村土地经营权抵押融资：风险控制与模式创新 / 吕德宏等著. -- 杨凌：西北农林科技大学出版社, 2023.5
ISBN 978-7-5683-1250-9

Ⅰ.①农… Ⅱ.①吕… Ⅲ.①农业用地—土地产权—抵押贷款—研究—中国 Ⅳ.①F832.43

中国国家版本馆CIP数据核字(2023)第079020号

农村土地经营权抵押融资：风险控制与模式创新

吕德宏　**等著**

出版发行	西北农林科技大学出版社		
地　　址	陕西杨凌杨武路3号	**邮　编**	712100
电　　话	总编室：029-87093195	发行部：029-87093302	
电子邮箱	press0809@163.com		
印　　刷	西安日报社印务中心		
版　　次	2023年5月第1版		
印　　次	2023年7月第1次印刷		
开　　本	787 mm × 1092 mm　1/16		
印　　张	13.25		
字　　数	238千字		

ISBN 978-7-5683-1250-9

定价：68.00元

前 言

农村土地（简称“农地”）经营权抵押融资业务的试点和推广，探索了多种业务运作模式，为农户提供了一种新的融资渠道，一定程度上缓解了农村融资难问题，促进了农业生产的适度规模和现代化发展。总体来说，该业务在推进过程中风险仍然较高，业务流程和运作模式仍有待因地制宜地改进。因此，对于农地经营权抵押融资的风险控制与模式创新进行研究，具有重要的理论价值和现实意义。

本著作在综述国内外研究文献的基础上，阐述了农村土地经营权抵押融资的相关概念、理论和政策。依据农村土地经营权抵押融资试点地区实际调查数据，分析了我国农村土地经营权抵押融资的经营现状、运行和存在问题。运用 Logit、CreditRisk+、AHP 层次和博弈分析等研究方法和模型，研究了农村土地经营权抵押融资风险识别和信贷约束缓释效应，实证分析了农村土地经营权抵押融资的信用风险衡量、风险损失估计和信用风险控制。探究参与主体的农地经营权抵押融资信贷的行为博弈关系，构建可持续的农村土地经营权抵押融资创新模式，提出农村土地经营权抵押融资完善的对策建议。以期促进农村土地经营权抵押融资业务稳步健康开展。

研究认为：（1）政府在农地经营权抵押融资中发挥着积极主导作用，政府的风险分担作用明显，并计量和预测了风险分担基金的比例。同时构建了农地经营权抵押融资的信用风险指标和信用风险损失分布，预测了农地经营权抵押贷款的违约概率。（2）提出了基于经济资本配置的农村土地经营权抵押融资的信用风险控制方案，设定了合理的贷款利率水平缓释预期损失，通过经济资本配置动态调整农地经营权抵押融资的业务规模。（3）家庭资产、信用等级、政府贴息、参与农业保险、银行的积极性、贷后监管力度对“纯抵押型”农村土地经营权抵押融资模式运行有显著的正向影响；家庭资产、土地经营面积、信用等级、参与农业保险、土地价值评估体系、贷后的监管力度对“抵押＋担保型”农村土地经营权抵押融资模式运行有显著的正向影响。（4）农地经营权抵押贷款面临主要风险次序为：市场经营风险、政策法律风险、自然灾害风险、家庭经济风险和道德风险；土地规模差异对农户遭受农地经营权抵押贷款不同风险类型的影响程度不同，不同规模农户面临的各类风险发生的概率存在较大差异。（5）农地经营权抵押对农户信贷约束具有直接缓释效应，显著改善了农户家庭经济状况；农地经营权抵押对农户信贷约束具有间接缓释效应，显著提高了农户抵御市场风险的能力，通过抵押功能的实现，显著降低了农户道德风险。（6）农地经营权抵押融资主体的信贷行为博弈系统具有不同的演化状态；影响农户与金融机构信贷行为演化均衡的重要因素是多元的；明晰农地经营权价值、提高农地经营权变现率、降低农地经营权处置成本和信贷交易成本有利于系统向理想状态演化。

研究新颖之处在于：（1）立题符合农业农村发展现实需求，目的明确，思路清晰，方法得当，完善了农村土地经营权抵押融资相关理论，研究结论具有重要的学术价值。（2）课题开展了大量的实地调研，利用丰富的第一手资料，数据确凿翔实；对国家有关农地经营权抵押的研究文献和相关政策梳理得比较清晰到位，研究总体符合农地抵押融资改革现实需要。（3）从不同的视角分析问题、解决问题，理论与实证紧密结合，逻辑严密；且采用多种数理模型论证理论假设，得出的结论较为科学合理，有利于推进我国农村土地和金融市场发展。（4）提出以农地制度建设为核心、加强风险控制、设置特定金融产品等具体建议，符合实际，针对性强，具有一定的可操作性；研究在一定程度上为政府管理者和金融机构提供决策参考，对于推进农地的经营权抵押融资健康发展具有重要的参考价值。

这本著作是在我的国家社科课题研究成果基础上形成的，国家社科课题的题目是“农村土地经营权抵押融资风险控制及模式创新研究（15BJY153）”，已顺利结题；也得到了陕西省软科学研究计划项目（2023-CX-RKX-123)和陕西省新文科研究与改革实践项目（2021 年）的支持。同时这也是我和我的研究生们一起研究的成果，2016 届张梦娜（第四章）、2017 届张无坷（第六章）、孙金建（第八章模式运行视角分析）、彭婧婧（第八章土地流转视角分析）、2018 届常露露（第五章）、梁晓琦（第七章）、刘俊（第九章）等围绕这个主题进行了深入探索，撰写完成了各自的硕士学位毕业论文，全书的研究目的与思路、框架设计、问题设计和数据收集、修改定稿、其余章节撰写与修改由吕德宏完成。因此，这本书是我们共同的学术成果，大家是共同著作者，同学们的探索精神和求真务实的干劲值得赞许。我们对农地经营权抵押融资研究是探索性或者尝试性的，理论认识比较浅，实证分析较单薄，希望抛砖引玉，并期望对该领域的理论研究和业务发展有所帮助。研究过程中借鉴和采用了诸多学者们已有的研究观点和资料，无论在文中标注或者未标注，在此一并表示十分感谢。当然，由于作者知识水平有限，对该问题的研究也有许多不足之处，敬请批评指正。

吕德宏

2021 年 9 月

目录

第一章 导 论 /001

1.1 研究背景 /001
1.2 研究目的与意义 /003
1.3 研究思路与方法 /005
1.4 研究内容 /006
1.5 研究创新之处 /007

第二章 相关概念与理论基础 /009

2.1 相关概念界定 /009
2.2 相关理论基础 /015
2.3 农村土地经营权抵押融资法律与政策 /023

第三章 农村土地经营权抵押融资现状与存在问题分析 /027

3.1 农村土地经营权抵押融资现状分析 /027
3.2 农村土地经营权抵押融资模式分析 /032
3.3 农村土地经营权抵押融资运行效果分析 /040
3.4 农村土地经营权抵押融资运行存在问题分析 /044

第四章 基于农户认知的农村土地经营权抵押融资条件分析 /048

4.1 文献综述 /048
4.2 农户认知与融资条件理论分析 /050
4.3 农村土地经营权抵押融资条件现状分析 /052
4.4 农村土地经营权抵押融资的农户认知特征分析 /056
4.5 基于农户认知的农村土地经营权抵押融资条件实证分析 /060
4.6 研究结论 /070

第五章　农村土地经营权抵押融资风险识别与缓释效应分析 /073

5.1　文献综述 /073
5.2　农村土地经营权抵押融资风险识别分析 /074
5.3　农地经营权抵押贷款风险识别应用分析：农地规模影响差异 /081
5.4　农地经营权抵押对农户正规金融信贷约束缓释效应 /085
5.5　研究结论 /099

第六章　农村土地经营权抵押融资风险计量与控制分析 /101

6.1　文献综述 /101
6.2　农地抵押融资信用风险影响因素及信用评级 /103
6.3　农村土地经营权抵押融资信用风险度量与控制 /111
6.4　研究结论 /120

第七章　农村土地经营权抵押融资风险控制博弈分析 /122

7.1　文献综述 /122
7.2　农地经营权抵押融资主体信贷行为效果影响因素分析 /123
7.3　基于农户和金融机构的主体信贷行为演化博弈分析 /131
7.4　研究结论 /140

第八章　农村土地经营权抵押融资模式运行影响因素分析 /142

8.1　文献综述 /142
8.2　农地抵押融资运行影响因素分析：模式运行视角 /143
8.3　农地经营权抵押融资运行影响因素：土地流转视角 /153
8.4　研究结论 /166

第九章　农村土地经营权抵押融资创新模式构建分析 /168

9.1　文献综述 /168
9.2　农村土地经营权抵押融资模式创新要素的层次分析 /169
9.3　农村土地经营权抵押融资模式创新要素验证 /177
9.4　农村土地经营权抵押融资创新模式构建 /183

第十章 促进农村土地经营权抵押融资完善的对策建议 / 189

10.1 法律制度层面 /189
10.2 土地流转层面 /189
10.3 风险控制层面 /191
10.4 贷款融资层面 /193
10.5 经营主体层面 /195
10.6 配套支持层面 /197

参考文献 / 198

第一章　导论

1.1　研究背景

改革开放以来，我国的农业农村改革和发展取得了显著成效，据国家统计局数据显示，2019 年我国粮食总产量 66 384 万吨，比 2018 年增加 594 万吨，增长 0.9%，创下历史最高水平；农村居民人均可支配收入超过 15 000 元，同比增长接近 10%，农民的生活水平有了明显提升。与此同时，农户生产的金融需求也正在从过去的小额融资需求向规模化融资需求转变。长期以来，小额信贷有效缓解了农户正规信贷约束问题，但是在新的农业发展趋势下，传统的农村金融服务供给与农业经营主体的金融需求出现了不匹配的现象，农村农业融资难问题依然突出。2014 年中央一号文件明确指出进一步加快推进农业现代化进程，在农村土地“两权分离”的基础上，首次提出“三权”分置的概念，并允许以土地经营权作为抵押物向金融机构进行抵押融资。作为农村土地和金融市场深化改革的重要组成部分，农村土地经营权抵押融资成为缓解农业贷款难问题的有益探索和有效途径。

农村土地“三权”分置的提出，农村产权确权工作的逐步完成，以及《深化农村改革综合性实施方案》和《关于完善农村土地所有权承包权经营权分置办法的意见》等相关政策文件的颁布与实施，明确了深化农村土地制度改革的基本方向，也进一步稳定和推动了农地经营权抵押融资业务的广泛推行。

关于农地经营权抵押融资的尝试和探索已有十几年的时间，重庆江津县、福建明溪县和重庆开县等地分别于 2006 年、2007 年和 2008 年率先尝试农地经营权抵押融资业务。随后，政策层面对农村土地经营权抵押融资也提供了有力支持。2008 年由中国人民银行和中国银行业监督管理委员会下发的《关于加快推进农村金融产品和服务方式创新的意见》中，明确提到了“探索开展农村土地承包经营权和宅基地使用权抵押贷款业务”，为农地经营权抵押融资提供了有力指导；2010 年 7 月，中国人民银行、银监会、证监会和保监会联合下发了《关于全面推进农村金融产品和服务方式创新的指导意见》，提出应积极推出农村土地承包经营权抵押贷款，以不改变土地集体所有制性质、不改变土地用途及不损害农民切实权益为前提，探索开展农村土地经营权抵押贷款试点，创新“三农”贷款增信的有效途径和手段；中共中央先后于2013和2014年颁布了《关于全面深化改革若干重大问题的决定》和《关于引导农村土地经营权有序流转发展农业适度规模经营的意见》等政策性文件，为农村土地经营权抵押融资业务的顺利开展指明了方向，十八届三中全会指出，农户承包村集体土地的经营权可以向金融机构申请抵押融资，且完善相关法律法规，建立配套的抵押资产处置机制；2015年8月国务院印发了《关于开展农村承包土地的经营权和农民住房财产权抵押贷款试点的指导意见》，赋予农村土地经营权抵押融资功能，在维护农民合法权益的基础上，加强风险控制，增强农村土地经营权抵押融资业务的试点效果；2016年3月中国人民银行与相关部门联合印发《农村承包土地的经营权抵押贷款试点暂行办法》，从贷款对象、贷款管理、风险补偿、配套支持措施、试点监测评估等多个方面，对金融机构、试点地区和相关部门推进落实“两权”抵押贷款试点明确了政策要求；2017年中央一号文件再次强调深入推进农村承包土地的经营权试点工作，根据2018年12月29日第十三届全国人民代表大会常务委员会第七次会议《关于修改〈中华人民共和国农村土地承包法〉的决定》(第二次修正),第四十七条明确指出，“承包方可以用承包地的土地经营权向金融机构融资担保,并向发包方备案。受让方通过流转取得的土地经营权，经承包方书面同意并向发包方备案，可以向金融机构融资担保”；2019年中央一号文件《关于坚持农业农村优先发展做好“三农”工作的若干意见》明确提出:“健全土地流转规范管理制度，发展多种形式农业适度规模经营，允许承包土地的经营权担保融资。”

起初农村土地经营权抵押贷款试点县（市、区）数量为232个，覆盖了我国的31个省（市、自治区）。从全国范围内来看，我国实践中的农村土地抵押模式大致可分为：“信用+抵押”模式、“保证+抵押”模式、“反担保+抵押”模式等多种类型，各地在开展农村土地经营权抵押贷款业务的种类和进度上有所差别。经过一段时间的实践，农村土地经营权抵押融资业务取得明显成效，截至2018年6月末，全国232个试点地区农村土地经营权抵押贷款余额已达390亿元。另外，在试点地区中，有217个建立了农村产权流转交易平台，交易金额合计348亿元，其中主要是土地经营权流转。

但是农村土地经营权抵押融资业务仍然面临着较大风险，相关参与者对其风险程度的判断和控制仍不够清晰。同时，由于该项业务的运营时间较短，风险把控较难，风险防范手段、抵押物处置机制等风险控制措施尚未完全形成，致使部分地区的农地经营权抵押融资业务仍然处于初步摸索阶段。

基于上述现实背景，需对农地经营权抵押融资业务运营较早的地区进行调查研究，探究完善信贷资金支持“三农”的长效机制和管理体制，以促进农村土地经营权抵押融资业务良好发展，推动农业适度规模化和现代化发展，增加农户收入，保障粮食供给安全，服务乡村振兴。

1.2　研究目的与意义

1.2.1　研究目的

以土地经济学、制度经济学、计量经济学和金融风险理论为依据，对农村土地经营权抵押融资现状特征、影响因素、风险控制博弈、风险计量和识别、模式创新进行研究。利用大量实际调查数据，运用 logit 模型、博弈理论和 CreditRisk+ 模型，对农村土地经营权抵押融资进行生成机理和风险衡量估计，探究土地抵押融资风险类型和影响因素，在分析模式创新影响因素的基础上，提出农村土地经营权抵押融资运行创新模式和对策建议，为农地经营权抵押融资风险控制和模式完善提供理论和实践依据。研究目的包括如下 5 个方面。

（1）为农业生产、土地适度集约经营、农业现代化发展提供资金支持，在确保信贷资金安全的基础上，推动农业生产增加、农民收入增长和农村社会优先发展，促进新型农业经营主体培育和乡村振兴战略实施。

（2）促进农村土地经营权抵押融资业务的健康发展。找出农村土地经营权抵押贷款模式运行的关键影响因素，从内部原因和外部环境等方面优化农村土地经营权抵押融资运行模式，从风险控制、责任分担和市场配套等角度提出完善农村土地经营权抵押融资模式运行的对策建议。

（3）为农地经营权抵押融资风险控制提供理论支撑。度量农村土地经营权抵押融资信用风险，估计预期损失、非预期损失和在险价值，判断农村土地经营权抵押融资的总体风险，发现各影响因素之间的次序性。对农地经营权抵押融资业务进行压力测试，评估重大事件等极端情况对金融机构等相关部门带来的冲击。

（4）为农村土地经营权抵押融资信用风险控制提供依据，为农村金融机构的风险管理提供政策支持。基于农地经营权抵押融资信用风险特征，以金融机构的视角，从 RAROC 定价理论入手，对该项业务的定价合理性进行探索，判断该项业务的盈利能力，并且依据经济资本管理的思路，提出农地经营权抵押融资业务的经济资本配置方案。

（5）对农村土地经营权抵押融资业务的发展提出相关建议。促进农村土地经营权抵押融资成为农业经营主体的有效融资渠道，盘活农村资产，推进农村金融创新、农业经济增长和农村社会发展。

1.2.2 研究意义

1. 理论意义

第一，充实和完善农村土地经营权抵押融资相关理论。从农村土地经营权抵押融资模式运行出发，探究模式运行关键影响因素之间的关系，从整体上把握模式运行过程中每个环节的重要作用，有利于从风险控制、责任分担和市场准则等角度完善农村土地经营权抵押融资模式运行的理论体系，为其发展做出理论补充。

第二，为农村土地经营权抵押融资风险度量和控制研究提供新视角和新方法。运用计量模型得到了农地经营权抵押融资信用风险的影响因素，应用信用风险度量模型量化农地经营权抵押融资的信用风险；运用 RAROC 贷款定价判断农地经营权抵押融资定价的合理性；应用经济资本管理理论提出农地经营权抵押融资的风险控制方案，对完善农村土地经营权抵押融资信用风险度量与控制方面的理论研究具有重要借鉴价值。

第三，对我国农村土地和金融市场改革深化具有重要的理论意义。农村土地经营权的抵押源于农村经济发展的迫切需求，新时期的土地承包经营权制度，既能适应生产力的现实水平，又能促进乡村振兴战略的实施。土地经营权抵押融资顺应了社会发展趋势，丰富了我国农村深化改革的理论依据。

2. 现实意义

第一，为金融机构衡量农地经营权抵押融资信用评级和信用风险提供了新的思路和方法。提出了农村土地经营权抵押融资风险控制的相关建议，有助于金融机构及时有效控制经营风险，合理高效地使用资本金，对金融机构开展业务具有很强的指导价值。

第二，有利于促进农村土地经营权抵押融资业务的良好发展。目前，国内农村土地经营权抵押融资的业务规模有限，对土地经营权抵押融资实施过程中存在的难题进行分析，探究土地经营权抵押融资模式运行的关键影响因素，不仅可以为制定相关政策提供参考，也为全国范围内广泛开展的农村土地经营权抵押融资业务提供建议。

第三，有利于农村金融改革，拓宽农户融资渠道。农村土地经营权抵押融资不仅从金融创新视角迈出了农村金融体制改革的重要一步，也为农户提供了新的融资方式。对其研究，有利于激发更深层次的金融创新，带动农村金融改革，为农户提供多种融资方式，促进农村经济良性发展。

第四，对农村金融担保体制的创新发展意义重大。农村金融发展缓慢的难题之一在于农村信贷供给不足，解决此难题的有效途径是开发合适有效的抵押品用于贷款担保，农村土地经营权扩充了现有合适抵押担保品的范围，对我国农村金融担保体制的创新发展具有重要意义。

第五，对农业现代化、乡村振兴和农村社会全面发展具有重大现实意义。土地经营权抵押的实现，促进了土地资源的优化配置，实现农地规模化经营，有利于提高土地的利用效率，从而带动农业生产力大大提高；为农业产业发展融通资金，有利于促进农村生产力的发展，推进农业供给侧结构性改革，加快我国农业现代化进程，促进农村经济持续稳步增长，有利于乡村振兴战略和我国农村社会全面发展目标的实现。

1.3　研究思路与方法

1.3.1　研究思路

在综述国内外文献和相关概念的基础上，以土地经济学、制度经济学、计量经济学和信贷风险理论为依据，运用农地经营权抵押融资试点地区的实际调查数据，分析了农地经营权抵押融资的经营现状、运行模式和存在问题，探究了农地经营权抵押融资的农户认知特征和运行条件，通过构建相关数理模型，研究了农村土地经营权抵押融资模式运作及风险控制影响因素，对农村土地经营权抵押融资风险识别、风险种类识别应用、风险计量和风险损失进行数理实证估计，探究不同类型风险对农地经营权抵押融资运行的影响，分析参与主体的农地经营权抵押融资信贷的行为博弈关系，构建可行的农村土地经营权抵押融资创新模式，提出了农村土地经营权抵押融资完善的对策建议，以期促进农村土地经营权抵押融资业务稳步开展。

1.3.2 研究方法

（1）文献研究法。对农户贷款、农村土地经营权抵押融资以及风险控制等相关文献进行梳理，总结现有研究文献已经取得的成果和理论贡献，在现有研究基础之上，结合相关理论基础确定研究方法与研究思路。

（2）问卷调查法。选取陕西、宁夏和重庆等地，通过问卷调查对土地经营权抵押融资业务运转进行数据统计。问卷数量近 3 000 份，问卷内容包括农业生产者的生产和收入、农村土地经营权流转市场状况、土地估价与抵押、天气和自然灾害、贷款状况、政府政策、风险状况等。

（3）定性与定量分析相结合的方法。根据经济学的相关理论，对农村土地经营权抵押融资风险属性、类型特征和模式创新进行分析，对农村土地经营权抵押融资风险控制和模式创新进行定量分析。

（4）实证分析方法与规范分析方法相结合。运用博弈模型对抵押融资风险控制进行规范分析，利用决策树法和 Logit 模型，分析农村土地经营权抵押融资风险识别和模式创新影响因素，运用 CreditRisk+ 模型度量了农村土地经营权抵押融资信用风险，深入探究不同特征农户的风险贡献程度，并进行压力测试。

（5）AHP 层次分析法。对模糊层次模型进行选择，构建农村土地经营权抵押融资新模式。通过实地调研获得的数据，从土地流转、生产能力、风险状态、政策制度和社会保障等多角度和多因素考虑，通过设计层次结构、权重赋予和矩阵图形，构建适合农村现实需求的土地经营权抵押运行新模式。

（6）比较分析法。比较不同特征农户的农村土地经营权抵押融资风险状态，分析不同农户抵押融资的条件和模型差异，为我国农村土地经营权抵押融资提供参考性建议。

（7）博弈分析法。对农户、银行和政府相互之间关于农村土地经营权抵押融资风险责任进行博弈分析，找到风险可控状态下的新型融资模式，寻求最优参与的激励机制。

1.4 研究内容

依据研究目的和思路，紧密结合研究主题，本书研究内容共包含十章。

第一章　导论。包括研究背景、研究目的与意义、研究思路与方法、研究内容和创新之处。

第二章　相关概念与理论基础。包括相关概念界定、相关理论基础、农村土地经营权抵押融资法律与政策。

第三章　农村土地经营权抵押现状与存在问题分析。包括农村土地经营权抵押融资现状及模式分析、农村土地经营权抵押融资运行效果分析与运行存在问题分析。

第四章　基于农户认知的农村土地经营权抵押融资条件分析。包括农户认知与抵押融资条件理论基础、融资条件现状与农户认知特征分析，基于农户认知的农村土地经营权抵押融资条件实证分析。

第五章　农村土地经营权抵押融资风险识别与缓释效应分析。包括文献综述、树形结构的风险识别、风险识别应用分析、信贷约束缓释效应。

第六章　农村土地经营权抵押融资风险计量与控制分析。包括文献综述、信用风险影响因素判断和信用评级，抵押融资风险计量与风险控制。

第七章　农村土地经营权抵押融资风险控制博弈分析。包括文献综述、融资主体信贷行为效果影响因素分析、金融机构与农户行为的演化博弈。

第八章　农村土地经营权抵押融资模式运行影响因素分析。包括文献综述、从模式运作视角和土地流转视角，分析农地抵押融资运行影响因素，研究结论。

第九章　农村土地经营权抵押融资创新模式构建分析。包括文献综述、抵押融资模式创新要素层次分析、抵押融资创新要素验证、抵押融资创新模式构建。

第十章　促进农村土地经营权抵押融资完善的对策建议。包括法律制度层面、土地流转层面、风险控制层面、贷款融资层面、经营主体层面、配套支持层面。

1.5　研究创新之处

（1）政府在农地经营权抵押融资中发挥着积极主导作用，政府的风险分担作用明显，并计量和预测了风险分担基金的比例。构建了农地经营权抵押融资的信用风险指标和信用风险损失分布图，预测了农地经营权抵押贷款的违约概率。农地经营权抵押贷款预期损失和非预期损失占 VaR 比例结构合理，但仍需防范潜在风险。极端情景出现时预期损失会有明显波动。

（2）提出基于经济资本配置的农村土地经营权抵押融资的信用风险控制方案。通过设定合理的贷款利率水平缓释预期损失；通过经济资本配置动态调整农地经营权抵押融资的业务规模，从而实现科学化的农地经营权抵押融资风险控制。

（3）家庭资产、信用等级、政府贴息、参与农业保险、银行的积极性、贷后监管力度对"纯抵押型"农村土地经营权抵押融资模式运行有显著的正向影响；家庭资产、土地经营面积、信用等级、参与农业保险、土地价值评估体系、贷后的监管力度对"抵押+担保型"农村土地经营权抵押融资模式运行有显著的正向影响；而贷款利率对农村土地经营权抵押融资模式运行有显著的负向影响。

（4）农户农地经营权抵押贷款风险显示为多种复杂类型，农地经营权抵押贷款风险主要风险和次序性为：市场经营风险、政策法律风险、自然灾害风险、家庭经济风险和道德风险，决策树算法对农地经营权抵押贷款风险识别精准有效；土地规模差异对农户遭受农地经营权抵押贷款不同风险类型的影响程度不同，不同规模农户面临的各类风险发生的概率存在较大差异。

（5）从农户的主观认知出发，研究认为，法律法规、土地经营权证、借款用途、农户家庭资产值、农地经营规模、农地流转市场、农地流转容易程度这七个方面是农村土地经营权抵押融资的显著条件因素。

（6）市场风险、道德风险对农户信贷约束具有显著正向影响，考虑农户的异质性后，中高经济水平农户的信贷约束程度更强。与非农地抵押贷款相比，农地经营权抵押对农户信贷约束具有直接缓释效应，显著改善了农户家庭经济状况；农地经营权抵押对农户信贷约束具有间接缓释效应，显著提高了农户抵御市场风险的能力，抵押功能显著降低了农户道德风险。

（7）农地经营权抵押融资主体的信贷行为博弈系统具有不同的演化状态，影响农户与金融机构信贷行为演化均衡的重要因素是多元的，增加农地经营权价值、提高农地经营权变现率、降低农地经营权处置成本和信贷交易成本有利于系统向理想状态演化。

（8）依据层次分析法和多目标非线性模型，构建了农地经营权抵押融资创新模式，从法律制度、土地流转、风险控制、贷款融资和经营主体等方面提出了农地经营权抵押融资可持续发展的对策建议。

第二章　相关概念与理论基础

2.1　相关概念界定

2.1.1　农村土地经营权

农村土地各项权利在我国《农村土地承包法》《物权法》及《民法》中都有明确界定，2014年国家在农村土地“两权分离”的基础上，首次提出“三权”分置的概念，即农村土地所有权、承包权和经营权分开处置，允许土地经营权流转并作为抵押物向金融机构进行抵押融资。农村土地主要指农业用地，简称农地，主要有耕地、林地、草地，还有一些其他用于农业生产的土地，如园地、养殖水面等，此外还有荒山、荒丘、荒沟、荒滩等四荒地。根据《国务院关于开展农村承包土地的经营权和农民住房财产权抵押贷款试点的指导意见》，农村承包土地的经营权中的农村土地为耕地，本著作提到的农村土地经营权中的农村土地也指农村农用耕地。

我国农村土地属于农村集体所有，村集体经济组织农户可从村集体承包农用土地。农村土地承包经营权依法可流转，可由其他农业经营主体进行农业生产，与承包农户签订了农村土地流转合同，于是在农村土地承包经营权的基础上形成了农村土地经营权。农村土地经营权从本质上讲是一种用益物权，农户或者其他单位或涉农企业对通过合法流转方式取得的农用土地具有相应的占有权、使用权及收益权利。

根据对《物权法》和《土地管理法》等进行整理分析，农地经营权的基本特性如下：（1）农地经营权的主体并不具有农地所有权，只是依据承包经营合同占有、使用土地，并取得依约定数额向发包人支付收益后所余收益的权利；（2）农地经营权的客体是农村集体所有的土地；（3）农地经营权必须经过登记，依法进行流转，受到法律的保护；（4）农地经营权具有一定期限的物权，承包经营期限为30年，一般情况下土地承包经营权流转期限不得超过承包合同的剩余期限。

为了深化农村经济改革，2014年中央一号文件提出农村土地“三权”

分置的概念，即所有权、承包权和经营权分开运行，农民享有的土地承包经营权就被分置为承包户的承包经营权和相关经营主体的经营权。土地承包经营权的分离，赋予了承包户对农村土地经营权一项新的权能，就是承包户可以将承包土地通过出租、转让等方式流转出去，由其他经营主体经营，其他经营主体依法取得土地的经营权，享有对土地的占有、使用和收益等权利。土地经营权的分离，更加顺应农村土地制度改革的发展，促进了农村土地经营权的有序流转，维护了农村集体、承包农户、农业经营主体之间的权益，优化了土地资源的合理配置。

通常意义上，抵押人就是提供土地经营权作为担保品的一方，接受土地经营权这一担保品的债权人为抵押权人，准确理解需厘清以下几个要点：

第一，土地经营权含义的正确理解。土地经营权是我国特有的一个法律概念，仍处于不断发展和变化之中。2007 年颁布的《物权法》以法律形式对我国土地经营权作出界定。该条规定从主客体及内容等方面解释了土地经营权的含义，但是对土地经营权主体的界定还是很抽象。

第二，土地经营权抵押是其流转方式的一种。土地经营权流转的本质是以土地为对象的民事法律关系的变更，确切来说是民事主体的变更。土地转让是一种最为彻底的土地经营权流转方式，当土地经营权抵押权真正实现时，其状态结果与土地经营权转让是相同的，均为土地经营权主体发生变更，因此从土地经营权法律关系的变动效果来看，可将土地经营权抵押视为土地经营权流转的方式之一。

第三，土地经营权抵押的特殊性。土地经营权的抵押权有担保物权的功能和法律效力，其目的是通过土地权益主体的变更提供对于债权的保障，而非直接满足债权方对土地的使用需求。所以，土地经营权的抵押权人不具备占有、使用土地的权利，也不具有限制土地经营权人使用土地行为的权利，这就是土地经营权抵押权有别于土地其他项权利的重要特征。

2.1.2 土地流转

土地流转指的是土地经营权在不同主体之间的流动和转移。从土地流转的实践来看，土地流转的形式主要有以下几种：转包、出租、转让、入股、“四荒”拍卖或返包。

农村土地经营权的流转应具备以下条件：（1）土地具有明晰的产权；（2）当地农业及相关产业发展较快，农村剩余劳动力得到转移；（3）具有完善的法律法规是土地经营权流转的法律保障；（4）农村土地分等定级和价格评估较合理，为土地经营权流转提供技术支持。

2.1.3　农地经营权抵押融资

农村土地经营权抵押融资是以农村土地经营权抵押贷款业务方式开展的。根据《中国农业银行农村土地承包经营权抵押贷款管理办法（试行）》，农村土地承包经营权抵押贷款是指农户、企业法人及其他经济组织以其依法取得承包的荒山、荒沟、荒丘、荒滩等荒地土地使用权，家庭承包集体土地使用权以及通过转包出租、互换、转让等流转方式取得的土地经营权作为债权担保取得的贷款。2016 年 3 月的《农村承包土地的经营权抵押贷款试点暂行办法》将农地经营权抵押贷款定义为承包农户或农业经营主体以农地经营权作抵押、由金融机构向符合条件的借款人发放的、在合同规定的期限内偿还本息的贷款。

依据国务院出台的《农村承包土地的经营权抵押贷款试点暂行办法》和试点地区颁布的地区性的土地经营权抵押贷款管理办法，土地经营权抵押融资可以概括为农业经营者以其通过家庭承包方式，或是通过入股、转让等有偿流转方式获得土地经营权作为抵押物，抵押给金融机构，以获得融资资金；借款人不履行到期偿还本息的义务，金融机构就有权处置该土地经营权抵押物以偿还贷款本息的一种抵押制度。就产权的性质来说，是一种权利抵押，一方面债权人享有的担保物权是权利抵押权，也就是抵押品为农地“三权”中的经营权；另一方面，又能够帮助银行等金融部门降低抵押风险，减少因违约等原因造成的融资资金损失。

因此，农地经营权抵押融资可表述为，农户、涉农企业及其他经济组织以其依法取得且经县级农村综合产权交易管理服务中心登记确认的已流转的农村土地经营权作为债权担保取得的贷款资金，并按期偿还贷款本息的一种融资业务。申请农地经营权抵押贷款的借款人需依法取得确权证书，通过转包、出租等流转方式取得的土地经营权，在申请抵押贷款时还应提供农村土地经营权流转合同，原承包方出具同意抵押的书面证明。金融机构要进行入户调查，对贷款进行审查，进行抵押登记，然后发放贷款。

一般认为，土地经营权抵押融资是一种土地流转方式，是为了保证抵押权人债权的实现，在征得土地承包人同意的前提下，土地经营权人提供其拥有的土地经营权作为担保物，期限届满如果债务人未按照合同规定偿还债务，抵押权人有权并且可以流转土地经营权优先受偿。农村土地经营权抵押融资仍处在初期探索的阶段，农村土地经营权抵押融资是为了提高农村金融服务效率而提出的一种新型融资模式，既解决了农户融资缺少抵押品的问题，又为农户融资提供了新的渠道。

2.1.4　农地经营权抵押融资参与主体

农地经营权抵押融资的顺利推行离不开政府机构、农村集体组织、农户、新型经营主体、金融机构、保险机构以及担保机构的共同发力。政府出台政策为开展农地经营权抵押融资业务提供政策指引和方向，地方政府主导和参与农地经营权抵押贷款，提供更为有力的政策支持，推动农地确权颁证，建立农村产权交易市场等，为农地经营权抵押贷款的进一步推进提供有利的设施条件；地方政府还承担风险补偿角色，为金融机构提供风险补偿基金或成立农业担保公司第三方担保机构来分担风险。农村集体组织是土地集体所有权的权利主体，享有对承包地发包、调整、监督等权能。承包农户转让农地承包经营权时需要征得农村集体的意见，并进行流转。保险机构能够分担金融机构开展农地经营权抵押融资业务的风险。担保机构可以为借款农户提供增信支持。

农户、新型经营主体与金融机构是农地经营权抵押融资最核心的参与主体，也是本文研究的重点。金融机构包括商业银行、农村信用社等发放农地经营权抵押贷款的正规金融机构，是农地经营权抵押融资的主要供给主体。农户与新型经营主体是农地经营权抵押融资的主要需求主体。通过合法流转方式获得土地经营权的新型经营主体，包括家庭农场、专业大户、种植养殖大户、农民专业合作社和涉农企业等。农户指的是以家庭承包方式取得土地承包经营权的传统家庭农户。但本著作中有时农户是指农业生产经营者这一广义上的概念。

2.1.5　信用风险和风险控制

信用风险指的是借款人由多方面的原因，在规定的期限内，无法履行合约规定而造成违约，导致金融机构遭受信贷损失的可能性。这种风险不仅发生在贷款过程中，也存在于抵押、担保、承兑等过程中。由于交易双方的信息不对称等原因，致使抵押贷款不能按时偿还本金，从而造成贷款的损失。

风险控制是银行等金融机构关注的主要问题，风险控制主要通过风险的识别、估计、处置等方式，对潜在违约的风险进行控制，从而减少信贷违约的风险。本文研究的风险控制，就是对信用风险的有效控制，本著作的信用风险是通过违约风险表现出来的，违约风险指农地经营权抵押贷款中的贷款违约风险，借款人未能遵守合约约定而形成贷款损失的风险，即借款人不能按期偿还贷款本息或者违反合同条款而给金融机构带来的资金损失风险。银行必须及时识别借款人是否有违约风险并审慎管理。

2.1.6　风险调整资本收益

风险调整资本收益（Risk Adjusted Return on Capital, RAROC）的概念于20世纪70年代提出，它以经济资本回报率作为资本回报率的衡量指标，是对预期损失加以风险调整的银行整体收益。其计算公式为：

RAROC= 风险调整后的收益 / 经济资本 ×100%　　（公式 2-1）

= （收入 – 经营成本 – 资金成本 – 风险成本）/ 经济资本 ×100%

公式 2-1 中，风险调整后的收益为：

收入 – 经营成本 – 资金成本 – 风险成本

其中，收入包含贷款业务收入和其他业务收入；经营成本需要分摊到具体核算单位；资金成本通过内部资金转移价格确定。本著作通过信用风险度量模型得到风险成本和经济资本，其中，风险成本等于预期损失；经济资本是在一定置信水平下应对非预期损失的资本准备，在数值上与非预期损失相等。

依据中国银行业监督管理委员会《商业银行市场风险管理指引》（2004年第 10 号），我国银监会规定的 RAROC 计算公式为：

RAROC =（收益—预期损失）/ 经济资本（或非预期损失）（公式 2-2）

公式 2-2 中的收益表示税后净利润，我国银监会公式与国外银行所用公式的主要区别在于，我国的 RAROC 计算公式没有扣除经济资本成本，这主要是由国内外银行的经营管理制度和公司治理结构存在差异导致的。

2.1.7　农地经营权抵押融资风险主要类型

农地经营权抵押融资业务处于探索阶段，面临的风险较为多样，金融机构开展农村土地经营权抵押融资业务的风险主要有五大类。

（1）法律风险。我国《担保法》颁发明确规定，指出农村耕地等归集体所有的，其土地不可以用于抵押担保。同时《物权法》也颁发了相关规定，指出除了国家法律规定的情况外，耕地、宅基地、自留山、自留地等归集体所有的，其土地不可以用于抵押。因此，农民手中拥有的农村土地均属于上述法律所规定的不得抵押的情形。由此造成的法律风险直接影响了涉农金融机构信贷供给，同时增加了政策风险。

（2）经营风险。农村土地经营权抵押融资的对象是从事农业生产经营的农户、新型经营主体、涉农企业等。由于农业生产的弱质性，农业生产经营主体不得不面临自然、市场、政策等多种不确定因素的直接冲击；由于不确定性因素导致的农作物市场价格波动，带来其投入产出比的预期不稳定；一旦农作物产出没有达到预期收益，极大可能会出现抵押人未能按时履约的情形，由此会极大程度上增加银行等金融机构的经营风险。

（3）处置风险。农户收入来源正日益多元化，农业生产机械化程度和投入力度不断加强，但农地作为生产资料在农业生产中仍然占据十分重要的地位。农地依法顺畅流转是农地抵押权实现的基本保障。这就意味着，银行在没有成功流转农村土地经营权时，会造成土地处置艰难，也无法及时有效利用该权利保障自己的权益，抵押权人的抵押权益是否得到保证，直接影响了银行等金融机构开展土地经营权抵押融资的积极性。

（4）信用风险。即违约风险，抵押贷款农户没有按照合同规定按时偿还贷款本金利息，金融机构因此将面临损失的可能性。农户在用土地经营权作为抵押品向银行申请贷款时，态度行为非常谨慎，因为他们担心出现万一未能如期履约而失去所拥有的土地经营权。农村土地经营权抵押融资历史较短，且基于现有的技术和手段难以精准观测借款人的信用水平变化，所以本著作依然按照传统意义的信用风险定义，即以“贷款是否违约”来判断信用风险。

（5）民生风险。农村土地一定程度上承载着农村社会生存保障、就业保障、养老保障等一系列社会保障功能。在农村社会保障机制还未健全的情况下，大多数农户必须以土地生产经营为主，土地产出仍然是其主要的生活资料及收入来源。农户参与农村土地经营权抵押融资业务，若无法按期偿还抵押贷款，会导致土地经营权将转给银行，进而失去土地经营权，农户担心可能会失去基本生活保障，产生民生风险。因此，承包农户对其承包的土地经营权抵押十分谨慎。

2.2　相关理论基础

2.2.1　土地产权与地租理论

（1）土地产权理论。土地产权的主要特征主要包括土地产权的明确性、专有性和可转让性。第一，土地产权的明确性。主要表明要使土地产权有效发挥作用，必须标明土地资产的种种权利，如占有权、使用权、经营权、收益权等；否则，一旦出现土地产权不明晰，必然造成土地流转的无序和土地经营权抵押融资的无效。第二，土地产权专有性。在土地经营权抵押融资过程中，农业经营者可以通过土地承包方式和入股、转让等流转方式依法取得对土地的经营权，依法享有对土地产权的专有性。第三，土地产权的可转让性。土地产权的可转让性决定了土地产权可以进行自由的交易，否则难以优化资源配置。

通过土地产权的“三权”细分，能够确保农民的权益，强化农民对土地产权的处置权，有效促进土地资源合理配置。权责明确的土地产权有助于开展农村土地经营权的确权工作，规范农村土地的所有权、承包权、经营权，是促进土地经营权抵押融资模式运行的重要前提，这对于促进土地经营权依法有序的流转和建立规范统一的农村产权交易市场有着重要的作用。

（2）地租和地价理论。地租是土地所有权的表现形式，以土地所有权和使用权相分离为条件。地租可分为级差地租、绝对地租和垄断地租。级差地租即相对地租，是指利用生产条件较好的土地所得到的超额利润，由于土地面积有限和土地的经营垄断而产生。绝对地租由于土地所有权的垄断，土地所有者凭借所有权向土地使用者收取的绝对地租，而不论土地是否优劣。垄断地租是特殊形式的地租，指因垄断了某些自然条件特别优劣的土地来生产稀有的土特产品，从而获得超额利润。

土地价格是资本化了的地租。根据劳动价值论，自然物若不包括人类劳动，没有价值，也就没有价格。在实际交易过程中，土地是有价格的，用公式表示为：土地价格 = 地租 / 利息率。因而，土地价格是地租价格的转换形式，是资本化的地租。综上所述，地租和地价理论为土地流转奠定了理论基础，地租决定地价，地价的存在使得土地流转具有现实性。

2.2.2 委托代理理论

委托代理理论由完全契约理论发展而来，关于信用风险产生的经济学基础，一般从信息不对称导致的逆向选择和道德风险两个方面分析。Akelof（1970）提出了逆向选择理论，指出一些不发达国家的信贷市场中反映出了逆向选择。通常，不发达国家的地方性放贷者会向借款人索要过高的利率，这是因为只有当他们觉得合同容易被履行时，或者了解借贷者的个人信息时，才愿意贷款给借贷者。而后，Wilson（1980）指出，由于市场中存在逆向选择，所以当买主偏好不同时，将会存在多重的瓦尔拉斯均衡，而且形成了有序的帕累托效率。Stiglitz and Weiss（1981）将逆向选择理论引入了金融市场，当银行对借款人实行差别利率时，只有高风险、高收益的借款人倾向于贷款，低风险、低收益特征的风险规避型高质量借款人将会退出贷款的申请，也就是形成了信贷市场中的"逆向选择"。

在一个委托代理关系发生之后，由于信息不对称产生的问题是道德风险，道德风险是引起信用风险的主要原因之一。在信贷市场中道德风险主要有两种情况：一是借款人隐藏投资收益，从而逃避偿还贷款；二是借款人改变贷款合同约定的贷款用途，将贷款投资于风险较高的项目当中。为缓解道德风险，贷款人要求借款人提供抵押品，当违约发生时，以抵押品进行抵偿。但如果抵押品无法顺利处置，借款人的违约成本较低，仅有道义上的谴责，如果这种谴责可以被分摊，那么违约成本就会很低。所以，抵押品能否有效缓释道德风险与抵押品能否顺利处置密切相关，这对贷款在防范风险损失程度方面至关重要。

当农村土地经营权作为抵押物时存在两种委托代理关系，一是农村土地承包农户和农村土地经营者之间的委托代理关系，二是借款人和贷款金融机构之间的委托代理关系。可见，农地经营权抵押贷款的委托代理关系较传统农村信用贷款和抵押贷款来说相对复杂，该项业务的信用风险管理过程也应该与传统农村信贷业务区别开来，为其制定针对性强的信用风险度量和控制方案。

现行的土地用途制度规定，农村土地经营权抵押融资必须将资金投入农业相关的生产活动，不能用于其他商业用途，使得其资产资金专用性较强。当违约发生时，农地处置困难程度、农村土地经营权的估值等影响土地经营权抵押功能的发挥，进而影响土地经营权对道德风险的缓释作用。在农村土地经营权抵押融资业务中，政府起到了决定性的引导作用，表现为政府设立产权交易中心、风险防范基金、成立政策性担保公司等。而且，近些年农业也得到了政策的大力支持，农业补贴、政策性农业保险和农产品期货等都得到了长足发展。这些均可以影响农业生产安全，进而影响借款农户的信用水平。

2.2.3　信息不对称理论

信息不对称是指市场交易过程中，由于双方拥有不对等的信息，往往掌握市场信息比较多的人会处于更有优势的地位；反之，掌握信息较少的人，在经济交易活动中则处于不利的地位。信息不对称理论认为，由于在经济活动中，掌握信息较少的一方会尽最大可能去从另一方获得信息，所以得到信息比较多的一方会因为掌握充分的信息而在交易中获益。在信贷市场中，信息不对称会导致信贷约束行为，限制金融业的良好健康发展。这种信息不对称的情况，容易引发逆向选择和道德风险的问题。在信贷市场上，因为借款人往往比贷款供给者拥有更多的信息，因此借款人有可能会故意隐瞒贷款风险，夸大贷款所带来的收益。而贷款供给者由于所知的信息比较少，对贷款人的各种信息及贷款风险往往不能准确了解。同理，接受高风险的借款人往往愿意以更高的利率水平去向金融机构借款，这种情况使得不能接受高风险的借款人退出金融交易市场，最终导致贷款的综合风险上升。拥有充足信息的一方有可能会利用信息优势，以损害信息匮乏弱势的一方的利益为代价，为自己谋求切身利益。在信贷市场上，借款人在获得贷款后，并未按照合同规定的内容去合理使用贷款，可能会从事风险收益更高的投资。银行考虑到农业生产信息难把握和分析，往往会特别谨慎投放农业贷款，减少贷款规模，农户贷款难的问题也因此变得突出。

在土地经营权抵押贷款模式运行中，为降低由于信息不对称带来的风险，解决道德风险和信息不对称等问题，信贷部门一般要求借款人能够提供充足的抵押品，或是要求提供第三方担保来实现风险的最小化。我国宁夏同心、山东枣庄、辽宁法库、重庆开州、山东寿光、四川成都等有代表性的试点区域，在农地经营权抵押的基础上，采用的农户联保贷款、第三方担保、附加个人财产担保等方式，都能在一定范围内降低了贷款信用风险。

2.2.4　信用风险度量理论

（1）传统信用风险度量模型。传统信用风险管理模型主要有专家分析法、贷款评级分级模型、信用评分模型、非线性回归模型与神经网络分析系统等。专家分析法中最具代表性的是5C法，贷款内部评级分级模型通常将贷款分成正常、关注、次级、可疑和损失五类，也有金融机构将贷款信用等级分成8级、9级和10级等，且各个信用等级的贷款面临相应的违约概率，金融机构会对其采取不同的损失准备。信用评分模型运用线性概率模型、Logit模型、Probit模型等计量模型，将借款人的特征作为解释变量来解释个体的贷款偿还情况，而且还可以预期借款人的违约概率。Altman（1977）基于信用评分模型提出了适用于企业的Z评分模型，其中包含5个变量。在此基础上改进的“ZETA”区别分析模型包含7个变量，且对其中的财务报告标准和会计实践进行了改进，使其使用范围更广，对风险的识别精度也有所提高。非线性回归模型则是在信用评分模型基础上的拓展，运用非线性回归函数更为精确地评价风险因素。而神经网络模型是由神经科学发展而来的，是处理需要同时考虑许多因素和条件的、不精确和模糊问题的系统，对变量之间的关系挖掘较为深入，但操作困难较大。

（2）现代信用风险度量模型。现代信用风险度量模型主要有Credit Metrics模型、KMV模型、Credit Risk+模型和Credit Portfolio View模型。

Credit Metrics模型是由JP Morgan于1997年提出的信用风险度量模型，随后该模型也成为了其他金融机构控制风险和经济资本管理的主要工具。使用该模型计算VaR需要的数据包括违约概率和信用转移矩阵、信用价差和组合中单一资产之间的相关性，模型假设同一信用等级的贷款或客户具有相同的违约概率和信用转移概率。Credit Metrics模型不仅能衡量违约事件风险，还能测算资产组合信用质量上升和下降引起的信用风险。Credit Metrics还可以测算出资产组合的VaR，而不仅仅只是预期损失的大小。该模型引入了借款人信用等级变动之间的相关性，这可以得出资产组合的分散程度以及是否过度集中。但是，信用转移矩阵的计算需要大量的历史数据作为支撑，导致该方法较为局限。

KMV模型是基于Merton模型提出的信用风险度量方法，其理论基础是B-S、Merton期权定价模型，即把贷款看作期权。模型认为当公司的资产价值小于负债价值时违约发生，资产价值与负债价值相等的点叫作违约点（Default Point）。首先，通过公司的权益资本、短期债务、长期债务等求解公司的资本价值和资产收益波动性。其次，计算违约距离（Distance to Default），也就是未来资产价值的均值与所偿还的负债价值之间的距离，表示企业资产价值与违约点的远近，违约距离大的企业违约的可能性小。最后，根据历史信息选择一个违约距离相同的公司组合，计算出一年后组合中违约公司数量占样本总量的比例，即得出了预期违约率。用 KMV 衡量信用风险需要公司的财务报表和交易数据等，适用于信息披露较为全面的上市公司和大型的私人客户等，对于信息披露较少的个人客户和历史数据较少的业务的适用性不强。

Credit Risk+ 模型是 Credit Suisse First Boston 推出的基于保险精算原理的信用风险度量模型。该模型假设债务人违约之间互相独立，各自在时间序列上也是独立的，假设违约事件发生的次数服从泊松分布。而且只考虑单个债务人违约和不违约两种状态，不考虑信用状况上升和下降的情况。模型计算 VaR 时首先对风险敞口进行划分，再计算违约损失分布。模型所需数据较少，只需要风险暴露（Exposure）、违约概率（Default Probability）、违约损失率（Loss Given Default）和违约概率的波动性（Default Rate Volatility），所以适用于度量零售客户的信用风险。但是该方法没有考虑市场风险和信用质量的变化情况。CreditRisk+ 模型的优点适用于历史数据较少且数据获取困难的农地抵押融资的信用风险度量。

Credit Portfolio View 是 McKinsey 提出的多因子离散时间模型，认为信用风险损失取决于信贷数量和规模，当风险敞口很大时，损失分布呈离散多峰且是有偏的，加入其他条件分布形状就会有明显变化，如果用标准差来反映风险损失的准确程度则取决于风险敞口的大小。而且，该方法的损失分布不是以历史数据为基础，而是根据当前的经济状态计算而来，能够反映经济周期对风险价值的影响，将违约概率、信用转移概率等参数与宏观经济周期联系到一起。该模型适用于对宏观经济敏感的债务人，在计算上需要大量的国家和行业数据，在农地经营权抵押融资业务中的适用性不强。

2.2.5　信用风险控制理论

信用风险控制是在信用风险识别和度量的基础上，金融机构在风险发生之前或已经发生时选择最合适的方法和手段，用来最小化信用风险发生概率和损失程度，尽最大努力确保贷款资金按期收回的经济活动。金融机构可以从多个角度控制贷款的信用风险，本著作主要从机制设计和经济资本配置方面阐述农地经营权抵押融资信用风险的控制。

（1）基于机制设计理论的信用风险控制。信用风险控制过程受到参与约束和激励相容约束。参与约束是指代理人（借款人）在该机制下得到的效用要不小于不受该机制约束时的最大效用。激励相容约束是指当代理人选择委托人希望其作出的行动时带来的效用不小于代理人选择其他行动时的效用，也就是说在该机制下，代理人和委托人双方均具有较高的积极性。基于机制设计理论控制信用风险可以解决两方面的问题：一是降低信贷参与者（贷款人和借款人及其他参与者）的交易成本，有效甄别借款人信用特征，弱化逆向选择问题；二是在各个参与者追求个人利益最大化的同时达到所设定的目标。基于机制设计理论的信用风险控制是在系统内部进行的，在信用风险控制过程中，还需要考虑外部因素。在信贷活动过程中，贷款人应不断完善抵押、担保、保险等制度，使其起到风险缓释作用，引导信贷活动向高效率的方向发展；建立借款人的信用激励机制和违约惩罚机制，降低道德风险，限制主观违约的发生，使参与信贷的各方能够协调配合，使信贷活动均衡发展。

（2）基于 RAROC 和经济资本配置的信用风险控制。商业银行的潜在损失可以分为预期损失、非预期损失和极端损失。预期损失是商业银行预期在特定时期内资产可能遭受的平均损失。非预期损失是商业银行在一定条件下最大损失值超过平均损失值的部分。极端损失是商业银行在一定置信水平下最大损失值没有包括的损失。预期损失是相对确定的，以准备金的形式计入银行的经营成本，可以通过定价转移在产品价格中得到补偿。非预期损失对应一定的置信水平，只有在十分特殊的情况下才会出现，理论上的经济资本量应等同于非预期损失。极端损失发生的概率极低，但损失巨大，其损失程度可通过压力测试进行预测，损失发生时，政府和社会也应承担一定的责任。

RAROC 将预期损失计入当期成本，计算出了经过风险调整后的资本收益大小。金融机构可以通过 RAROC 对贷款进行定价，从而使贷款价格可以有效的覆盖风险。同时，可以通过非预期损失的大小计算出金融机构及其各个业务部门应该保留的资本金，也就是进行经济资本配置。经济资本配置是指对确定的经济资本限额在商业银行不同的业务领域、不同的产品甚至不同的客户间进行合理分配的过程，经济资本限额可以对业务、产品和客户的风险、资产规模和扩张速度进行约束。在经济资本管理过程中，银行应尽力将有限的经济资本配置到风险较低而回报水平较高的业务上，并重点支持其发展。商业银行可通过 RAROC 进行风险和收益相结合的经济资本配置。

2.2.6　制度变迁与博弈理论

（1）制度供需与变迁。新制度经济学的重要贡献就在于有效地把微观经济学中对商品要素的“需求和供给”引入到了制度分析领域中来。林毅夫认为，制度选择及制度变迁可以用“需求和供给”这一典型的供给需求理论框架来进行分析。正是由于融资难的问题，导致资金需求不足，造成农村经济社会的发展较缓慢，才引起农村金融体制的改革创新，一系列促进农村金融体制改革的政策和制度应运而生。随着我国农村金融理论的不断发展，法制和政策随社会的发展而完善，农村土地经营权抵押融资作为一种新兴的抵押融资模式，需要新的制度体系为土地经营权的抵押融资新制度提供理论基础和制度依据。

（2）不完全信息动态博弈。博弈论是探讨参与博弈的主体之间发生直接较量且相互作用时的策略行为选择，进而研究博弈双方决策的均衡问题。决定博弈类型的条件是信息和行动的先后，其结果是均衡。根据博弈双方掌握的信息完备程度以及博弈双方的行动次序，在双方博弈过程中，行动有先后次序，是为动态博弈；在信息不完全条件下，博弈的一方知道他方所有可供选择的类型及各个类型发生的概率，即知道博弈参与者的全部不同类型与对应选择之间的关系，但最重要的是，博弈参与者并没有掌握他方具体属于何种类型。因为做出行动是依据先后次序，而后一个行动者可通过观察先一个行动者的决策行为，获取并了解到先行动者的有关信息，来证明或修改自己对先行动者的行为反应。显而易见，农户与银行之间关于农地经营权抵押融资行为属于不完全信息动态博弈。基于博弈论的方法研究抵押借贷直接参与者在融资过程当中的利益拉锯，能够清楚掌握参与双方的矛盾与贷款发生后的利益冲突，以及怎样凭借双方的信息集选择能最大化自身利益的行动策略，进而寻找符合两者利益的均衡点。

（3）演化博弈理论。演化博弈理论主要研究并解释群体为何及如何达到演化均衡状态。传统的博弈理论以博弈方具有完全理性为基础，但现实生活中完全理性很难满足，由于信息的不对称，博弈方往往具有有限理性。演化博弈正是以有限理性为分析基础，演化博弈分析中的均衡是不断调整和改变的。

农地经营权抵押融资农户与金融机构在信贷行为博弈的过程中，双方并不能在农地经营权抵押贷款试点的一开始就达到最优策略，而是在不断学习和模仿群体内成员行为策略的过程中逐渐改变策略，最终找到最优策略实现各自利益最大化。因此本著作采用演化博弈对农地经营权抵押融资中农户与金融机构的信贷行为选择进行分析。求解演化稳定策略的步骤一般为：

首先，按照泽尔腾提出的多群体复制动态方程：

$$\frac{dx^j(t)}{dt}=x_i^j\left[f\left(s_i^j,x\right)-\left(x^i,x^{-j}\right)\right] \qquad \text{公式（2–3）}$$

其中，$j=1,2,3...,K$ 为第 j 个群体，x_i^j 是在第 j 个群体中选择纯策略 i 的个体在总群体所占的比例，x^{-j} 为在某一时刻，第 j 个群体之外的其他群体所处的状态；$f(s_i^j, x)$ 表示第 j 个群体中选择第 i 个纯策略；s_i^j 在混合群体状态为 x 时个体所得到的期望收益 $f(x^i, x^{-j})$，为混合群体的平均期望收益。

其次，根据 Fridman(1991) 提出的方法，可以通过分析雅可比矩阵的局部稳定性进而求得均衡点的稳定性，假设只有两个参与主体，雅可比矩阵（J）为：

$$J=\begin{vmatrix} A_{11} & A_{12} \\ A_{21} & A_{22} \end{vmatrix} \qquad \text{公式（2–4）}$$

若雅可比矩能够同时满足阵行列式的值（$detJ$）和迹（trJ）满足：① $trJ = A_{11} + A_{22} < 0$；② $detJ = A_{11}\,A_{22} - A_{12}\,A_{21} > 0$，那么该均衡点是局部稳定的，即该均衡点是演化稳定策略。

（4）激励约束机制。激励约束，即激励约束主体按照架构目标、人的活动规律，经过各种各样的方式，用来激起人的动力，让人产生一股内在的能量与约束，锻造出积极的、主动的和创造性的信念，同时修正表率人的行为，向激励约束主体所期望的方向行进的过程。激励约束客体乃激励对象，其积极性发挥与行为规范的程度，标志着激励约束机制的优劣性与激励约束作用的发挥程度。激励约束的目标方向，是指在一段时间内，激励约束主体赋期望于客体，客体通过行为来达到主体期望的某种结果，目标便为激励约束主体和客体二者的行为指明了方向。地方政府是作为激励约束的主体，试图通过相关政策方式对银行业等金融机构实施激励，以达到主体的政策目标和金融机构的利益最大化目标。激励约束机制的形成与发挥作用是在一定环境条件下实现的，本研究中的环境通常包括国家有关法律法规、农村土地交易市场、土地价值评估机制、农业保险、第三方专业公司、政府制度、绩效考核体系等。

（5）交易成本理论。交易成本指的是农户与金融机构从申请贷款到发放贷款直至最终贷款本息收回的过程中所付出的一系列成本。按照交易成本发生的时间顺序将其分为：贷前交易成本、贷中交易成本和贷后交易成本。按照参与者可分为金融机构的交易成本和农户的交易成本。

在农地经营权抵押融资业务中，金融机构所产生的交易成本包括：①贷前信息搜集成本。金融机构在贷前需要对申贷农户进行实地调查，了解农户的生产经营状况、信用状况，并依据有关规定对农地经营权价值进行现场评估；②贷中审核成本。金融机构根据贷前搜集的信息对农户进行审查审批，判断农户是否符合发放标准，若符合标准，则根据农户贷款需求、生产状况、农地经营权价值、抵押期限以及期限内土地租金支付方式、贷款风险等确定抵押率和实际贷款额度、利率和期限等；③贷后监督成本。金融机构需要对贷款农户进行跟踪检查和监控，及时了解贷款农户的信用状况、生产经营状况以及抵押物价值是否发生变化，以采取相应的措施，保证资金安全，这就要付出一定的监督成本。

农户产生的交易成本包括：①贷前手续成本。金融机构为确保信贷资金安全，往往要求农户提供充足的材料、可靠的担保人等，使得申贷手续比较烦琐，有时农户为达到金融机构要求，需要多次往返于金融机构，所付出的交通成本也较多。以农地经营权作为抵押物时，新型经营主体往往还需要征得所有原承包户的同意，这无疑增加了贷款的成本；②贷中时间成本。由于农业的弱质性与高风险性，以及农地经营权抵押的特殊性，金融机构贷中审核往往很谨慎，实际审批时间较长，农户要长时间地等待结果；③贷后检查成本。金融机构贷后会对农户及抵押物价值变化进行跟踪检查，农户需要和金融机构信贷员保持经常性的沟通交流，及时向信贷员反映生产状况、贷款资金用途、抵押物情况等。

2.3 农村土地经营权抵押融资法律与政策

有关农村土地抵押的政策制度主要集中在《担保法》《土地管理法》《农村土地承包法》和《物权法》等法规制度中，农村土地抵押的政策发展，经历了从严格限制到在全国范围内开展农村土地经营权抵押融资业务的过程，农村土地抵押融资赋予了农民对承包土地的用益物权，盘活了农村土地资产。

《担保法》曾明确指出耕地和宅基地不允许抵押。1995 年通过的《担保法》第 34 条规定："依法承包并经发包方同意抵押的荒山、荒沟、荒丘、荒滩等荒地的土地使用权可以抵押”；第三十七条规定：“下列财产不得抵押：耕地、宅基地、自留地、自留山等集体所有的土地使用权”。随着土地制度的变迁，相关法律逐步进行了改进和变动。

2002 年通过的《农村土地承包法》使农村土地抵押融资存在可能，该法第三十二条规定：“通过家庭承包取得的土地承包经营权可以依法进行转包、出租、互换、转让或其他方式流转。”第四十九条规定：“通过招标、拍卖、公开协商等方式承包农村土地，经依法登记取得土地承包经营权证或者林权证等证书的，其土地承包经营权可以依法采取转让、出租、入股、抵押或者其他方式流转。”从《农村土地承包法》的规定来看，通过招标、拍卖、公开协商等方式承包的农村土地可以进行抵押，但是以家庭承包方式承包的农地能否作为贷款的抵押物，法律规定得比较模糊。规定虽没有提及以家庭承包方式获得的土地承包经营权是否可以抵押，但是提到了其他方式流转，这就为以后我国农村土地抵押融资预留了空间。

2008 年《物权法》将农村土地承包经营权正式定性为一种用益物权。对土地承包经营权抵押进行了再次重申。其第一百二十八条规定：“土地承包经营权人依照农村土地承包法的规定，有权将土地承包经营权采取转包、互换、转让等方式流转，流转的期限不得超过承包期的剩余期限，未经依法批准，不得将承包地用于非农建设。”第一百三十三条规定：“通过招标、拍卖、公开协商等方式承包荒地等农村土地，依照农村土地承包法等法律和国务院的有关规定，其土地承包经营权可以转让、入股、抵押或者以其他方式流转。”第一百八十四条规定了耕地、宅基地、自留地、自留山等集体所有的土地使用权不允许抵押。

依据以上各项法律规定，我们可以总结出，法律法规对农村土地承包经营权抵押采取了二元处理的基本立场：以家庭承包经营方式取得的耕地、宅基地、自留地、自留山等土地的承包经营权不得抵押，以其他承包方式取得的荒地等农村土地的承包经营权可以抵押。2008 年，在建设现代农村金融制度的精神指引下，农村土地经营权抵押融资开始进入全面试点阶段，政策法规层面逐渐“解绑”。党的十七届三中全会提出“创新农村金融体制，扩大农村有效担保物范围”，建立“现代的农村金融制度”。自 2008 年下半年起，中国人民银行开始在全国部分地区开展农村金融产品和服务方式创新试点工作，农村土地经营权抵押贷款也是创新试点地区的一个重点项目。

2012 年，农业部为贯彻落实中央一号文件精神和国务院有关要求，引导农村土地承包经营权依法自愿有偿和规范有序流转，在各地自愿申请的基础上，确定了 33 个市 (县、区) 为农村土地承包经营权流转规范化管理和服务试点地区。全国各地陆续开展农户土地经营权抵押贷款试点，取得了一定效果。

2014 年中央《关于全面深化农村改革加快推进农业现代化的若干意见》中第十七条明确提到，农民可以抵押土地承包经营权，但结合《中华人民共和国物权法》第一百八十条第一款、第一百八十四条第一款以及《最高人民法院关于审理涉及农村土地承包纠纷案件适用法律问题的解释》第十五条可知，只有以招标、拍卖、公开协商方式取得的土地承包经营权可以被用于抵押。

2015 年 8 月国务院印发《关于开展农村承包土地的经营权和农民住房财产权抵押贷款试点的指导意见》，意见指出要坚持依法有序、自主自愿、稳妥推进、风险可控的原则，按照所有权、承包权、经营权三权分置和经营权流转有关要求，以落实农村土地的用益物权、赋予农民更多财产权利为出发点，深化农村金融改革创新，稳妥有序开展“两权”抵押贷款业务，有效盘活农村资源、资金、资产，增加农业生产中长期和规模化经营的资金投入，为稳步推进农村土地制度改革提供经验和模式，促进农民增收致富和农业现代化加快发展。

2016 年农业部发布了《农村土地经营权流转交易市场运行规范 (试行)》，倡导流转双方委托具有资质的评估机构对土地经营权流转交易价格进行评估，以及流转交易市场经授权开展土地经营权抵押登记业务。同年，银监会会同中国人民银行、保监会、财政部、农业部印发的《农村承包土地的经营权抵押贷款试点暂行办法》，就土地经营权抵押程序、价值评估、抵押物处置等做出了具体规定。

根据 2018 年 12 月 29 日第十三届全国人民代表大会常务委员会第七次会议《关于修改〈中华人民共和国农村土地承包法〉的决定》(第二次修正)，第四十七条规定承包方可以用承包地的土地经营权向金融机构融资担保，并向发包方备案。受让方通过流转取得的土地经营权，经承包方书面同意并向发包方备案，可以向金融机构融资担保。

2019 年中央一号文件《关于坚持农业农村优先发展做好“三农”工作的若干意见》明确提出：健全土地流转规范管理制度，发展多种形式农业适度规模经营，允许承包土地的经营权担保融资。

通过梳理相关法律和政策，可以看出，我国法律已经明确了农地经营权抵押的合规性，从法律政策层面给予了最根本的支持；同时，相关管理部门出台了相应的配套文件和政策，鼓励各地创新开展该项业务。政策法律的相关规定为农地经营权抵押融资奠定了基础。

第三章　农村土地经营权抵押融资现状与存在问题分析

3.1　农村土地经营权抵押融资现状分析

3.1.1　农地经营权抵押融资业务稳步推广

农村土地经营权抵押融资是盘活农村土地资源，解决农户资金融通困难的重要融资方式及创新金融制度。2016 年全国农村承包土地经营权改革开始试点，在北京市大兴区等 232 个试点县（市、区）行政区域，允许以农村承包土地的经营权抵押贷款，陕西省包括 9 个县(区)获批全国农村承包土地的经营权抵押贷款试点，这项新型融资政策逐步向全国范围推广。

宁夏同心县在 2006 年正式开始试点土地经营权抵押贷款，当年的土地抵押贷款总额是 290 万元，截至 2015 年末，同心县累计发放此类贷款 15.90 亿元，累计抵押土地 46 万亩，受益农户达 75 442 户，已逐步搭建起了一个“信用改善，多方共赢”的信贷发展平台；山东莱芜市到 2010 年末，发放土地经营权抵押贷款 5 725 万元，质押土地 12 683 亩；成都市在 2010 年 11 月 25 日，召开了“三权”抵押融资工作会议，到 2015 年实现农村“三权”抵押贷款超过 120 亿元。大量的农户土地经营权抵押融资试点证明农户土地产权作为农户的一项资产，赋予了农户抵押权利，增加了农户资产的流动性，农户的土地被赋予了新的生命力，较大程度地满足了农户融资需求，为开展农村信贷以及普惠金融增添了资金活力。截至 2018 年 6 月末，全国 232 个试点地区农地抵押贷款余额已达 390 亿元。另外，在试点地区中，有 217 个建立了农村产权流转交易平台，交易金额合计 348 亿元，其中交易方式主要是土地经营权流转。

3.1.2　土地流转进程加快，为抵押融资奠定良好基础

确权颁证、还权赋能和“三权”分置是实现农地经营权抵押贷款的产权

基础。宁夏平罗县结合当地实际，把土地确权颁证作为试验区建设的前提和基础。通过广泛宣传、实地丈量、三榜公示、农民确认、依法颁证，明晰了农村集体土地所有权、农民土地承包权、农民集体荒地承包经营权、农民宅基地使用权和农民房屋所有权等五项权属，给农民吃了定心丸。经确权认定农民两轮承包耕地 41.1 万亩，颁发证书 5.4 万份，农民和种植大户开垦种植村集体荒地 42.96 万亩，颁发证书 4.2 万份。平罗县农村集体土地所有权颁证率、农民集体荒地承包经营权颁证率和房屋确权登记率均达到 100%，农民土地承包经营权、宅基地使用权颁证率也按期完成。2015 年将两轮土地承包经营权证与农民开垦承包的村集体荒地经营权证“两证合一”，分别备注 A 类和 B 类。确权颁证工作进一步完善，为实现农村产权直接抵押融资奠定基础。随着我国土地经营权抵押贷款开展试点，部分试点地区建立了土地流转平台，并出台了一系列政策文件规范土地流转运行。平罗县建立了经营主体准入、监管、考评、扶持、退出机制和向规模流转经营主体颁发农村土地流转经营权证书制度，并由人民银行平罗支行牵头制定了相关文件，保证了土地流转的规范运行。这说明我国土地流转制度规范逐步建立，我国土地流转的程序不断地向着规范化方向发展。

3.1.3 农户农地经营权抵押贷款需求以农业生产为主

《农村承包土地的经营权抵押贷款试点暂行办法》规定农地经营权抵押贷款主要用于农业生产经营用途。农地经营权抵押贷款往往是为扩大经营规模或增加农业投入等生产性用途。在平罗实际调研也发现类似结论，如图 3-1，在参与农地经营权抵押贷款的 511 户农户中，68.89% 的农户此项贷款实际用途为农业生产，31.11% 的农户此项贷款实际用于与生产相关的

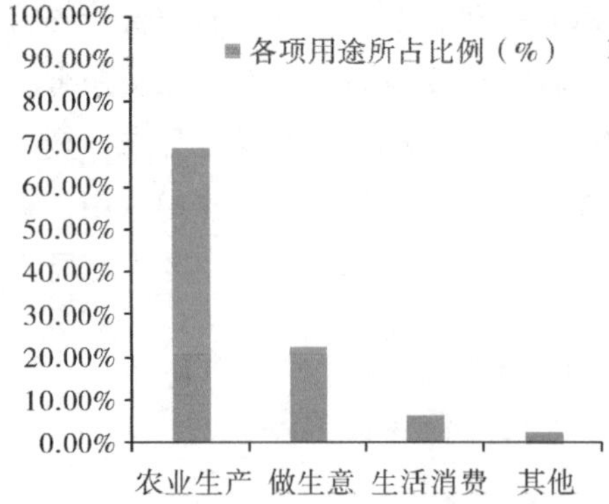

图 3-1 贷款实际用途情况

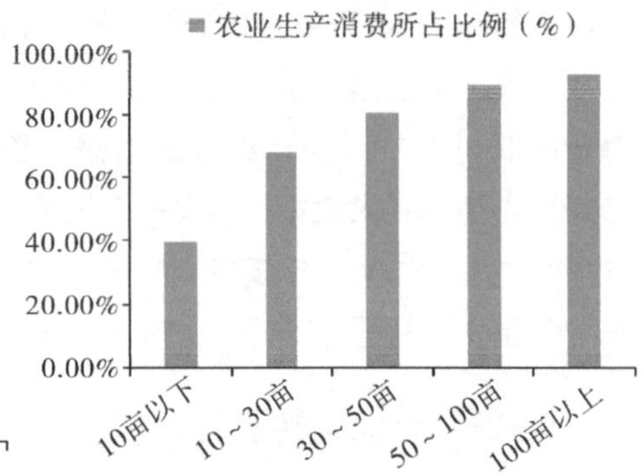

图 3-2 农业生产消费所占比例

消费、做生意、投资等其他支出。对不同规模农户贷款用途进行差异性分析发现，随着土地规模的不断增加，农户农地经营权抵押贷款的实际用途越来越倾向于农业生产（图 3–2）。这在一定程度上表明农地经营权抵押贷款供给符合其初衷，有利于调动农户生产积极性，缓解了农业生产经营资本投入不足的现象。

3.1.4　贷款试点运作总体平稳，违约风险总体可控

随着 2008 年农地经营权抵押贷款试点在全国开展以来，各地为农地经营权抵押贷款的违约风险控制做出了一系列努力，贷款试点运行总体平稳，违约风险总体上在可控范围内。以实地调研的地区为例，平罗县自 2012 年起就成立了专门的风险防范组织，并专门设立了贷款风险防范基金，平罗县政府向“农村土地经营管理制度改革服务中心”注入风险补偿基金 1 000 万元，由风险防范基金与金融机构按照 80% 和 20% 的比例分别承担。还制定了农村产权抵押融资不良资产处置办法，有力控制了抵押贷款违约风险的产生。重庆设立了相应的农业类资产管理公司、农村产权流转交易平台，对不良资产进行处置，为违约后抵押物的流通提供了条件。这就有效地缓解了金融机构的贷款风险，调动了金融机构放贷积极性，使得农地经营权抵押贷款的开展在政策保障下稳定运行。

3.1.5　农村土地经营权抵押融资支持政策逐渐完善

政府积极引导土地经营权抵押融资模式的发展。平罗县进行土地经营权抵押试点，获得了国家和地方政府的大力支持。2011 年，平罗县承担起土地承包经营权改革试验的任务，负责探索和创新土地承包经营管理制度。平罗县政府出台土地承包经营权流转管理办法等相关支持政策，稳妥推进农村产权抵押贷款的试点工作。2010 年，重庆市开县率先开展以农村居民宅基地权、承包土地经营权、林权为核心的“三权”抵押融资试点工作，鼓励发展产权抵押融资，探究农村金融制度的创新。地方政府出台《加快推进农村产权抵押融资工作的意见》等相关政策支持，积极促进产权抵押的顺利开展，并取得了初步的成效。开县地区农村金融环境得到良好改善，带动了农户和新型农业经营组织的参与意愿和生产积极性。从试点开展以来，有效满足了地区大部分农户的融资需求，共发放农村产权抵押贷款的总额达到了 39 亿元，农地经营权抵押融资取得了重要突破。根据当地实际情况，适时推出“农村

土地经营权抵押、农村土地经营权抵押＋担保人、担保人＋农村土地经营权抵押”三种抵押融资模式，用以满足不同贷款额度和信用状况的农户需求，在融资模式创新上取得了良好的效果。与此同时，平罗农村商业银行推出农户自助循环贷款——富农卡，方便实用，借款人向银行提出借款申请用于农村生产经营或家庭消费，银行给予10万元的最高授信额度，在两年的授信期内循环使用，随用随贷，90%以上的农户办有此卡。农业银行则充分发挥“惠农卡”的优势，对土地产权抵押贷款采取一次授信，三年循环使用。

3.1.6 相关风险防范政策法规逐步健全明晰

国家和地方政府出台的政策法规，对农地经营权抵押融资的风险防范与控制做出了明确的要求与规定。国家层面的法律法规对农地经营权抵押融资风险控制起到了方向性的引导作用，地方政策法规结合当地实际情况制定了信用风险防范与控制的具体措施。首先，2016年3月出台的《农村承包土地的经营权抵押贷款试点暂行办法》中要求试点地区贷款人统筹考虑借款人信用状况、借款需求与偿还能力、承包土地经营权价值及流转方式等因素，合理自主确定承包土地的经营权抵押贷款抵押率和实际贷款额度。2018年12月29日第十三届全国人民代表大会常务委员会第七次会议《关于修改〈中华人民共和国农村土地承包法〉的决定》明确指出，承包方可以用承包地的土地经营权向金融机构融资担保，并向发包方备案。受让方通过流转取得的土地经营权，经承包方书面同意后向发包方备案，可以向金融机构融资担保。2019年中央一号文件明确提出，健全土地流转规范管理制度，发展多种形式农业适度规模经营，允许承包土地的经营权担保融资。可见，国家层面的政策对农地经营权抵押融资的借款人资格、土地流转方式、农地经营权价值实现和抵押物处置机制等风险控制的各个方面做出了整体部署，为农地经营权抵押的实现提供了方向性的引导和保障。

农地经营权抵押融资试点地区结合当地农村社会发展情况细化了风险防范与控制的相关法律法规。例如，平罗县出台了《平罗县农村土地承包经营权、流转经营权和宅基地使用权抵押贷款风险防范和处置预案（试行）》，建立了“蓝Ⅰ、黄Ⅱ、红Ⅲ”的“三权”抵押贷款风险预警机制，且明确规定了三个级别相对应的结息和资产价值情况，而且，对“蓝Ⅰ、黄Ⅱ、红Ⅲ”这三级风险分别制定了相应的抵押物处置方式。重庆市人民政府颁布的《关于加快推进农村产权抵押融资工作的意见》对农地经营权抵押融资的资产处置做出了相应规定，组建了有关农村资产经营管理公司来作为市政府授权机构，专门负责处置农村产权抵押融资中产生的不良资产，对金融机构贷款逾期 1 年及以上或者担保机构代偿 1 年及以上的相关债权进行收购，并采取整合出租、挂牌转让、再流转等方式合理处置抵押资产。

3.1.7　试点地区的风险缓释与补偿机制作用不断加强

试点地区采取了多样化的风险缓释和补偿机制，比如担保、风险补偿基金、利息补贴等。第一，金融机构在农地抵押贷款过程中多采取组合担保的方式，即金融机构在接受农村土地经营权抵押的同时，还要求保证、联保等其他担保方式，当出现违约时，由第三方化解农地经营权抵押贷款的信用风险。第二，试点地区设立了相应的风险补偿基金，主要用于补偿金融机构在农地经营权抵押融资业务中受到的损失，或者由于自然灾害等不可抗力造成的损失。平罗县政府向风险补偿基金注入了 1 000 万元资金，当贷款违约时，风险补偿基金与金融机构按照 80% 和 20% 的比例分别分担；开县设有 1 300 万元的风险防范基金，其中 300 万用于回购金融机构“三权”抵押贷款的不良资产，当违约发生时，金融机构可获得 35% 的补偿，其中市级承担 20%、区县承担 15%。第三，各地对该项业务采取了相应的利息补贴。平罗县低于以往农户联保贷款和其他贷款利率 3 ～ 5 个百分点；重庆市农村“三权”抵押贷款利率在同等条件下优惠 5% ～ 10%，开县对农地经营权抵押贷款采取 5% 左右的利率补贴。广东蕉岭县通过村集体筹资设立了村级担保基金，全县 97 个村设立了风险补偿金，政府配套奖补资金最高达 970 万元，村级担保基金的设立，促进了金融机构抵押权的实现。湖北夷陵区政府设立了 1 000 万的农地经营权抵押贷款风险补偿基金，鼓励金融机构按 1∶10 的比例发放贷款，贷款发生违约风险时，金融机构和政府按 5∶5 的比例分摊风险。可见，各试点地区从担保、风险防范基金和利率设定等方面做出了多重风险防范措施。当地政府的政策支持在风险防范过程中起到了很大作用。

3.1.8　农村产权流转市场（平台）等服务体系运转有效

农地经营权抵押融资试点地区对农村产权流转市场和农村产权价值评估平台等相关服务体系做出了规范性部署。平罗县成立了全区首家农村产权交易中心，建立了平罗县农村产权交易信息网站，对农村产权供需信息进行发布，在各乡镇设立了乡镇农村产权流转交易服务站。同时县农改办将全县土地按照稻作区、旱作区各分为三类，建立了较为规范的农村土地产权价值评估机制；出台农村土地产权价值评估指导价格，作为抵押贷款的参考依据，并按照“市价”计算农村土地抵押价值，发放贷款的分行根据实际情况设定抵押率。重庆市出台的《关于开展农村土地承包经营权居民房屋和林权抵押贷款及农户小额信用贷款工作的实施意见（试行）》中指出，在发放贷款之前，相关部门要做好风险评估，包括借款人信用评估和产业项目效益评估，保证第一还款来源的充足和稳定。在产权价值评估方面，贷款金额在100万元以内的，其抵押物价值认定原则上不需要专业评估机构评估，可由借贷双方协商确定；贷款金额高于100万元的，可委托有资质的专业评估机构评估，评估费按照最低标准执行，由融资担保公司负责建设全市的农村产权融资担保、评估和资产管理服务体系。

3.2 农村土地经营权抵押融资模式分析

3.2.1 农村土地经营权抵押融资模式概述

国内农村土地经营权抵押融资试点地区在国家政策的引导下，结合地方实际，对农村土地经营权抵押融资进行着有益的探索，形成了各具特色的农村土地经营权抵押融资模式（表3–1），金融机构不断创新农村土地经营权抵押融资产品与服务。

表3–1 国内农村土地经营权抵押贷款典型试点模式

典型试点地区	运行模式
贵州湄潭	农村土地经营权入股＋土地金融公司抵押贷款模式
宁夏平罗	农村土地经营权＋土地信用合作社＋担保人抵押贷款模式
宁夏同心	农村土地经营权＋反向担保＋土地协会担保贷款模式
山东枣庄	农村土地经营权＋担保抵押贷款模式
重庆开县	农村土地经营权直接抵押贷款模式
四川成都温江区	农村土地经营权＋反向担保＋担保公司担保贷款模式

由表3–1可知，农村土地经营权抵押融资模式存在多种创新和服务模式。农村土地经营权直接抵押融资模式的抵押行为和贷款行为是统一的，农户将农村土地经营权作为抵押物向贷款机构申请贷款，贷款机构对申请者的资格审查通过后发放贷款。在农村土地经营权直接抵押融资模式中，农户与

贷款机构是债务人和债权人、抵押人和抵押权人的关系。实践中，这种抵押模式演变为“农村土地经营权 + 担保人抵押贷款”模式，即有时银行会附加担保人条款。

除农地经营权直接抵押模式外，各试点地区的其他抵押模式可统称为“农村土地经营权间接抵押融资模式”。这种抵押模式的抵押行为和借贷行为是分离的，其基本形式是由资金需求者向第三方机构提供农村土地经营权反担保，第三方机构提供担保后农户向农村金融机构申请贷款。农户与贷款机构只存在借贷关系，不存在抵押关系；第三方机构和贷款机构也不发生抵押行为，第三方机构只以自己的信用向贷款机构提供担保；农户与第三方担保机构签订农村土地经营权抵押协议（即农户是抵押人，第三方担保机构是抵押权人），一旦违约行为发生后，第三方担保机构依据协议对抵押农村土地经营权享有合法处置权。根据担保机构的不同，可以分为担保机构提供担保的农村土地经营权抵押融资模式和土地协会提供担保的农村土地经营权抵押融资模式。

3.2.2　农村土地经营权直接抵押融资模式

（1）直接抵押融资模式。农村土地经营权直接抵押融资模式是农户将承包或者通过转包、出租等有偿流转方式取得的土地经营权，经过土地产权交易中心对土地价值评估后，作为抵押物，由抵押登记部门审核登记后，向金融机构申请贷款。土地经营权作为单一、纯粹的抵押物，表明借款人和银行等金融部门之间存在着债权和债务关系，一旦发生违约，金融机构有权对抵押物进行流转变现以补偿贷款损失。当前，单纯以农村土地经营权直接抵押融资的业务还比较少，这需要极为规范的操作程序和完备的制度体系保障，是大多数试点地区所不具备的。这种模式的主要特点是业务面向的是资信良好的新型经营主体，这些新型经营主体以规模化经营、规范化管理的现代化生产方式为自己增信，从而以土地经营权向金融机构抵押获得生产所需贷款。具体模式如图 3-3 所示。

以黑龙江省庆安县为例，2015 年 12 月 27 日，庆安县作为全国 232 个农村土地经营权抵押融资试点区（市、县）之一展开试点工作，农村土地经营权抵押融资业务主要面向优质的专业大户、家庭农场、合作社和涉农企业等新型农业经营主体，开发出了“种植贷”“助农贷”“地押贷”“社联融”等信贷产品，不仅将农村土地经营权作为抵押物，还将土地预期收益权作为质押物纳入贷款范围。截至 2017 年第三季度末，黑龙江省各试点地区涉及农村承包土地经营权抵押的贷款余额达到 79.55 亿元，比 2017 年初增长 52.79%。

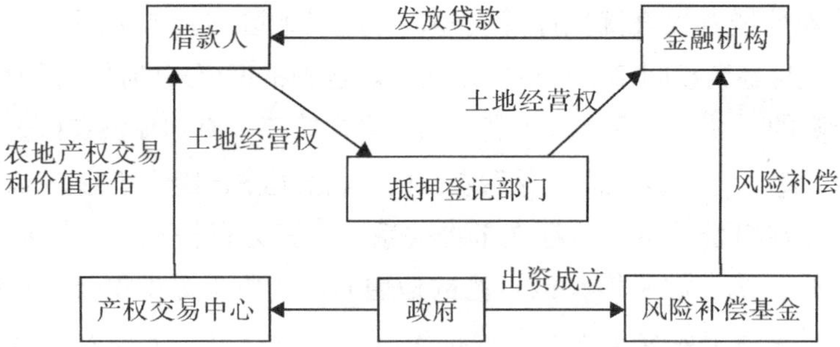

图 3–3　农村土地经营权直接抵押融资模式图

这种模式的优势在于可以依托农村金融机构成熟的业务经验、雄厚的资本以及多元化的经营策略，防范化解农村土地经营权抵押融资业务带来的经营风险，大大增加业务可持续性。存在的弊端在于各试点地区农村土地经营权抵押贷款配套机制不一致，整体而言，独立的专业化土地评估机构还较少，农村金融机构对土地经营权的定价主要依靠政府指导价格或者政府、银行、农户的协商定价，增加了农村金融机构的定价成本，同时其市场化也需要加强；而且，一旦违约行为发生，由于缺乏专业的土地经营权处置机构，农村商业银行对于分散的土地经营权处置难度加大，增加了农村商业银行的经营风险。

（2）土地信用合作抵押融资模式。土地信用合作抵押融资模式（即“土地银行”）在宁夏平罗、陕西杨凌等地较为典型。这种模式的主要特点是政府在推动土地信用合作社成立中起主导作用，创新性地以“存地证”推动农村土地经营权流转和后来的抵押业务开展，政府财政出资成立风险补偿基金。“农地经营权抵押 + 风险补偿基金”是该模式的核心。

以宁夏平罗县为例，2006年平罗县挂牌成立了第一家土地信用合作社，社员以存地证向土地信用合作社获取农地收入，而信用社则通过存地和贷地的差价盈利以维持信用社运转，促进了农地经营权流转，后来逐步推进形成了农地经营权直接抵押融资模式。截至 2018 年 2 月，全县土地确权面积为 92.58 万亩，确权率为 100%，累计办理农村产权抵押贷款 1.94 万笔共计 9.65 亿元，其中农村土地承包经营权抵押贷款 1.92 万笔共计 8.62 亿元，设施农业用地使用权抵押贷款 36 笔共计 4 294 万元，流转经营权证抵押贷款

83 笔共计 4 588 万元，同时为贷款农户和经营大户节省利息 2 500 多万元。因为农业生产的脆弱性，为了激励农村金融机构开展农村土地经营权抵押业务，地方政府还设立了风险补偿基金，比如宁夏平罗县政府拨放 1 000 万元作为风险补偿基金，一旦损失发生，80% 由风险补偿基金承担，20% 由农村金融机构自身承担。

土地信用合作基础上形成的农地经营权直接抵押融资模式，在保持土地承包权不变的情况下，解决了土地经营权抵押限制的问题，还有效降低了抵押物处置难度。而且这种“零存整贷”的经营模式，不仅有效地加快了土地流转，促进农业产业化和规模化生产，还提高了单位土地的收益率，增加了存地农户的收入，降低了农户获得农业收入的机会成本。

由于自身资本的限制，土地信用合作社模式形成的贷款额度较小，难以满足农村的资金需求；而且土地信用合作社缺乏有效的激励机制。虽然政府给予了土地信用合作社一定的政策优惠，包括启动资金、税费减免、绩效奖金等，但是相对于机构的运营成本来说，土地信用合作社的收入来源有限，盈利性较低，运营积极性和可持续性难以保障。

（3）“抵押 + 担保型”农村土地经营权抵押融资模式。“抵押 + 担保型”土地经营权抵押融资模式是农户将承包或者通过入股、转让等有偿流转方式取得土地经营权，经过土地产权交易中心对土地价值评估后，作为抵押物并附加担保人担保向金融机构申请贷款。金融机构根据评估的土地价值和对担保人的生产经营状况、收入状况、信用水平等方面进行核查后，确定贷款的金额，双方经过协商确定贷款的利率、期限、还款方式，并签订抵押合同。一旦发生违约，借款人和担保人共同承担违约责任。当借款人和担保人都无力偿还贷款时，金融机构享有土地经营权的处置权，对抵押物进行流转变现以补偿贷款损失。具体模式如图 3–4 所示。

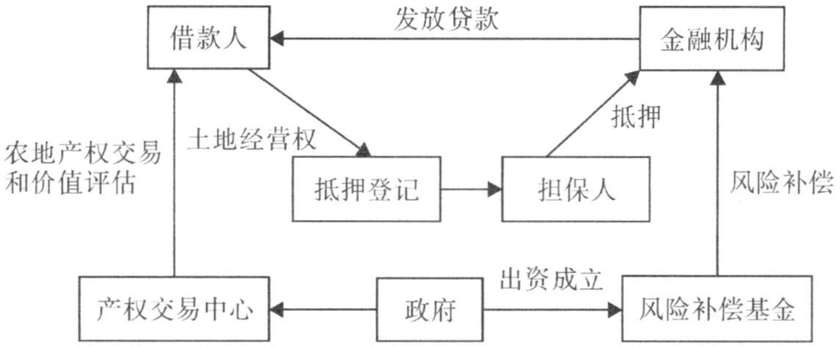

图 3–4 “抵押 + 担保型”土地经营权抵押融资模式图

在“抵押 + 担保型”土地经营权抵押融资模式中，农户通过土地经营权抵押并附加第三方担保，为借款人起到增信作用，提高了贷款的可得性，同时也分担了金融机构的风险。其不足之处在于增加了对担保人生产经营状况、收入状况、信用水平等方面的审核，操作程序较复杂，提高了交易成本。

（4）“信用互助 + 土地抵押”农地经营权抵押融资模式。在各级政府政策的大力扶持下，重庆开县积极创新金融产品及服务，开发了“信用互助 + 农地抵押 + 信贷资金 + 精准扶贫”的多元叠加的信贷扶贫模式，详见图 3–5。该模式下农户以村级或者乡镇为区域形成信用互助合作机构，农户在贷款时可抵押农地经营权，实现“信用互助 + 农地抵押”的多元贷款方式。资金互助合作机构对于符合条件且有贷款需求的扶贫对象优先发放贷款，享受 5% 左右的政府贴息，确保“财政 + 金融”的多元有效合作扶贫攻坚，促进农业产业发展和农户增产增收的目的叠加效应。建立农村产权抵押融资风险损失补偿机制，在“市级承担 20% + 区县承担 15%”双方叠加的基础上，鼓励有条件的试点区县（ 自治县）提高补偿比例。

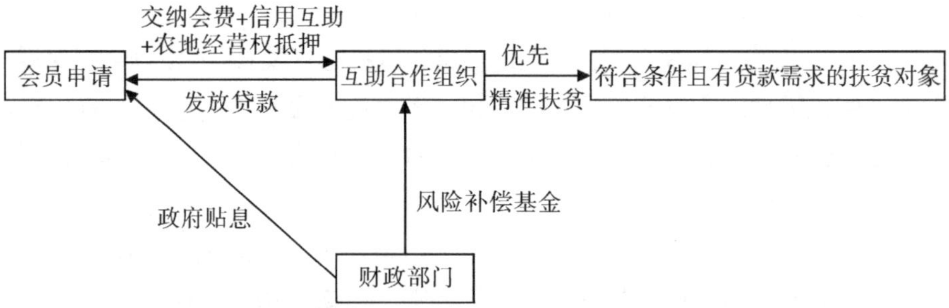

图 3–5 重庆开县农地经营权抵押融资模式图

3.2.3 农村土地经营权间接抵押融资模式

（1）担保公司模式。担保公司模式是农户以农村土地经营权抵押作为反向担保，由担保公司提供担保向金融机构贷款的一种农村土地经营权抵押融资模式，四川成都开展的这种模式比较典型。

这种模式的主要特点是以反向担保的形式将抵押处置风险转移给担保公司，这种模式的做法通常有两种：一是农户将土地流转给政府出资成立的农担公司，由农担公司以土地经营权抵押并向金融机构提供担保，金融机构据此向农户放贷；二是农户以土地经营权向担保公司抵押并支付担保费用，担保公司为农户融资提供担保。

以四川成都为例，成都市农村土地承包经营权抵押融资工作于 2010 年 12 月在崇州、双流、金堂和青白江区展开试点，2011 年 3 月，试点地区由原来的 4 个区（市、县）扩展为 20 个。截至 2017 年 7 月，累计提供惠农贷款担保 61.04 亿元，惠及企业 122 户；累计扶持种植、养殖企业 49 户，担保金额 21.31 亿元，其中有相当数量的企业取得了有机认证或绿色认证；累积牵头推动提供农险保障逾 3 000 亿元，受益农户突破 570 万户次。

这种模式将金融机构从农村土地经营权抵押环节中解放出来，规避了金融机构的农村土地经营权抵押处置风险，提高了金融机构农村土地经营权抵押贷款的供给，对于农村土地经营权抵押贷款业务的推广有一定积极的影响。并且担保公司基于其雄厚的资金实力、规范的组织结构、高效的运营模式为农户农村土地经营权抵押融资提供担保，提升了农户的贷款额度，有利于解决农村的大额资金需求，大大提高了农村土地经营权抵押融资业务的可持续性。

但是担保公司模式对于农村土地经营权抵押贷款整体风险的降低影响有限，该模式也只是将金融机构的风险转移到了担保公司身上，一旦违约行为发生，担保公司对于农户抵押的农村土地经营权仍然没有较好的处置办法，反而增加了担保公司的经营难度。

（2）土地协会模式。土地协会模式是由土地协会和联保小组为“入股”会员向金融机构提供集体信用担保，会员以农村土地经营权抵押作为反向担保的一种农村土地经营权抵押融资模式，宁夏同心农村土地经营权抵押融资试点是土地协会的一种典型案例。

土地协会模式主要特点是“轻抵押、重信用”，土地协会模式实质上是一种集体信用贷款，通过集体信用来分担农村土地经营权的抵押功能在贷款中的作用，将抵押和贷款分离来缓释金融机构的贷款风险。

以宁夏同心县为例，同心县于 2003 年开始探索农村承包土地经营权抵押融资模式，并于 2006 年开展农村土地承包经营权反向担保贷款，经过十几年的探索，逐渐形成了“农村土地经营权抵押 + 反向担保”的融资模式，截至 2017 年，同心县已完成 44 534 户农户土地确权工作，农户办理反向担保贷款 3.77 亿元，抵押土地 8.2 万亩，惠及 1.35 万农户。截至 2017 年 4 月，该县累计抵押土地 60 余万亩，涉及 37 个村，受益农户达 9 万户，投放抵押贷款 18.5 亿元。

利用团体信用和责任连带提高农户还款约束力，降低了贷款机构不良贷款发生的风险，在一定程度上缓解了农村贷款难的问题；同时，土地协会以行政村为单位，会员之间存在着关系纽带，一旦违约行为发生，对农村土地经营权的处置更为便捷，更具效率，降低了操作难度，实现了农户、土地协会、贷款机构三方共赢。

但实际上，土地协会模式与担保公司模式实质上是担保人（土地协会或者担保公司）和贷款机构之间的担保贷款。是否发生抵押行为与贷款机构并无直接关系，土地协会模式对于同心县这种土地分散经营的贫困地区较为有效。

3.2.4 农村土地经营权抵押融资模式比较分析

比较农村土地经营权直接抵押融资模式和间接融资模式，可以发现两种抵押融资模式存在一定的差异，主要表现为以下几个方面。

（1）借款人。参与直接型农村土地经营权抵押融资模式的借款人是以从事农业生产经营的种植养殖大户为主；而参与间接型土地经营权抵押融资模式的借款人是以传统家庭经营的普通农户为主。

（2）贷款方式。在直接型农村土地经营权抵押融资模式中，抵押形式是以土地经营权作为抵押物，直接获得贷款；而间接型农村土地经营权抵押融资模式，抵押形式是土地经营权作为抵押物，并附加担保人提供担保来获得贷款。

（3）风险分担方式。直接型农村土地经营权抵押融资模式的风险分担参与者较少，主要由政府组建的风险保障基金分担违约损失；在间接型农村土地经营权抵押融资模式中，由于担保人提供了担保，则承担部分的违约责任，担保人和金融机构、政府组建的风险保障基金共同分担违约损失，大大降低了金融机构的贷款风险。

（4）信用等级水平。直接型农村土地经营权抵押融资模式对农户的信用等级水平要求较高，农户的资信状况良好、无恶意不良信用记录，而且生产经营项目有较稳定的收益，按期偿还贷款的能力较强；在间接型农村土地经营权抵押融资模式中，对农户的信用等级水平要求较宽泛些，通过附加额外担保的形式起到增信作用，提高了农户贷款的可得性。

（5）土地规模。依据调研资料和相关数据统计，参与直接型土地经营权抵押融资模式的农户土地经营面积较大，其中大多数抵押面积在 20 亩以上，土地规模化程度较高；参与间接型土地经营权抵押融资模式的农户，土地经营面积较小，其中大多数抵押面积在 10 亩以下，土地比较零散化。具体如图 3–6 所示。

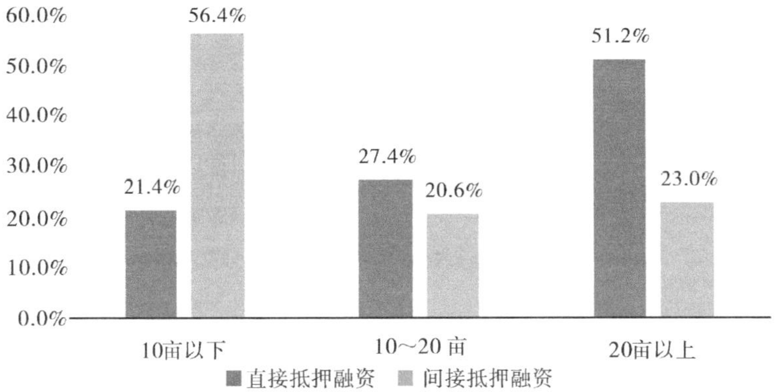

图 3–6　两种融资模式土地规模比较图

（6）贷款额度。参与直接型土地经营权抵押融资模式农户获得的贷款额度较高，其中 5 万元以下的贷款占比 32%，5 万元以上的贷款达到 68%；而参与间接型土地经营权抵押融资模式的农户获得的贷款额度较低，主要以 3 万～ 5 万元的小额贷款为主。具体如图 3–7 所示。

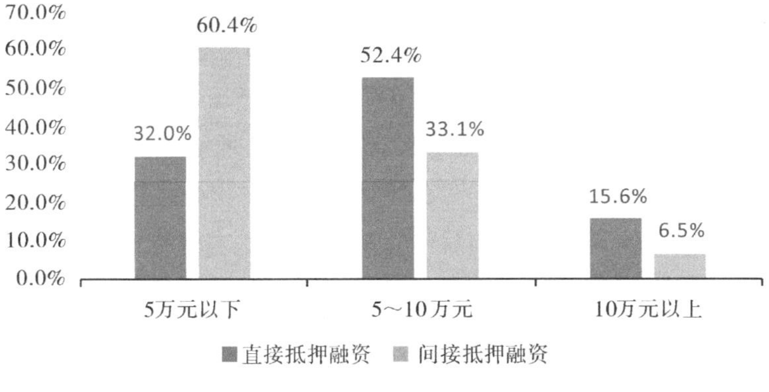

图 3–7　两种融资模式贷款额度比较图

从两种抵押融资模式的比较关系中可以发现，在直接型农村土地经营权抵押模式中，土地经营权具备完全的抵押品功能，不需要其他担保就能直接获得贷款，但是在实际试点操作中风险主要由金融机构和风险保障基金承担，经营风险较高。参与直接型融资模式的借款人主要以普通农户为主，在抵押物价值不足或是信用等级一般的情况下，直接获得贷款是比较困难的，通过附加第三方担保，能够起到增信作用，可有效降低违约风险，提高贷款的可得性；但是在发生违约时，却增加了抵押物和担保物的处置成本，提高了交易成本。具体如表 3–2 所示。

表 3–2 农村土地经营权抵押融资模式比较分析

类别	直接型	间接型
借款人	农业规模经营为主	普通农户为主
贷款方式	土地经营权抵押	土地经营权抵押 + 第三方参与
风险分担方式	金融机构、风险补偿基金	金融机构、担保人、风险补偿金
信用等级水平	信用等级较高	信用等级一般
土地规模	土地规模化程度较高	土地零散化
贷款额度	贷款额度较高	额度较低，主要小额贷款
抵押权人	贷款机构	担保机构
抵押权能	完全	部分

3.3 农村土地经营权抵押融资运行效果分析

3.3.1 提高了农户贷款可得性，缓解了农户抵押难问题

截至 2017 年底，平罗县共有中国农业银行、平罗农村商业银行、邮政储蓄银行等九家金融机构开展产权抵押贷款业务，累计发放农村产权抵押贷款 1.97 万笔共计 10.23 亿元，其中，农村土地承包经营权 1.95 万笔共计 8.87 亿元，农村土地流转经营权证抵押 84 笔共计 4 628 万元。如图 3–8，从样本地区农户农地经营权抵押贷款获得的困难程度来看，25.24% 的农户认为贷款获得的难度很小，45.99% 的农户认为难度比较小，17.81% 的农户认为一般，仅有 10.96% 的农户认为获得贷款困难比较大或者很大。这意味着农地经营权抵押贷款有效解决了农户融资困境，加大了金融支农力度，为农业农村发展注入了强大的动力。

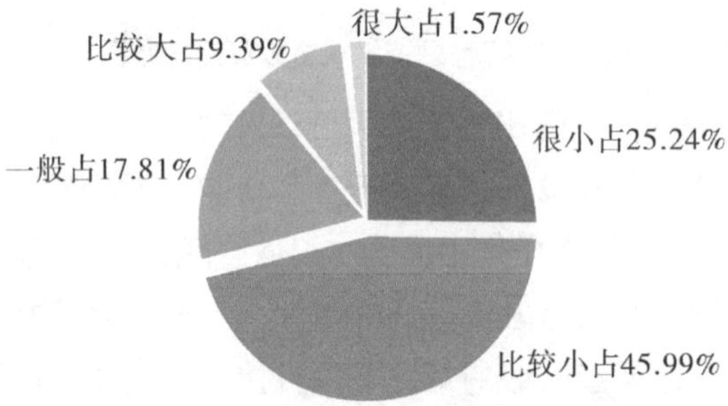

图 3–8 贷款获得困难程度

3.3.2　促进了农业收入增长，显著改善了贷款第一还款来源渠道

农户将贷款资金用于扩大生产规模或增加生产资料和技术投入，从而促进了农业生产收入的增长。梁虎等（2017）研究发现参与农地抵押贷款前后，农户户均收入提高了 1.82 万元，户均农业收入增长 0.98 万元，且相比于其他贷款，农地经营权抵押贷款对农户农业收入促进作用显著。由表 3–3 可知，69.28% 的农户用农业经营收入偿还贷款，仅有 157 户农户采取亲戚朋友借款、打工收入和生意收入来偿还贷款。由此可见，农地经营权抵押贷款促进了农业增效及农民增收，显著地改善了农户贷款的第一还款来源渠道。

表 3–3　偿还贷款主要收入来源情况

偿还贷款主要收入来源	农业经营收入	亲戚朋友借款	打工收入	生意收入
个数	354	2	48	107
占比（%）	69.28	0.39	9.39	20.94

数据来源：项目组调研数据整理所得。

3.3.3　加快了农业经营方式向规模化和产业化发展

通过土地经营权抵押融资，能够满足农业经营主体的资金需求，培育了一批以家庭农场为代表的新型农村经营组织，提升了农业现代化水平。2015 年，平罗县土地流转面积达到 36 万亩，占全县耕地的 38%，参与土地经营权抵押融资的农户为 5.9 万户，培育新型农业经营主体 326 个，其中家庭农场 160 个、专业大户 90 个、农业企业 59 个。开县地区结合自身山区特色，加快农业生产方式向产业化发展，加大对农业生产经营项目的资金支持，积极发展以家庭农场经营为主的特色种植产业，带动土地经营权流转 2.4 万亩，有效加快了农业经营方式的规模化与产业化发展。

3.3.4　创新了农村融资新方式，激发了农户生产的积极性

农户通过土地经营权抵押获得贷款，投入农业相关生产经营项目中，激发了农户生产的积极性。在调研地区，参与农村土地经营权抵押融资的 847 个农户中，有 86.7% 的农户认为贷款对提高农业经营收入，改善家庭经济状况的作用效果明显，仅有 2.5% 的农户认为没有改善家庭经济状况。具体如图 3–9 所示。相比较传统的信用贷款方式和担保贷款方式，土地经营权抵押融资的形式更加灵活，更加适应农村地区缺乏抵押物、担保人的状况。

在调研地区，在参与农村土地经营权抵押融资的 847 名农户中，有 82% 的农户认为农村土地经营权抵押融资模式相比较于信用贷款方式和担保贷款方式更加具有创新性，仅有 2.7% 的农户认为其创新程度较小。具体如图 3-10 所示。

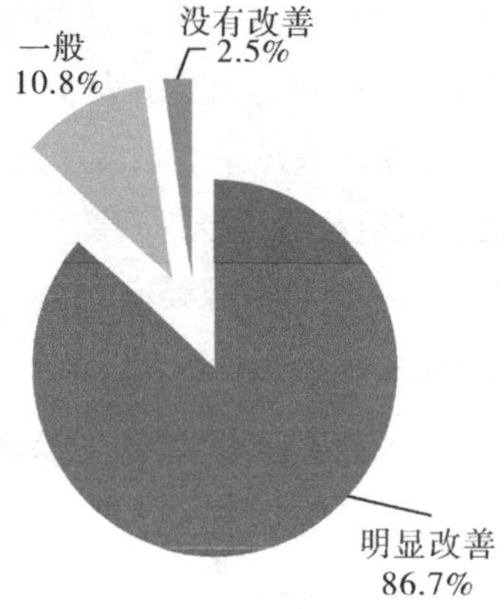

图 3-9　抵押融资对农户家庭经济的改善状况

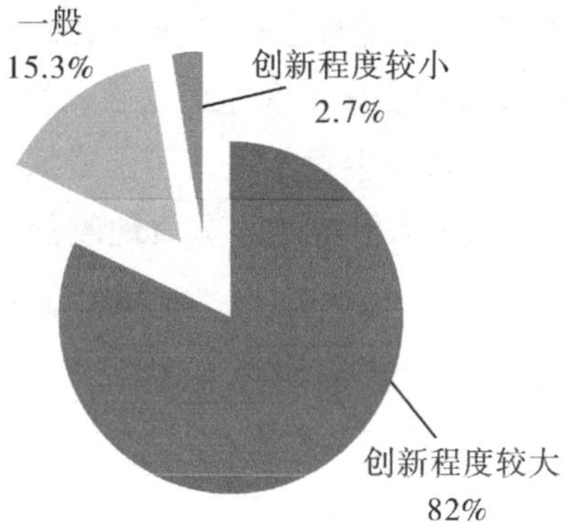

图 3-10　农村土地经营权抵押融资模式创新程度

3.3.5　抵押融资政策逐渐完善

《关于加快推进农村金融产品和服务方式创新的意见》由中国人民银行和银监会于 2008 年 10 月联合印发，文件精神旨在全国 9 个省份 (区) 选取县 (市) 推行农村金融服务创新工作。国家在 2009 年 3 月发布的《加强信贷结构调整的指导意见》中明确提到开展土地经营权抵押贷款业务，前提是探索开展此业务的地区要具备相关的条件。2010 年，我国"一行三会"联合颁发了全面推进农村金融服务创新的意见，要求金融机构在当地政府的指导下积极探索开展农地经营权抵押融资业务，此意见再次证明政策助力推进农村土地金融发展的决心和力度。随后，政府政策在农村土地经营权抵押融资方面越来越完善，连续几年的中央一号文件聚焦农村土地制度改革，2013 年全国性农村土地确权登记颁证全面展开，2014 年提出"三权"分离，鼓励盘活沉睡的土地资产，2015 年推进农村集体产权制度改革，尤其是土地资源资产改革。在政策文件的指导下，成都、重庆等地拉开土地承包经营权的抵押试点工作帷幕。在中央授权和指导下，其他地方也在积极探索开展土地承包经营权抵押融资试点工作，如宁夏平罗、同心县，福建三明市，辽宁沈阳法库县，江苏苏州太仓市，陕西杨凌示范区等地。政策性规范文件不仅为各省各地区的土地抵押融资试点工作提供了纲领性的指引，更是推动了相关法律规定的进一步完善。

3.3.6　抵押贷款模式和运转机制多样化

在全国开展土地经营权抵押融资试点以来，各地纷纷涌现了具有当地特色的抵押融资模式，贷款模式既丰富多样又能有效推动各地农村经济发展，同时也为全国范围内的土地抵押融资工作提供了借鉴经验。福建明溪“基金担保 + 土地经营权抵押”模式，由农户以土地经营权作抵押，同时行业基金附上担保来获得贷款；福建明溪“土地承包经营权作股权抵押”模式，是由多个土地经营户成立一个合营公司，股本就是各自拥有的土地承包经营权折价，抵押股权给银行申请贷款；福建明溪“公司 + 经营权抵押”模式，即农业经济组织是借款主体，以该经济组织拥有的土地经营权作为抵押品，注明企业负连带责任。重庆开县模式的具体做法是一方面引入农业保险，另一方面引入专业的农业担保公司提供信用担保，政府用间接方式支付 70% 担保费，担保公司自降 15% 费率，种植大户负担担保费的剩余 15%。这个模式的特点就是引入保险、担保与信贷三者结合的风险防范制度。宁夏平罗县创新贷款业务的方式便是以“存地证”作质押，通过农户、涉农金融机构、土地信用社及政府部门的协议开展“存地证”质押贷款业务。湖南“汉寿模式”非常具有可操作性，其主要做法是：县、乡、村三级分别建立了土地流转平台、土地纠纷调解仲裁处，同时利用计算机技术开发了土地流转平台系统，并构建了一整套流程。除以上所述外，“汉寿模式”还创新了他项权证，对土地再交易进行冻结，有效防控风险，根据三方均认定的土地价值，保证土地估价合情合理，创新了风险防控方式。

3.3.7　发挥抵押品功能，有效控制信贷风险

农地是农户最重要的生产资料，以农地经营权作为抵押品可以起到一定的激励与约束作用，使得金融机构发放农地经营权抵押贷款的风险得以控制。金融机构会对符合条件的农户实地考察，严格把控贷款审批流程，贷后对借款人信用及抵押物情况变化跟踪检查，及时发现风险，确保贷款资金安全。平罗县农改中心对 2012 年以后几年的农村产权抵押贷款风险排查发现，在 1.97 万笔共计 10.23 亿元的贷款中，到期未及时偿还的仅有 26 笔共计 187.49

万元，通过流转、核销等方式清理处置不良贷款 15 笔共计 80.34 万元，金融机构信贷风险得到有效防控。从表 3-4 可以看出，在 511 户样本农户中，未按时还款农户仅有 8 户，占比 1.57%，在 503 户按时还款农户中用农业生产经营收入还款的农户有 348 户，占比 61.10%。有 155 户农户用生意收入、打工收入、借亲戚朋友还贷等方式还款，占比 30.33%。贷款违约率低，农户宁愿借钱还贷也不愿违约，对借款人的违约行为产生约束作用，说明土地经营权发挥了抵押品功能，激励借款人积极还贷，提高了金融机构的资金安全，促进其效益最大化。

表 3-4　农户偿还贷款本息情况

是否按时偿还贷款本息			
	是		否
	农业生产经营收入还款	其他还款方式	未按时偿还
户数（户）	348	155	8
占比（%）	61.10%	30.33%	1.57%

数据来源：项目组调研数据整理所得。

3.4　农村土地经营权抵押融资运行存在问题分析

3.4.1　土地经营权抵押融资法律制度支持仍有待加强

虽然对试点地区开展土地经营权抵押都会给予政策支持，但从根本来说土地经营权抵押的相关法律仍不完善。在土地经营权抵押相关法律法规还有待完善的情况下，一旦当事人之间发生抵押权的法律纠纷，抵押权若实现不了的话，必将造成政府、农户、金融部门的相关资金损失。

我国已经出台了一系列政策和法规等措施来保障土地经营权抵押贷款的实施，但关于农地经营权抵押贷款违约风险控制的相关制度法律并不齐备，且这些制度的建立仍处在探索试点阶段，其作用有待加强。国家对土地经营权抵押贷款违约风险进行责任分担的具体制度尚不完善，虽然尝试设立了风险补偿基金，但是对国家、金融机构、借款人等主体的风险分担划分不健全，并未对各个层面的违约风险的处置机制做具体安排，从而限制了违约风险控制的实际效果。

3.4.2　市场化土地流转和价值评估机制尚不完善

土地流转是农地经营权抵押贷款得以开展的现实基础，随着农地经营权抵押贷款试点开展以来，我国土地流转制度体系逐步建立，但另一方面，土地流转制度体系仍不完善，各项具体制度仍在落实过程中。土地流转体系的不健全使得违约风险的处置较难。在调研中发现，有的抵押人利用合同制度上的不健全，用流转来的土地获得抵押贷款，一旦违约就会给土地承包人带来非常大的难题与损失，这就容易造成土地产权的纠纷。

土地价值评估体系也处在不断探索阶段。以重庆地区为例，根据重庆市人民政府印发的《关于土地经营权抵押贷款工作试点意见的通知》发现，当前重庆的土地价值评估体系由政策性评估和商业性评估组成，贷款金额在100 万元以内的，其抵押物价值认定原则上不需要专业评估机构评估，可由借贷双方协商确定；贷款金额高于 100 万元的，可委托有资质的专业评估机构评估。从中可发现当前土地价值评估体系建设尚未实现全覆盖。因此，土地流转制度体系应当进一步完善。

3.4.3　风险控制成本较高，风险控制技术有待提升

第一，为了选择出信用水平较高，经营项目收益有保障的借款人，开展农地经营权抵押融资业务的金融机构需要投入大量的人力物力调查借款人的资信水平，尤其是对首次抵押贷款、没有历史记录的客户则需要付出更多的成本。第二，农地经营权抵押贷款业务采取的风险控制技术不够先进。由于农户信用评级系统尚未建立，使得复杂的信用风险评估技术难以在农地经营权抵押融资业务中应用，这也使得金融机构对该项业务的风险监控成本较高。第三，农地经营权抵押融资试点地区均设有风险防范基金，而风险防范基金的额度、对风险的补偿机制的合理性以及风险防范基金的使用范围等问题仍然需要进一步研究。第四，该项业务在很大程度上是由政府推进的，金融机构开展该业务也是基于政策上的支持。在强大的政策支持下，农地经营权抵押融资业务的风险得到了保障，但是该项业务在逐步趋向市场化过程中，信用风险损失程度未能得到准确衡量。

3.4.4　抵押物处置机制有待完善，风险保障作用不足

虽然政策法规中提出了加快农村产权流转市场建设，制定抵押资产处

置机制等抵押物处置相关要求，而且对农村产权流转交易制度进行了比较规范的设计。但是在实际操作层面，抵押物处置仍然存在困难，主要体现在以下几个方面：一是市场活跃程度不足。农村土地的产权市场不健全使得农村土地的流转范围受到限制，而且农村土地具有较强的资产专用性，其价值评估和处置的交易费用较高，进而导致土地流转市场的活跃程度和运行效率存在不足。二是缺乏细化的法律规定。根据《物权法》第一百九十五条规定“债务人不履行到期债务或者发生当事人约定的实现抵押权的情形，抵押权人可以与抵押人协议以抵押财产折价或者以拍卖、变卖该抵押财产所得的价款优先受偿。”而农村土地受到用途特殊的约束，不得将其用于非农用途，所以农地经营权的抵押权多以拍卖和变卖的形式得以实现（李晓聪 等，2015）。但是关于其拍卖和变卖的具体操作流程与权责关系等相关法律细则尚未得到完善，导致农地经营权的抵押权实现较为困难，从而削弱了农地经营权作为抵押物的风险保障作用。

3.4.5 贷款额度偏小且期限短，与农户多元化融资需求不匹配

随着农业产业化和规模化的发展，家庭农场、专业大户等新型经营主体不断涌现，维持正常生产经营需要负担较大的土地租金以及生产资料投入，因此农户对较大规模资金需求强烈。但土地流转市场、产权价值评估体系等相关配套措施尚未完善，为保证资金安全，有效防控风险，金融机构实际放贷规模较小（林乐芬、王步天，2015）。平罗县金融机构按农地经营权价值的 50% 以下确定贷款额度，由于农户土地规模偏小，贷款金额往往偏小。由表 3–5 可见，贷款金额最低 0.3 万元，最高 120 万元，贷款金额均值为 5.07 万元，其中 3 万～ 5 万元农户所占比例最高为 67.91%。在对农户希望贷款金额的调查中，希望获得 1 万～ 5 万元占 38.55%，43.64% 的农户希望获得 5 万元～ 10 万元，17.81% 的农户希望获得 10 万元以上，说明农户较大规模的资金需求未得到有效满足。贷款期限最短 1 年，最长 3 年，均值为 1.7 年，贷款期限较短，无法适应农户生产周期的需要，尤其是新型经营主体，其基础设施投入资金数额大，收回周期长。

表 3–5 农地经营权抵押贷款资金特征

	最小值	最大值	均值
贷款金额（万元）	0.3	120	5.07
贷款期限（年）	1	3	1.70

3.4.6 农地经营权抵押功能未充分发挥，需其他担保予以增信

在信贷市场上，为有效控制信息不对称所带来的风险，减少农户违约后的损失，金融机构一般要求农户提供抵押品。抵押品的作用主要表现在：一是通过抵押品所反映的农户还款能力甄别农户类型；二是激励农户积极还贷；三是若农户发生信用风险，金融机构通过处置抵押物弥补贷款损失。受当前法律与产权制度的约束，以农地经营权作为抵押品时，若直接抵押，若农地经营权不能在土地产权交易市场及时流转，金融机构将面临较高的交易成本和违约风险。兰庆高等（2013）在农村信贷员的调查中发现，85.2%的信贷员认为农地的价值不能满足贷款抵押品的要求，郭忠兴等（2014）从制度环境与治理结构两方面证明，现阶段农地经营权抵押贷款不能完全通过市场机制实现。因此，部分试点地区在农地经营权抵押的基础上增加了其他形式的担保，如苏州太仓的“土地经营权＋第三方运营公司担保”等。

3.4.7 动态风险管理体系尚未建立，风险识别不精细且成本高

第一，由于动态科学的农户信用评级系统尚未建立，农地经营权抵押融资业务不成熟，借款者多属于首次办理该项贷款，尚无贷款记录，金融机构在信息采集、核实和更新等方面需要花费较高的人力成本和物质成本。第二，农地经营权抵押融资业务的特殊性在于农地经营权评估的复杂性，经营权抵押功能实现的全面性等，传统的农村信贷风险管理系统不能全面地反映出农地经营权抵押融资业务的风险点和风险暴露，简单地照搬套用金融机构传统信贷风险管理系统，将会带来风险评价结果的极大偏差，给金融机构造成不可预测的经济损失。第三，农地经营权抵押融资业务风险识别精准度较低，风险评价结果参考性有待提高。在缺乏基础数据、计量模型设计以及参数不能根据实际情况调整的情况下，传统的风险管理系统很难发挥其更大的作用。因此，我国目前缺乏可复制可推广的动态科学的农地经营权抵押融资风险管理系统，部分关键性风险指标仍然需要细化明晰。

第四章　基于农户认知的农村土地经营权抵押融资条件分析

4.1　文献综述

4.1.1　国外文献综述

Wegeren（2003）分析俄罗斯农村土地的买卖状况后发现一个现象，俄罗斯农村的土地交易异常活跃，且私人土地买卖占比较高。Fleisig 等（2006）研究显示，在国家进行担保物权改革后，把例如设备、应收账款、存货和牲畜等动产视作良好的抵押物。Roman Inderst 和 Holger M. Mueller（2007）探究基于贷方理论的抵押品，当地的贷款方比远距离的贷款方在贷款中具有信息优势。但是两者的竞争，使当地贷款机构丧失了具有超额收益的项目。

La Portaetal 等（1998）在研究了不同法律制度对金融市场发展的影响后指出，强化的财产权利可以促进投资和改善信贷。De Soto（2000）则认为，很多发展中国家居民由于缺乏正式的产权证明而无法使僵化的财产转换成流动性资本，严重抑制了居民在资本市场的融资能力，这一主张促成了拉丁美洲国家及其他国家致力于土地抵押能力提升的产权改革。

GH Park & C Deokho（2014）指出，在韩国，当地政府为了确保农地可以终身抵押，为农户建立终身年金以防范失地风险。Boucher 和 Carter（2005）对尼加拉瓜和洪都拉斯 90 年代的农地自由化改革前后农户信贷可获得性进行了比较研究，发现农户的信贷获取能力并未显著提高。Cater 和 Olinto（2003）对巴拉圭农地产权制度改革和农户信贷可获得性进行了研究，得出生产规模低于 15 公顷的农户从农地产权制度改革中获得收益很难，而对中等和大规模农户而言则是有益的。

4.1.2　国内文献综述

李相范（2010）认为无论从理论上，还是从现实基础以及法律依据来看，都应该允许农村土地承包经营权抵押贷款的实行，这样不仅可以促进权利的流转，还可以拓宽农民的融资渠道。李红宇（2013）提出了与一般抵押物相比较，土地承包经营权抵押具有一定的特殊性，土地承包经营权抵押应遵从其特殊性。赵淑华（2011）认为农村土地承包经营权抵押融资想要实现抵押权，还缺乏实现的具体环境和外部条件。

刘贵珍（2009）通过研究相关法律法规，在实地调查走访的基础上，对我国开展农地抵押贷款业务进行了可行性研究，提出我国推行此业务的必要性。肖诗顺、高锋（2010）经过产权分析模型研究表明，现阶段我国农地产权已充分拥有了可分割、排他及一定的可转让性，并结合实际经验数据验证涉农金融机构开展土地经营权抵押融资是可行的。杨公齐（2013）研究表明，农村土地经营权作为抵押品的价值偏低，以致金融机构信贷供给的意愿不足；金融机构授信额度过于低下，导致无法满足农户对农地抵押贷款的融资需求。

林乐芬、赵倩（2009）发现泰州市农户农地经营权抵押贷款需求迫切，并认为农户对农地经营权抵押贷款的需求程度与当地的经济发展水平有一定的关系。陈锡文（2011）关注的是银行在难以处置违约农户土地时可能出现大量的不良贷款以及可能引发的农民失地风险问题。胡振华等（2014）提出“三位一体”的综合农协构想，总结出以合作社、供销社以及信用社为枢纽的预防机制来助推农地抵押实现的结论。

4.1.3 国内外文献评析

梳理国内外研究动态发现，国外农村土地抵押融资制度起步较早，农户认知较充分，抵押条件较成熟。国内有关农地经营权抵押的农户认知和融资条件研究，已越来越受到实务界与理论界的广泛关注，也已引起学者的高度重视，对农地经营权抵押融资的理解也日趋理性，为农村土地经营权抵押融资业务的全面推广提供借鉴价值。

总体来说，已有的研究仍然处于一个探索阶段，有关这方面的研究十分薄弱，从规范经济学视角剖析得较少，特别是缺少对土地经营权抵押融资农户认知和融资条件的实证分析。鉴于此，需在相关理论分析的基础上，依据典型地区的农户认知调查数据和相应的模型构建，实证分析农村土地经营权抵押融资条件关键因素，进而提出全面推广农村土地经营权抵押融资的对策建议。

4.2 农户认知与融资条件理论分析

4.2.1 农村土地经营权抵押融资农户认知

农户作为生活单元与生产单元，拥有鲜明的二重身份特征。农户农村土地经营权抵押融资认知是指农户获得抵押融资知识并产生融资意愿和申请获得抵押融资资金的过程。农户对农村土地经营权抵押融资认知涵盖融资条件、融资行为、融资满意度和融资效果等，其中对融资条件成熟的认知，是农户产生融资行为的前提和基础。

Ajzen 的计划行为理论认为，个体的行为态度、主观规范和知觉行为共同影响行为意愿，进而导致行为的发生。农户作为一个理性经济人，在产生农村土地经营权抵押融资行为时，必将对该抵押融资是知晓和认可的，并对其运作的条件成熟度也是知晓和认可的，否则农户是不会产生贷款申请行为的。因此，农户认知是一个非常重要的信息获取和分析归纳的过程。当然在一定程度上，农户也存在从众心理，进而对个体认知产生影响。

从舒尔茨对传统农业的研究当中，可以看出，小农是理性的经济人，能够像企业家那样按照帕累托最优原则将生产要素进行合理配置。在农户经济组织当中，他们具有完全理性行为，农户使用的生产要素投资收益率很少出现显著的不平衡现象。为实现传统农业方式的改造，应该着眼于现存的市场和组织，致力于现代生产要素供应的成本合理化。因此，贷款资金的投入也是趋于理性的。

本章要探究的农村土地经营权抵押融资农户认知，是指农户对农村土地经营权抵押融资所需条件的知晓和认可程度，依据农户的主观感知，分为完全成熟、比较成熟、一般成熟、比较不成熟和完全不成熟五种认知程度。

4.2.2 农村土地经营权抵押融资条件

条件是指事物存在以及发展的环境因素，若环境因素均具备，则称条件具备，事物可顺利发展。那么农村土地经营权抵押融资条件就是农村土地经营权抵押融资存在以及发展所需要具备的环境因素。学者黄惠春（2014）认为，农村土地承包经营权抵押融资受到法律因素和经济因素的共同影响；在相同的法律制度下，其可抵押性更多地由农业生产水平、土地流转市场、农村社会保障水平等经济条件决定。

农村土地经营权抵押融资条件定义为：为了确保借款人即农户可以通过抵押农村土地经营权进行融资活动，需要具备的各项环境因素。同时将农村土地经营权抵押融资条件分为政策条件、借款人资质条件和金融机构的抵押融资条件三个方面。

（1）政策条件。政策条件是指在进行农村土地经营权抵押融资所应具备的支持政策。在试点该融资方式的过程中，目前法律鼓励农户的农地经营权可以抵押，中国人民银行已在全国范围内试点该项融资方式，国家设立相关法律规定支持农户土地经营权抵押融资方式；2013 年全国两会明确了土地改革的方向与目标，加快了农村土地征收制度改革与完善土地流转制度，推动健全农村金融体制机制。土地是农业最基本的生产资料，一经确权，农民是土地承包经营权的物权权利人。权利得到有效保障，有利于依法保障农民的土地承包权益，农民也可用土地承包经营权证进行抵押融资。与此同时，各地方政府出台相应的政策促进农村土地经营权抵押融资顺利实施。

（2）借款人的资质条件。借款人的资质条件是借款人在进行农村土地经营权抵押融资的过程中，需要具备的资信条件。

通过家庭承包方式依法取得土地承包经营权和通过合法流转方式获得承包土地的经营权的农户或农业经营主体均可成为借款人，借款人向金融机构申请农村承包土地的经营权抵押贷款时应满足以下条件：第一，具有完全民事行为能力，无不良信用记录；第二，用于抵押的承包土地没有权属争议；第三，依法拥有县级以上人民政府或政府相关主管部门颁发的土地承包经营权证；第四，承包方已明确告知发包方承包土地的抵押事宜，并征得同意。

借款人还需具备相应的农业生产经营能力，可用以下指标来衡量：农业收入占比、家庭资产状况、农地经营规模、农户从事农业生产经营的时间、农业生产技术、农户从事农业生产经营项目的自有资金比例。金融机构在农村土地经营权抵押贷款管理办法中，均会对以上指标作出合理评价。

（3）金融机构的抵押融资条件。金融机构在开展农村土地经营权抵押贷款业务时为了保证贷款安全性、流动性和收益性原则，要求金融环境需具备相应的条件，贷款用途要符合金融机构规定的要求，同时抵押物评估和处置条件也是金融机构防范贷款风险需要的重要内容。

第一，贷款用途条件。贷款用途主要是指贷款的投向、用途是否合法、合理，是否符合金融机构认可的用途。

第二，抵押物评估条件。在开展农村土地经营权抵押融资业务时，需具备相应的产权评估机构，或者当地政府出台相应的农村土地评估制度，这将有助于金融机构评估抵押物的价值，降低贷款风险。

第三，抵押物处置条件。农户土地经营权作为抵押物，若农户无法按期偿还贷款，金融机构需对抵押物进行处置。在抵押物处置过程中，由于农户土地经营权的特殊性质，抵押物的处置条件直接表现为农户土地的流转市场的完善和活跃程度。

4.3 农村土地经营权抵押融资条件现状分析

4.3.1 政策条件现状分析

（1）农地确权工作进展顺利。农地确权工作是农地抵押融资的前提和条件。以农业产业发展较好的陕西省眉县为例，2014 年 10 月份眉县农村土地承包经营权确权登记颁证工作启动，眉县政府认真贯彻《农村土地承包法》，在深入研究法律法规和省市政策的基础上，制定了《农村土地承包经营权确权登记颁证工作实施方案》，出台了具体问题的处理意见，农行宝鸡分行与眉县人民政府专题讨论了土地承包经营权抵押登记办理等具体事项。截至 2016 年，全县 840 个村民小组完成了入户调查和承包地丈量，812 个村民小组完成了信息核实和基础表格登记，795 个村民小组完成了第一次登记资料公示，全县农村土地确权颁证工作进展顺利。

眉县是陕西省有名的果业大县，当年全县 35.5 万亩耕地中，仅猕猴桃种植面积就达到 29 万亩，其他杂果面积占到 5 万亩。全县 123 个村中，除渭北旱塬上两个没有灌溉条件的村子没有发展果业外，其他村都有林果。调查年份全县林果面积占到总耕地面积的 96%，农民人均年纯收入 9 985 元，其中 9 000 元来自猕猴桃等林果收入。据统计，全县种植林果 5 亩以上、年林果收入 5 万元以上的农户占到全县总农户的 1/3，该地区农户农业收入较高，具备良好的贷款发放基础。

（2）出台农村土地经营权抵押融资试行办法。眉县地方政府在不断积极推进农村土地经营权抵押融资的试点工作，农地确权工作进展顺利，同时眉县也积极与金融机构探寻合作办法，不断规范农村土地经营权抵押融资管理制度。眉县地方政府根据党的十八大会议精神，实施支持“三农”政策和普惠金融政策，积极探索解决农户融资问题的方法和途径。2014 年 5 月眉县地方政府与宝鸡市农业银行，根据 2014 年初中国农业银行总行出台的《中国农业银行农村土地承包经营权抵押贷款管理办法(试行)》，共同出台了《槐西村土地承包经营权抵押贷款试行办法》，允许借款人以其合法有效的农村土地承包经营权作为抵押向农业银行申请办理贷款业务。

据统计，眉县种植林果5亩以上、年林果收入5万元以上的农户占到全县总农户的1/3，林果业已成为农民发家致富的主要产业。眉县猕猴桃种植规模日益扩大，围绕猕猴桃种植、收购、储藏、销售等产业链等关键环节需求，银行已形成了“产业链式”的信贷支农模式，制定了专业合作社土地经营权抵押、订单农业、应收账款质押等一系列贷款运作细则，创新实施了全省首笔土地承包经营权抵押贷款。2014年6月，宝鸡一家果业公司和一村民获得宝鸡市首笔农地抵押贷款共计105万元，抵押物则是8亩农地和具有12年经营权的26.97亩农地经营权。现在该地区已形成“公司＋农户”“专业合作社＋农户”等贷款模式，金融机构也积极延伸对产业链农户、经纪人的资金支持，近两年先后为猕猴桃产业经营农户发放贷款超过1.2亿元。

4.3.2　借款人资质条件现状分析

（1）农户信用状况良好。农户以其获得的土地经营权向金融机构申请抵押贷款，应符合借款人具有完全民事行为能力，无不良信用记录的条件。被调查的526户农户，均符合该办法要求的具有完全民事行为能力的要求。在被调查的526户农户中，有433户农户曾经向金融机构借款。

（2）持有土地经营权证普遍。借款人需满足依法拥有县级以上人民政府或政府相关主管部门颁发的土地承包经营权证，且承包土地无权属争议。眉县地区已于2014年正式启动农村土地承包经营权确权登记颁证工作，2016年年底，宝鸡市农村土地确权登记工作入户调查率、耕地测量面积、村组公示率将达到100%，确权登记颁证率达90%以上。已初步具备农村土地经营权抵押融资的条件。

（3）农户以中小规模经营为主。眉县地区农户从事的农业生产主要为从事农业种植业，参考相关金融机构指定的农户土地经营权抵押融资条件，以家庭承包方式取得农村土地承包经营权开展农业生产经营的，水稻、小麦、玉米、大豆等粮食种植面积一年一熟地区不低于50亩，一年两熟地区不低于25亩；眉县地区农户种植的小麦、玉米为一年两熟粮食作物，所以按农地经营规模不少于25亩的条件判断，棉花、蔬菜、莲藕等经济作物种植面积不低于25亩；设施及特种农业、采取温室大棚等设施开展农业生产经营的，以及从事林果、花卉、苗木、人参等特种农业的，种植或养殖面积不低于2.5亩。

在被调查的526户农户中，有516户农户从事种植业，种植种类主要包括猕猴桃、葡萄、草莓、小麦、玉米等农作物，也有种植苗木的农户，以上均属于农业种植业作物。小麦、玉米为粮食种植类且为一年两熟地区，猕猴桃、葡萄、草莓为经济作物种植类，苗木为特种农业种植类。按照金融机构农户土地经营权抵押贷款管理办法，满足金融机构要求的农户也在表4–1中列出，从表中可以发现满足金融机构农村土地经营权抵押贷款管理办法的农户只有种植特种农业的9户。

表4–1　农户种植业分布状况表

种植种类	粮食种植类	经济作物种植类			特种农业种植类	合计
		猕猴桃	葡萄	草莓	苗木	
农户（户）	15	484	1	4	12	516
满足土地经营规模条件的农户（户）	0	0	0	0	9	9

除了特种农业种植类农户之外，其余种植粮食作物和经济作物的农户均因为土地经营面积不足而无法满足农村土地经营权抵押融资条件中农地经营规模的条件。而在我们调研的过程中，发现在种植农作物的516户农户中，有308户农户愿意进行农户土地抵押贷款，占到59.69%的比例，这就说明农户确实有明显的融资需求，但农户自身的农地经营规模多为中小规模经营，而金融机构融资条件中的农地经营规模要求较高，造成了金融机构的贷款条件与农户自身的农地经营规模存在一定差距。

（4）农户农业生产经营能力良好。根据关于农村土地经营权抵押贷款管理办法的规定，农户从事农业种植业生产经营时间不低于2年，那么在眉县地区，从事农业生产经营超过两年（包括两年）的农户共有486户，占从事农业生产农户总数的94.17%，即只有少数农户不符合金融机构农户从事农业种植业生产经营时间不低于2年的贷款条件。

（5）农户从事农业生产经营存在资金缺口。农户从事农业生产项目自有资金比例应满足不低于30%的条件，以农户的自有资金占当年农户农业支出的比例作为从事农业生产经营项目自有资金比例。在被调查农户中，有424户农户曾参与正规借贷，其中有180户农户尚存在未到期贷款，也就是有180户农户存在负债经营，比例达到42.45%。

4.3.3　金融机构的抵押融资条件现状分析

（1）农户融资用途以农业生产为主。借款人获得的土地经营权抵押贷款，主要用于农业生产经营等金融机构认可的合理用途，结合农村土地经营权抵押融资的条件，获得该项贷款的用途限于从事农业生产经营，也是金融机构出于防范借款风险的考虑。在对有传统所有形式的小额借贷经历农户的借款用途进行相应的调查发现，有正规借贷经历农户的借款资金有用于生产中的，也有相当一部分农户用于生活开支，调查结果见表 4–2。

表 4–2　被调查农户正规借贷的主要用途

贷款主要用途	农户户数（户）	比例（%）
种植业	127	29.33
做生意	131	30.25
生活支出	175	40.42
总计	433	100

进一步调查发现，有农村土地经营权抵押融资意愿农户的贷款用途多为农业生产性用途。由表 4–3 可以看出，在愿意进行农村土地经营权抵押融资的 313 户农户中，有 135 户农户预期的贷款用途为种植业，占比达到 43.13%，显示农户农地抵押贷款的需求具有农业生产性用途的特征，这与表 4–2 中的结果存在差异。从借款用途的差异中可以发现，农户土地经营权抵押贷款不但解决了农户的融资需求，也激发了农户向农业生产大户甚至向农业专业合作社发展的积极性，有助于推进农地集约化、规范化管理的发展。

表 4–3　有农村土地经营权抵押贷款意愿的农户贷款的主要用途

贷款主要用途	农户户数（户）	比例（%）
种植业	135	43.13
做生意	71	22.68
生活支出	107	34.19
总计	313	100

（2）对第三方农地产权评估机构期望值高。在调查过程中发现，目前金融机构都是通过自身来对农村土地进行估值评价，期望存在第三方机构来

对土地的价值进行评估。在眉县地区的调查发现，眉县地区政府在积极促进该地区农户土地经营权抵押贷款的试点工作，但当年该地区缺乏健全的农地价值评估机构和市场。在实际调查中，调查了农户对土地抵押时土地价值评估的看法，问卷对土地价值评估问题设置了三个选项：产权评估机构评估、开展土地抵押贷款的融资机构评估及其他评估方式。实际的调查结果发现，大多数农户希望可以通过第三方评估机构来评估土地的价值，见表 4–4，产权评估机构占到了总人数比例的 43.13%。

表 4–4　农户期望的评估土地机构表

评估机构	农户户数（户）	比例（%）
产权评估机构	135	43.13
融资机构	71	22.68
其他	107	34.19
总计	313	100

数据来源：依据调研数据整理。

（3）农地流转市场较为活跃。眉县地区的农地流转市场发展情况良好，在宝鸡市农地流转总面积中，2015 年眉县地区的农地流转总面积占比近 50%。眉县地方政府还开设了农地产权服务中心，并在农地产权服务中心网上公示眉县地区的土地流转需求信息，第三方网络平台也为眉县地区农地流转提供了相关的信息服务。在实际调查过程中，有 71 户农户曾参与土地流转，但流转方式各有差异，该地区农户的土地流转方式主要为租赁，眉县地区土地流转情况具体见表 4–5。

表 4–5　土地流转方式表

土地流转情况	租赁	转让	代耕代种	入股	互换	转包	合计
土地流出	11	2	4	0	0	1	18
土地流入	46	3	3	0	0	1	53
合计	57	5	7	0	0	2	71

数据来源：依据调研数据整理。

4.4　农村土地经营权抵押融资的农户认知特征分析

2015 年 7 月对陕西眉县进行问卷调研，采取随机调研方式，共收回有效问卷 526 份问卷。陕西省眉县是全国猕猴桃标准化生产示范区，猕猴桃产业是眉县的支柱产业，全县 35.5 万亩耕地中，仅猕猴桃种植面积就达到 29 万亩，全县农民人均纯收入为 9 985 元，其中 9 000 元来自猕猴桃等林果收入。因此，眉县被陕西省农村改革试验办公室列为农户土地经营权抵押贷款试点地区，有一定的代表性。本章依据此次调研数据对农户认知特征进行了分析。

4.4.1　农村土地经营权抵押融资条件相对不够成熟

实际调查过程中，问卷设置“您认为目前该地区农村土地经营权抵押融资的条件成熟吗”的问题，来反映农户对农村土地经营权抵押融资条件的认知。本研究将选择“完全成熟”“比较成熟”和“一般”的视为农村土地经营权抵押融资条件相对成熟，将选择“比较不成熟”和“完全不成熟”的视为农村土地经营权抵押融资条件相对不成熟，通过表 4–6 可以发现，超过一半的农户认为眉县的农村土地经营权抵押融资条件不够成熟，需要进一步完善。

4.4.2　农户普遍存在资金不足现象

在被调查的 526 户农户中，有 433 户农户曾经有过正规贷款经历，占被调查农户总数的 82.32%。从被调查农户正规借贷分布图 4–1 可以看出，203 户获得正规贷款农户的贷款金额为 2 万～ 5 万元，占有正规贷款经历农户总数的 46.88%，其次为贷款金额在 2 万元以下的农户，人数为 171 户，占有正规贷款经历农户总数的 39.49%。从有正规贷款经历农户的贷款金额分布可以看出，眉县地区农户的借款金额主要集中在 5 万元以下，农户融资需求规模多为小额贷款。

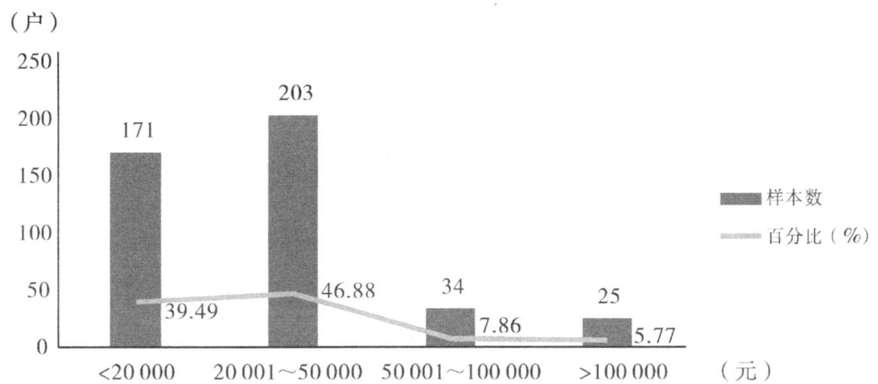

图 4–1　被调查农户正规借贷分布图

表 4–6　农户土地经营权抵押贷款意愿情况统计表

项目	分类	农户户数（户）	比例（%）
贷款比例	40%	18	5.75
	50%	43	13.74
	60%	56	17.89
	70%	196	62.62
总计	—	313（愿意抵押贷款农户）	100
贷款期限	短期（1 年以内）	40	12.78
	中期（1 ～ 3 年）	152	48.56
	长期（3 年以上）	121	38.66
总计	—	313	100
贷款用途	种植业	131	41.85
	养殖业	4	1.28
	做生意	107	34.19
	生活性支出	71	22.68
总计	—	313（愿意抵押贷款农户）	100
农户土地经营权抵押贷款较现有贷款方式更容易解决融资难问题	很容易	47	15.02
	比较容易	110	35.14
	一般	89	28.43
	比较难	64	20.45
	很难	3	0.96
总计	—	313（愿意抵押贷款农户）	100
农村土地经营权抵押融资条件成熟程度	完全成熟	21	3.99
	比较成熟	70	13.31
	一般	165	31.37
	比较不成熟	214	40.68
	完全不成熟	56	10.65
总计		526（调研农户数）	100

4.4.3　农户对农地经营权抵押融资接受程度高、抵押意愿较强

眉县地区愿意进行农户土地抵押贷款的比例达到 59.51%，超过一半的农户有贷款意愿。在被调查的 526 户农户中，有 233 户农户表示听说过农户土地经营权抵押贷款，占总人数的 44.3%，信息来源渠道多为同村农户告知或村委会开会告知。调查发现，有 313 户农户表示愿意进行农地抵押贷款，占到被调查农户总数的 59.51%，超过一半的农户有贷款意愿，表明眉县地

区农户对农地抵押贷款这项融资方式的接受程度较高。同时也有 213 户农户表示不愿意进行农地抵押贷款，而不愿意进行农地抵押贷款的原因主要为失地风险，在不愿意进行农地抵押贷款的农户中，有 197 户担心不能按时还贷失去土地，比率高达 92.49%。土地作为农户重要的生活来源，农户害怕失去土地，缺乏生活保障。

4.4.4　农户预期的融资比例较大

从表 4–6 中可以发现，以土地评估价值为基准，农户预期的贷款金额占抵押价值的比例较大，在实际调查中，问卷设置了 4 个层次的比例，分别为 40%、50%、60%、70%，同时通过数据统计显示，在愿意进行农户土地经营权抵押贷款的 313 户农户中，有 196 户农户希望金融机构可以将贷款比例设定为土地评估价值的 70%，该占比达到 62.62%。在实际访问农户时发现，眉县地区农户大多数期望通过此种贷款方式获得资金，以此来扩大家庭种植猕猴桃规模并获得更大的收益。

4.4.5　农户融资期限以中长期为主

从表 4–6 中可以发现，农户预期的贷款期限以中长期贷款为主。从眉县地区的农业生产情况来看，农户大都以种植猕猴桃这类经济作物为主要农业收入来源，而猕猴桃从幼树栽种到成树开花结果周期较长，短期内无法完成资金流转，所以农户预期的贷款期限以中长期为主。从另一方面来看，由于农作物生长期间易受到天气、自然灾害等的影响，农户出于还款风险的考虑也会期望适当延长还款期限。

4.4.6　农户预期的融资可获得性高

从表 4–6 的统计数据可以看出，在愿意进行农户土地经营权抵押贷款的 313 户农户中，有 157 户农户认为农地抵押贷款较现有的贷款方式更容易解决农户融资难的问题，占比达到 50.16%，这说明相比现有的农户融资方式，农户认为农地抵押贷款的可获得性更高。农户普遍认为从金融机构获得贷款的手续复杂，最根本原因是因为农户缺乏金融机构认可的抵押物，而农户土地经营权作为抵押物能够极大地缓解这个矛盾，进而将农户沉睡的资产盘活。因此，会有超过一半的农户认为农地抵押贷款较现有的贷款方式更容易解决农户融资难的问题。

4.5 基于农户认知的农村土地经营权抵押融资条件实证分析

以农户对农村土地经营权抵押融资的认知为基础，将农户视角的农村土地经营权抵押融资条件成熟程度作为被解释变量，将解释变量分为三类：政策条件、借款人的资质条件、金融机构的抵押融资条件，运用 SPSS19.0 进行计量模型分析，得出农户视角中的农村土地经营权抵押融资条件。

4.5.1 样本描述性统计分析

（1）被调查农户个人状况分析。通过问卷调查及数据统计发现，被调查农户以中年人为主，其中年龄在 40 ～ 60 之间的农户共 343 人，占总调查人数的 65.21%，详细统计数据见表 4–7。

在接受调查的农户中，男性被调查者有 350 人，女性被调查者有 176 人，男性与女性比例接近于 2∶1，见表 4–7。在农村男性接触新鲜事物的能力和渠道较强也较为丰富，在土地经营权抵押贷款决策中往往起到比较重要的作用。

表 4–7 被调查农户个人情况表

项目	分类	农户户数（户）	比例（%）
性别	男	350	66.54
	女	176	33.46
总计		526	100
年龄	20 ～ 30	35	6.65
	31 ～ 40	74	14.07
	41 ～ 50	179	34.03
	51 ～ 60	164	31.18
	60 以上	74	14.07
总计		526	100
教育程度	小学及以下	130	24.71
	初中	258	49.05
	高中及以上	138	26.24
总计		526	100

数据来源：依据调研数据整理。

被调查农户的教育程度普遍不高，问卷将农户的受教育程度分为三方面：小学及以下、初中、高中及以上三类。统计结果显示，初中文化的农户最多，为 258 户，占到总调查农户的 49.05%，见表 4–7。

（2）被调查农户家庭状况分析。通过数据统计，将家庭人口总数量分为以下三种：3 人以下（不包括 3 人）、3 ～ 6 人、6 人以上（不包括 6 人）。数据显示，家庭总人数最少的为 2 人，家庭总人数最多的为 9 人，家庭平均人数为 4.8 人，其中农户家庭总人数在 3 ～ 6 人的比例最大，占到被调查农户总数的 86.12%，数据统计见表 4–8。

表 4–8　被调查农户家庭情况统计表

项目	分类	农户户数（户）	比例（%）
农户家庭总人数	3 人以下	21	3.99
	3 ～ 6 人	453	86.12
	6 人以上	52	9.89
总计		526	100
农户正规借贷经历	有	433	82.32
	无	93	17.68
总计		526	100
农户土地经营规模	25 亩以下	524	99.62
	25 亩以上（包括 25 亩）	2	0.38
总计		526	100
农户经营类型	纯农业	187	35.55
	农业为主兼营其他	250	47.53
	非农业为主兼营农业	80	15.21
	纯非农业	9	1.71
总计		526	100

数据来源：依据调研数据整理。

被调查农户中有正规借贷经历的农户占比较大，证明眉县地区农户的融资需求大。农户的正规贷款发生比例达到 82.32%，证明该地区农户的融资需求旺盛。在被调查的 526 户农户中，有 433 户农户曾经有过贷款经历，占被调查农户总数的 82.32%，且有 327 户农户的贷款金融机构为眉县农信社。有 24 户农户获得贷款的方式为抵押贷款，抵押物大多数为农户房屋，同时有 1 户农户已获得农户土地经营权抵押贷款，可见眉县地区的金融机构已经开始涉及该项贷款。

被调查农户大多数为中小规模经营农户，家庭经营的农地面积在 25 亩以下的农户数有 524 户，99.62% 的农户均为中小规模经营农户，无法满足金融机构农户土地经营权抵押贷款条件中对农户经营土地面积的要求。在被调查农户中，有 71 户农户参与了土地流转，占被调查农户总数的 13.5%。

被调查农户的经营类型主要以农业为主兼营其他类型。被调查农户中家庭经营类型为纯农业的农户有 187 户，占到被调查农户总数的 35.55%；家庭经营类型为以农业为主兼营其他的农户有 250 户，占到被调查农户总数的 47.53%；家庭经营类型为以非农业为主兼营农业的农户有 80 户，占到被调查农户总数的 15.21%；家庭经营类型为纯非农业农户有 9 户，占到被调查农户总数的 1.71%，详细数据见表 4–8。统计数据显示，该地区农户仍然主要依靠农业生产为家庭带来收入来源。

4.5.2　指标体系构建

本章将指标体系分为三类：一是政策条件；二是借款人的资质条件；三是金融机构的抵押融资条件。设置为 12 个变量，其中，政策条件选取当地农户土地经营权抵押贷款法律法规健全程度 1 个变量来表示；借款人的资质条件选取农户的教育程度、农户的信用记录、农户土地确权并拥有土地权证、农业收入占比、家庭资产值、农地经营规模、农户从事农业生产经营时间及从事农业生产自有资金比例 8 个变量；金融机构的抵押融资条件选取借款用途、农地流转市场和金融机构持有农地流转的难易程度 3 个变量。具体的变量指标体系见图 4–2。

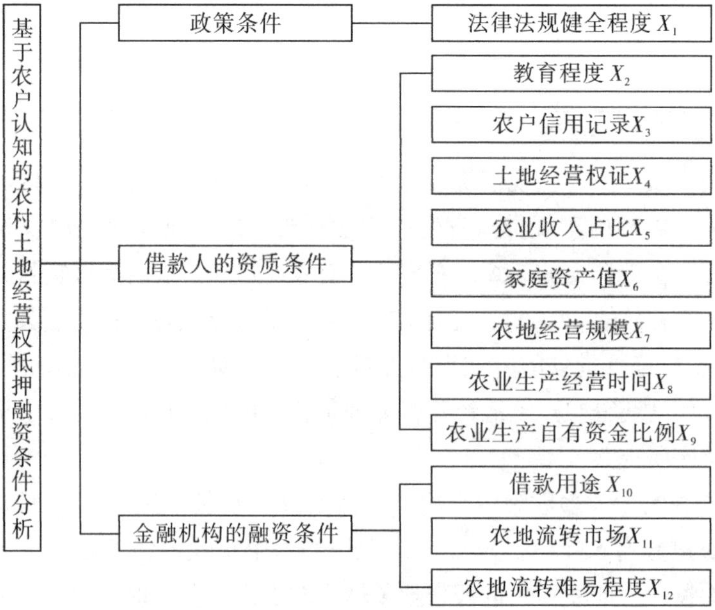

图 4–2　指标体系框架图

4.5.3　变量解释及研究假设

（1）变量解释。研究中被解释变量为农村土地经营权抵押融资条件，在实际问卷调查过程中，通过问题“您认为目前该地区农村土地经营权抵押融资的条件成熟吗？”来反映农户对农村土地经营权抵押融资条件的认知。当农户选择“完全成熟”“比较成熟”和“一般”时，视为农村土地经营权抵押融资条件相对成熟，赋值为 1；当农户选择“比较不成熟”和“完全不成熟”的，视为农村土地经营权抵押融资条件相对不成熟，赋值为 0，见表 4–9。

表 4–9　被解释变量赋值表

被解释变量	被解释变量赋值
农户土地经营权抵押融资条件 Y	1= 相对成熟；　0= 相对不成熟

将影响农村土地经营权抵押融资条件的因素分为三类，即解释变量主要包括三类，即政策条件、借款人的资质条件、金融机构的抵押融资条件，各类指标变量的具体赋值见表 4–10。

表 4–10　解释变量赋值表

解释变量分类	解释变量	解释变量赋值
政策条件	法律法规健全 X_1	1= 法律法规健全；0= 法律法规不健全
借款人的资质条件	教育程度 X_2	1= 小学及以下；2= 初中；3= 高中及以上
	农户信用记录 X_3	1= 农户信用记录良好；0= 农户有不良信用记录
	土地经营权证 X_4	1= 有土地经营权证或承包证；0= 没有土地经营权证或承包证
	农业收入占比 X_5	1=0.2 以下；2=0.2 ～ 0.5；3=0.5 ～ 0.8（不含 0.5）；4=0.8 以上
	家庭资产值 X_6	实际样本观测值
	农地经营规模 X_7	1=5 亩以下；2=5 ～ 9 亩；3=10 ～ 14 亩；4=15 ～ 19 亩；5=20 亩及以上
	农业生产经营时间 X_8	1= 农户从事农业生产经营时间超过两年（含两年）；0= 农户从事农业生产经营时间少于两年
	农业生产自有资金比例 X_9	1= 农户从事农业生产自有资金比例不低于 30%（含 30%）；0= 农户从事农业生产自有资金比例低于 30%
金融机构的贷款条件	借款用途 X_{10}	1= 借款用途为农业生产经营；0= 借款用途为非农业生产经营
	农地流转市场 X_{11}	1= 存在农村土地流转市场；0= 不存在农村土地流转市场
	农地流转难易程度 X_{12}	1= 特别难；2= 比较难；3= 一般；4= 比较容易；5= 很容易

政策条件中只包含 1 个变量：当地农户土地经营权抵押贷款法律法规健全程度。在实际调查过程中，通过问题“目前农户土地抵押贷款方面的法律法规是否健全”来反映当地的法律法规条件。

借款人的资质条件是根据农村承包土地的经营权抵押贷款试点暂行办法中贷款对象的基础信贷条件和借款人的生产经营能力设置变量的，共 8 个解释变量:第一,农户的教育程度。在实际调查中将农户的教育程度分为了三类。第二，农户的信用记录。问卷中通过设置“近三年在贷款中是否有未按时还款或欠息的行为”来反映农户是否存在不良信用记录。第三，农户是否拥有土地经营权证。第四，农业收入占比。通过调研数据的整理计算，将农户的农业收入占比分为 4 档赋值。第五，农户家庭资产值。该变量采用实际观测值直接赋值的方式。第六，农地经营规模。依据当地农户的基础情况，将农地经营规模分为 5 类。第七，农业生产经营时间。以金融机构的贷款条件为准，农户从事农业生产经营的时间不少于两年，当农户从事农业生产经营的时间不少于两年时取值为 1，反之则取值为 0。第八，农业生产自有资金比例。农户从事农业生产自有资金比例不低于 30% 时取值为 1，反之则取值为 0。详细赋值情况见表 4–10。

金融机构的贷款条件主要有以下三个变量：第一，贷款用途是否符合规定。农户土地经营权抵押贷款的贷款用途为经营农业生产项目，当贷款用途符合规定时变量取值为 1；第二，农地流转市场。抵押物处置条件是金融机构考虑贷款的流动性需要满足的条件，涉及当地是否具有完善的农地流转市场。第三，农地流转市场的活跃程度。采用李克特五级分类法对变量赋值，具体赋值见表 4–10。

（2）研究假设。模型中解释变量为农村土地经营权抵押融资需要具备的各项条件，对被解释变量均有促进作用，由此提出如下研究假设。

假设一：农户土地经营权抵押贷款的法律法规制度健全，农户主观上更容易认为农村土地经营权抵押融资条件成熟。

假设二：农户的受教育程度与农村土地经营权抵押融资的条件成熟为正向关系。

假设三：无不良信用记录的农户较存在不良信用记录的农户，主观上更容易认为农村土地抵押融资的条件成熟。

假设四：拥有土地经营权证的农户，主观上更容易认为农村土地抵押融资条件成熟。

假设五：农户家庭农业收入占比与农村土地经营权抵押融资的条件成熟为正向关系。

假设六：农户家庭资产值与农村土地经营权抵押融资的条件成熟为正向关系。

假设七：农户的土地经营规模与农村土地经营权抵押融资的条件成熟为正向关系。

假设八：从事农业生产经营时间超过两年的农户，主观上更容易认为农村土地抵押融资的条件成熟。

假设九：从事农业生产自有资金比例不低于 30% 的农户，主观上更容易认为农村土地抵押融资的条件成熟。

假设十：借款用途为农业生产经营的农户，主观上更容易认为农村土地抵押融资的条件成熟。

假设十一：农村土地流转市场健全，农户主观上更容易认为农村土地抵押融资的条件成熟。

假设十二：农地流转的容易程度与农村土地经营权抵押融资的条件成熟为正向关系。

4.5.4　模型构建和结果分析

（1）模型构建。适用二元 Logistic 回归模型，模型中被解释变量为二元分类变量，选择农户认为农村土地经营权抵押融资的条件是否成熟作为被解释变量，若农户选择农村土地经营权抵押融资的条件相对成熟及以上，则记被解释变量 Y 为 1；若农户选择农村土地经营权抵押融资的条件相对不成熟及以下，则记被解释变量 Y 为 0。

Logistic 回归模型在实践中主要运用于寻找事件发生的概率 p 与 p 的影响因素。p 为被解释变量为 1 时的概率，即农户认为农村土地经营权抵押融资条件相对成熟的概率，对 p 进行 logit 形式的变换，得出如下模型：

$$\text{logit}\ (p) = \ln\frac{p}{1-p} = \beta_0 + \beta_i \qquad \text{公式（4–1）}$$

对上式进行适当变形，得出 p 值为：

$$p = \frac{e^{\beta_0+\beta_i X_i}}{1+e^{\beta_0+\beta_i X_i}} \qquad \text{公式（4–2）}$$

式中，β_0 为常数项；β_i 为 X_i 的系数。进行 logistic 回归分析得出的 β 值

用来反映其对应的解释变量对被解释变量的影响方向，同时反映其对应的解释变量的显著程度。

（2）结果分析。使用 SPSS 19.0 对在眉县地区调查的数据进行了 Logistic 回归分析，模型的检验以及回归分析的结果如下所述。

第一步，方程检验。

使用 SPSS 软件回归分析。第一步得到表 4-11 的结果。由表 4-11 模型系数的综合检验表中可以看出，似然比卡方检验值为 72.136，同时 sig 值为 0.000，sig 值小于 0.05，表示在 5% 的置信水平下显著，即建立的模型系数不全为 0 时，所有解释变量与被解释变量的变形 logit(p)存在显著的线性关系，模型的显著性检验通过。

表 4-11 模型系数的综合检验

		Chi-square	df	sig.
Step 1	Step	72.136	12	0.000
	Block	72.136	12	0.000
	Model	72.136	12	0.000

数据来源：SPSS 19 分析结果。

运用 Hosmer 和 Lemeshow 拟合优度检验来衡量方程的拟合优度，表 4-12 中 Hosmer-Lemeshow 检验的 sig 值为 0.878，sig 值显著大于 0.05，表示在 5% 的置信水平下显著。该检验结果表示方程能够较好地拟合数据，用 SPSS 进行回归分析的结果可以解释农村土地经营权抵押融资条件的各项影响因素。

表 4-12 Hosmer 和 Lemeshow 检验

Step	Chi-square	df	sig.
1	3.763	8	0.878

数据来源：SPSS 19 分析结果。

第二步，回归结果。

模型系数的显著性检验的目的是检验各个解释变量与被解释变量之间的显著性关系，并可以衡量各个解释变量对被解释变量影响的贡献度，使用 SPSS 软件进行农户土地经营权抵押贷款意愿影响因素分析的结果为表 4-13 所示。

表 4–13　模型回归分析结果

条件分类	解释变量	B	S.E.	Wald	df	sig.
政策条件	法律法规 X_1	0.745	0.229	100.569	1	0.001***
借款人资质条件	教育程度 X_2	0.198	0.131	20.278	1	0.131
	农户信用记录 X_3	0.213	0.455	0.219	1	0.640
	土地经营权证 X_4	0.839	0.197	180.134	1	0.000***
	农业收入占比 X_5	0.067	0.094	0.518	1	0.472
	农户家庭资产值 X_6	0.000	0.000	70.396	1	0.007***
	农地经营规模 X_7	0.296	0.160	30.425	1	0.064**
	农业生产经营时间 X_8	–0.182	0.380	0.228	1	0.633
	农业生产自有资金比例 X_9	0.153	0.256	0.360	1	0.549
金融机构的贷款条件	借款用途 X_{10}	0.408	0.196	40.343	1	0.037**
	农地流转市场 X_{11}	0.678	0.218	90.664	1	0.002***
	农地流转难易程度 X_{12}	0.202	0.098	40.250	1	0.039**

注：“*”“**”“***”代表回归系数在 10%、5%、1% 置信水平下显著。

由表 4–13 的回归分析结果可以得出，有七个解释变量通过了显著性检验，分别是：X_1 法律法规、X_4 土地经营权证、X_6 农户家庭资产值、X_7 农地经营规模、X_{10} 借款用途、X_{11} 农地流转市场、X_{12} 农地流转容易程度。对上述回归模型系数的结果进行如下分析。

①政策条件。法律法规 X_1 通过显著性检验，即假设一的关于农户土地经营权抵押贷款的法律法规制度健全程度，农户主观上更容易认为农村土地经营权抵押融资条件成熟显著成立。农户土地经营权抵押贷款的法律法规健全是农户能够进行该类贷款的基础条件，法律允许通过土地经营权抵押贷款方式进行融资，给予农户的土地这项最具价值的资产以流动性，农户能通过拥有的土地经营权抵押获得贷款，这对农村土地经营权抵押融资的条件成熟起到了极大的促进作用。

②借款人的资质条件。农户的教育程度 X_2 没有通过显著性检验，即假设二的农户的受教育程度与农村土地经营权抵押融资的条件成熟为正向关系不显著成立。农户所接受的教育水平越高，其对农村土地经营权抵押融资的认识将更加全面，更容易意识到目前眉县地区无专业产权评估机构，农村地区社会保障体系不健全以及农地流转不规范等各项制约条件，这些将导致教育程度高的农户更容易认识到农村土地经营权抵押融资条件中不成熟的部分。

农户的信用记录 X_3 没有通过显著性检验，即假设三的无不良信用记录的农户较存在不良信用记录的农户，主观上更容易认为农村土地抵押融资的条件成熟不显著成立。该变量主要衡量农户是否存在不良信用记录，未通过显著性检验说明农户的不良信用记录并不显著影响农村土地抵押融资的条件成熟。由于农业收入的不稳定性会导致部分农业生产经营的家庭不能按时还款，这类农户有充足的农业生产经验，有大规模经营农业的能力基础和意愿，虽然农户的不良信用记录会使其在向金融机构申请贷款过程中产生阻碍，但并不影响农户对农村土地经营权抵押融资的主观认知。

土地经营权证 X_4 通过显著性检验，即假设四的拥有土地经营权证的农户，主观上更容易认为农村土地抵押融资的条件成熟显著成立。在实际调查中，农户对农地抵押贷款的接受程度较高，但当时由于当地的农村土地承包经营权确权工作尚未全面完成登记，还有部分农户没有土地经营权证。而在实际贷款过程中，金融机构需要依据农户拥有的土地经营权证对农地进行价值评估等工作，当农户没有土地经营权证，这将造成农村土地经营权抵押融资的条件不成熟。

农业收入占比 X_5 没有通过显著性检验，即假设五的农户家庭的农业收入占比与农村土地经营权抵押融资的条件成熟为正向关系不显著成立。农业收入在家庭收入中的占比越高，农户依靠农业生产获得收入的比例越大，这类农户多为农业生产经营经验丰富，且农作物培育技术较高，但这类农户往往农业生产经营面积较小且资金缺口较小，其参与土地经营权抵押贷款的意愿也较低，不会主动去了解农村土地经营权抵押融资的各项条件，也不主动关心融资条件是否成熟，因此更容易因为不了解而在主观上形成农村土地经营权抵押融资的条件不成熟的认知。

农户家庭资产值 X_6 通过显著性检验，即假设六的农户的家庭资产值与农村土地经营权抵押融资的条件成熟为正向关系显著成立。农村土地经营权抵押的实现可以在一定程度上提高土地的利用效率，在农村地区家庭资产值较高的农户不仅拥有农业生产种植经验，其农业生产经营能力也较高，农户土地经营权抵押贷款赋予土地流动性，有生产经营能力的农户必定会利用这项贷款政策的便利性扩大生产规模；家庭资产值较高的农户参与土地经营权抵押贷款的意愿也会更高，参与意愿高会促使农户积极去了解农村土地经营权抵押融资的各项融资条件。

农地经营规模 X_7 通过显著性检验，即假设七的农户的土地经营规模与农村土地经营权抵押融资的条件成熟为正向关系显著成立。农户的土地经营面积越大，在农业生产经营过程中，其所面临的资金缺口往往较大，同时农业收入易受到天气、农产品市场等各项因素的影响，收入的不稳定性会加剧农户农业生产的资金缺口。土地经营权抵押贷款的出现使得农户的土地具有抵押作用，为农业生产的资金缺口提供了有效的解决方式，农户的经营规模越大，金融机构的贷款风险越小，更容易符合金融机构的贷款条件，因此这类农户更容易认为农村土地经营权抵押融资的条件成熟。

农业生产经营时间 X_8 没有通过显著性检验，即假设八的从事农业生产经营时间超过两年的农户，主观上更容易认为农村土地抵押融资的条件成熟不显著成立。该项条件是金融机构审查农户的条件，目的是排除无农业生产经验的农户，以降低贷款风险。对农户而言，农业生产经营时间的长短并不会对农村土地经营权抵押融资的条件成熟产生显著影响，原因在于农户生产经营时间长短并不会对农户了解农村土地经营权抵押融资条件产生影响，因此农户主观上对农村土地抵押融资条件成熟的判断与农业生产经营时间无显著关系。

农业生产自有资金比例 X_9 没有通过显著性检验，即假设九的从事农业生产自有资金比例不低于 30% 的农户，主观上更容易认为农村土地抵押融资的条件成熟不显著成立。农户参与农业生产的自有资金比例较高时，在农业生产过程中不容易产生资金缺口，无明显的资金需求，虽然农户土地经营权抵押贷款为农户提供了有效的抵押贷款方式，使得农户可以利用拥有的土地获得贷款解决资金缺口维持正常的农业生产经营，但从事农业生产自有资金比例较高的农户无明显的农村土地经营权抵押融资意愿，意愿不强烈使得农户不会积极了解农村土地经营权抵押融资的条件成熟与否，由于缺乏了解而更容易使农户产生农村土地抵押融资的条件不成熟的认知。

在全国范围内实施农户土地经营权抵押贷款，其作用不仅在于该项贷款可以解决农户的融资困境，改善农户的融资条件，促进农民增收，还在于完善新型城镇化的金融产品体系，实现土地的规模化经营，促进农业增收。从以上结果分析可以看出，农户的农地经营规模、借款用途以及农户家庭资产都对农村土地经营权抵押融资的条件成熟有显著影响，农户的经营规模越大，借款用途为农业生产且家庭资产值较高，都符合成为农业大户或者新型农业主体的条件，这类农业经营主体对融资的需求旺盛，金融机构也更愿意对其发放农户土地经营权抵押贷款，该项贷款的惠农作用将逐渐显现。

③金融机构的贷款条件。借款用途 X_{10} 通过显著性检验，即假设十的借

款用途为农业生产经营的农户，主观上更容易认为农村土地抵押融资的条件成熟显著成立。借款用途为农业生产的农户希望通过扩大农业生产经营规模获得更高收益，或者希望通过贷款增添新的生产设备用于农作物的储藏、收购、销售等环节以期获得更高的农业收入。农户土地经营权抵押贷款在为农户提供金融机构认可的抵押物的同时，贷款用途也获得了金融机构的认可，这在极大程度上鼓励了农户扩大生产经营的积极性，农户主观上更容易认为农村土地抵押融资的条件成熟。

农地流转市场 X_{11} 通过显著性检验，即假设十一的农村土地流转市场健全，农户主观上更容易认为农村土地抵押融资的条件成熟显著成立。农户土地经营权抵押贷款赋予农户土地抵押能力，农村地区的农业大户以及专业合作社也从农地抵押贷款中受益，但像专业合作社、农业大户这类农业经营主体，会有一部分土地是经过土地流转方式获得的，当地存在农地流转市场时，农户持有的土地就能够正常流转，有经营能力的农户会考虑转变为农业大户或者成立专业合作社获得收益，农地流转市场恰好为农户提供了农地流转的平台，对该项贷款的实施起到极大的促进作用，会使农户主观上更容易认为农村土地抵押融资的条件成熟。

农地流转难易程度 X_{12} 通过显著性检验，即假设十二的农地流转的容易程度与农村土地经营权抵押融资的条件成熟为正向关系显著成立。农地流转越容易，农户参与土地流转的成本便会大大降低，效率也将提高，这将刺激生产经营能力强的农户向规模化发展，农村土地经营权抵押融资的条件更加成熟。

4.6 研究结论

4.6.1 土地确权是保障农村土地经营权抵押融资的基础条件

通过模型回归分析发现，土地经营权证条件是解释变量中最显著的条件因素，β 值为 0.839 接近于 1，且 sig 值 0.000 远小于 1%，可见土地确权颁证是保障农村土地经营权抵押融资的基础条件。农户土地登记、确权、颁证是农村土地经营权抵押融资顺利开展的前提，农户持有农地权证就可以进行规范的农地流转、农地抵押等，也使借款人和金融机构双方都得到了权利保障，政府机构应加快完善农户土地确权颁证工作。

4.6.2　政策对农地经营权抵押融资条件成熟有显著促进作用

实证分析的研究结果表明，政策对农村土地经营权抵押融资的条件成熟在 1% 的置信水平下有显著影响，这就从数理分析层面指出了完善农村土地经营权抵押融资管理制度的必要性。自眉县开展试点工作以来，陆续出台了《农村土地承包经营权确权登记颁证工作实施方案》《槐西村土地承包经营权抵押贷款试行办法》等一系列支持试点工作的管理措施，推动眉县地区农地确权工作有序展开，但眉县政府仍需全面完善有关农村土地经营权抵押融资的政策体系，出台具体的农户土地承包经营权抵押管理办法，适当的建立使金融机构规避风险的风险控制制度，如农户土地流转管理办法、农户土地价值评估制度、农村土地经营权抵押融资风险补偿制度等，也应明确完善相应的农村社会保障制度，使得农村土地经营权抵押贷款顺利开展。

4.6.3　活跃的农地流转市场是抵押权实现的基础保障

金融机构抵押权实现的基础是当地存在活跃的农地流转市场，实证分析从数理角度也同样证明了农地流转市场的存在及其活跃程度均是影响农村土地经营权抵押融资条件的显著条件因素。农地流转市场条件会降低金融机构的贷款风险，会在一定程度上促进金融机构降低农村土地经营权抵押融资的贷款门槛，使更多的经营规模较小的农户受益，更加凸显该融资方式的惠农作用。同时活跃的农地流转市场也有助于促进当地农业专业合作社的建立，强化了农村土地经营权抵押融资促进农业生产规模化经营的功能。

4.6.4　农户的融资需求旺盛，农地抵押意愿强

在调查地区，农户的正规贷款发生比例达到 82.32%，表明该地区农户的融资需求旺盛，且农户对土地经营权抵押贷款的接受程度高、抵押意愿强。眉县地区愿意进行农户土地抵押贷款的比例达到 59.51%，且农户预期贷款可获得性高，农户认为农地抵押贷款较现有的贷款方式更容易解决农户融资难的问题，农地抵押贷款极大程度地解决了农户缺乏金融机构认可的有效抵押物的困难。农户在日常生产生活中需要依靠农业收入来维持生活来源，而农业是一项投入与风险都较大的产业，特别是对于经营面积较小的农户，在日常农业生产过程中就容易产生资金缺口，当农户拥有金融机构认可的抵押

物时，为实现长期农业生产收益，农户抵押意愿较之前缺乏抵押物时也就自然提高了。

4.6.5 农户土地经营规模与金融机构的抵押融资条件存在差异

在农村土地经营权抵押融资条件的现状分析中，发现从事农业种植业的农户中有超过 90% 的农户可以满足除了种植面积以外的各项抵押融资条件，并且在有农村土地经营权抵押融资参与意愿的农户中，除了特种农业种植类农户之外，其余种植粮食作物和经济作物的农户均因为种植面积不足，不能满足农村土地经营权抵押融资的条件。在农村土地经营权抵押融资中，金融机构会面临抵押物的特殊性所带来的一系列风险，抵押物处置与抵押物评估，以及对借款人资信状况的不了解，都导致金融机构无形中只对优质借款人发放贷款，而对同样有资金需求的小农户条件有限，表现在贷款过程中就是金融机构将农村土地经营权抵押融资的贷款条件设置较高，限制了小农户通过农地经营权抵押进行融资活动的可能性。

4.6.6 多因素影响农户风险认知，但失地风险是农户参与农村土地抵押融资意愿低下的主要原因

农户个体认为，多种因素影响农地抵押融资业务，当政府因素、家庭资产因素、金融机构因素和农户特征因素都良好时，他们认为土地经营权抵押融资风险最小。农村土地经营权抵押融资赋予了农户土地新的价值，但在农村地区，土地仍然是农户赖以生存的最根本的资产，是农户重要的生活保障，农户失地顾虑较多。在调查过程中，不愿意进行农村土地经营权抵押融资的农户有 213 户，而担心不能按时还贷失去土地的农户就有 197 户，该比率高达 92.49%。这也反映了一个突出问题，农户土地经营权抵押贷款意愿低下的主要原因为失地风险，这也说明了农村地区社会保障体系仍需不断完善。

第五章　农村土地经营权抵押融资风险识别与缓释效应分析

5.1　文献综述

5.1.1　国外文献综述

Roman Inderst（2007）认为，当地的贷款方比远距离的贷款方在贷款中具有信息优势。但是两者的竞争，使当地贷款机构丧失了具有超额收益的项目。抵押品的引入可以使他们缓解这种只赚取少量报酬的情况。Niinimäki, J.-P（2011）研究了信息的不对称性和抵押品在信贷市场中的应用，认为借贷者的借款意愿受抵押品将来预期价值的影响。Katchova 和 Ahearn（2015）对美国的年轻和初级农民进行了研究，指出是否有意扩大农业经营规模与年龄的关系较强，而与是否刚刚介入农业的关系较弱。

AL-Sharafat, et al.（2013）研究发现发放贷款的数量、顺利偿还的贷款数、借款人数量、信贷机构员工数、借款人的年龄和借款经历都是影响信贷偿还的重要因素。

5.1.2　国内文献综述

兰庆高等（2013）基于农村信贷员的角度对农村土地经营权抵押贷款意愿及其影响因素进行了研究。李韬（2015）等研究发现对农户土地承包经营权抵押贷款行为响应本身的考察要比其行为响应具体次数的考察更有价值；农村土地经营权抵押贷款在一定程度上缓解了传统农户贷款难的问题，传统的小规模农户对农地经营权抵押贷款的行为响应程度比大农户更积极。黄惠春等（2015）研究认为农地抵押贷款需求存在显著的地区差异，不同地区农户的生产经营活动方式及性质显著不同，其农村土地经营权抵押贷款的需求影响因素也存在一定差异。

张龙耀等（2011）得出农地产权和抵押制度改革不一定能提高农户信贷

可获得性的研究结论，指出农地产权抵押仅是我国农村金融创新和解决农户贷款难问题的一项可选政策。林乐芬（2015）就枣庄市农地抵押贷款的运作机制、运行绩效以及存在问题进行案例分析，并进一步提出防范农地抵押贷款违约风险的政策建议。

于丽红等（2015）基于辽宁省 626 个农户实证分析了不同规模农户农地经营权抵押融资需求差异及影响因素，提出促进农地经营权抵押融资发展的政策建议。房启明等（2016）研究了在农户参与农地抵押融资意愿最大化条件下的最优土地规模，研究结果表明农地规模对农户参与农地抵押融资意愿的影响呈倒“U”型。

5.1.3 国内外文献述评

国内外学者对农地抵押和农地经营权抵押融资风险问题进行了大量研究，研究视野新颖，理论价值高，研究结论对本文研究农地经营权抵押融资风险识别及其应用具有重要的借鉴意义。基于以上研究，本章结合我国农地经营权抵押融资风险现状及其存在的问题，合理选择农地经营权抵押融资风险的内涵风险类型，以风险识别为基础，进一步探讨土地规模差异及经济水平差异对农户遭受农地抵押融资风险的影响程度，提出精准识别农地经营权抵押融资风险，推动农地经营权抵押融资业务的可持续发展。

5.2 农村土地经营权抵押融资风险识别分析

5.2.1 风险类型、数据来源及变量描述

（1）风险类型及指标选择。风险识别处于风险管理的首要环节，是贷款风险防范的第一要务，参照高雄伟（2014）对我国农村信贷风险类型的划分，结合农地经营权抵押贷款特点及调研地区农村经济发展现状，依据简新华（2015）、张红宇（1998）、钱忠好（2002）、邹新阳（2015）的研究结论，本文主要从市场经营风险、自然灾害风险、金融风险、政策法律风险、家庭经济风险、民生风险和借款人道德风险等 7 个方面 22 个指标（见表 5–1）对农地经营权抵押贷款进行风险分类。

第一，市场经营风险。市场经营风险从农产品销售市场满意度和农产品价格波动情况两方面加以考察。农产品价格波动剧烈，会影响农户收入的稳定性，尤其在农产品价格骤降的情况下极易诱发农户违约。农产品销

售市场是农户出售农产品的场所，销售市场的满意度直接反映着农户农业收入的满足程度。

第二，自然灾害风险。从自然灾害和当地农业气象条件两个方面考察。自然灾害会给借款人造成直接经济损失，致使其无法按时偿还借款本息，从而给金融机构带来违约贷款的资产损失的风险。农业气象条件的好坏决定着农户丰收与否，农业气象条件差，农业收入低，易发生违约。

第三，金融风险。从贷款期限、利率、金额、信贷员熟练程度、贷后跟踪、担保人等 6 个方面加以考察。贷款期限、利率和金额决定了贷款资金是否满足农户农业生产的资金需求和贷款成本支出。信贷员贷款业务不熟也会导致金融风险的发生。贷后跟踪检查和担保人的约束有利于防范农户道德风险。

第四，政策法律风险。政策法律风险从政策法规健全程度、农业政策满意度、法律法规了解程度、土地流转市场发达程度四个方面进行考察。政策法律风险主要表现为与土地经营权抵押贷款相关法律的完整协调程度。另外，农户法律意识也值得考虑。土地流转市场不完善，抵押农地经营权就难以变现，涉农金融机构也就面临风险损失。

第五，家庭经济风险。从家庭总资产、家庭净收入、土地面积三个方面加以考察。家庭总资产和净收入直接反映了农户的还贷能力。土地面积规模影响了机械化水平的高低。农业机械化有利于节约人力资本，提高农产品质量，增强抵抗自然灾害的能力。

第六，民生风险。从参加养老保险、参加农业保险、社会养老保障体系满意度三方面进行考察。农村土地承包经营权不仅是一种经营手段，也是其生存和发展的最后屏障（张红宇，1998）。农民一旦不能按时偿还贷款，金融机构有权处置流转土地，这意味着农民失地，易产生民生风险（钱忠好，2002）。

第七，道德风险。从贷款用途和农户对抵押农地违约处置的真实意愿两个指标衡量农户道德风险。农户道德风险主要表现形式为借款人通过改变经营方式、改变资金用途等使用资金或直接逃废债务，导致银行贷款资金暴露于风险之中。

（2）数据来源与说明。数据来源于课题组 2016 年 6 月在较早开展农地经营权抵押贷款试点的重庆开州区的调查。本次调查在开州区相关机构协助下，选取大德、关面和满月等 14 个办理土地经营权抵押贷款较集中的乡镇，采用随机方法抽取样本农户，进行实地入户面对面访谈。收回研究样本 639

个，其中有效样本 624 个，样本有效率达 97.7%。调查问卷反映了不同经济条件、不同类型农户的基本特征，具有明显的代表性。问卷涉及农户基本信息及经营情况、家庭信用及经济水平、土地抵押贷款信息及农户认知四个模块的内容。

调查数据表明，52.1% 的农户家庭土地面积在 4 亩以下，58% 的农户认为农产品价格基本不动或偶尔变动但幅度不大，74.7% 的农户认为当地土地流转市场不发达。69.7% 的农户家庭近三年自然灾害损失不足 0.18 万。调查区 85.1% 的农户均参加养老保险。34.1% 的农户不愿意涉农金融机构对抵押农地进行违约处置，26.4% 的农户将所得贷款用于农业生产。调查显示依据生产经营收入按时还贷的农户占总农户数的 75.8%，其余农户均以亲朋好友借款等其他方式还款。

（3）变量选取及描述性统计。对于被解释变量选取，将农地经营权抵押贷款农户是否按正常方式及时足额还贷设为被解释变量。若农户农业生产经营正常并按时足额还款，认定不存在风险，取值为 0；若出现担保人还贷、涉农金融机构处置抵押物还贷、亲朋好友借款还贷和借新贷还旧贷等情形时，认定农地经营权抵押贷款风险发生，取值为 1。将 7 种风险类型 22 个指标作为影响农地经营权抵押贷款风险的解释变量。变量具体描述性统计见表 5–1。

表 5–1　变量定义及描述性统计

变量	名称	变量赋值及说明	最大值	最小值	样本均值	样本标准差
被解释变量	农地经营权抵押贷款风险	1= 担保人还款或银行处置抵押物还款或亲朋好友借款或借新还旧；0= 农户生产经营还贷	1.00	0.00	0.24	0.43
市场经营风险	销售市场满意度	1= 不满意；2= 不太满意；3= 一般；4= 比较满意；5= 非常满意	5.00	1.00	3.02	1.07
	农产品价格波动	1= 基本不变；2= 偶尔变动，但幅度不大；3= 偶尔变动，但幅度较大；4= 经常变动，但幅度不大；5= 经常变动且幅度较大	5.00	1.00	2.79	1.40
自然灾害风险	三年灾害损失	被调查农户三年的自然灾害损失额	35.00	0.00	0.98	3.86
	农业气象条件	1= 不好；2= 一般；3= 好	3.00	1.00	1.98	0.68

续表 5-1

变量	名称	变量赋值及说明	最大值	最小值	样本均值	样本标准差
金融风险	贷款期限	被调查农户的实际贷款期限（年）	2.00	1.00	1.00	0.07
	贷款利率	被调查农户的实际贷款利率（%）	13.00	5.00	11.91	1.03
	贷款金额	被调查农户的实际贷款金额（万元）	280.00	0.30	4.74	11.13
	信贷员熟练度	1= 很差；2= 较差；3= 一般；4= 较好；5= 非常好	5.00	3.00	4.50	0.54
	贷后跟踪	1= 非常不严格；2= 不严格；3= 一般；4= 严格；5= 非常严格	5.00	2.00	4.41	0.82
	担保人个数	被调查农户的担保人个数	2.00	0.00	0.95	0.23
政策法律风险	政策法规健全度	3= 健全；2= 一般；1= 不健全	3.00	1.00	2.53	0.66
	农业政策满意度	5= 非常满意；4= 比较满意；3= 一般；2= 不太满意；1= 不满意	5.00	1.00	3.80	0.78
	法律法规了解	5= 非常了解；4= 比较了解；3= 一般；2= 不太了解；1= 不了解	5.00	1.00	2.09	1.11
	土地流转市场发达度	5= 非常发达；4= 比较发达；3= 一般；2= 不是很发达；1= 不发达	5.00	1.00	1.86	1.04
家庭经济风险	土地面积	被调查农户的实际土地面积（亩）	700.00	0.50	9.19	34.33
	家庭总资产	被调查农户的实际家庭总资产（万元）	274.00	0.30	30.03	28.18
	家庭净收入	被调查农户的实际家庭净收入（万元）	260.00	–45.00	4.97	13.38
民生风险	参加养老保险	1= 参加；0= 未参加	1.00	0.00	0.85	0.36
	参加农业保险	1= 参加；0= 未参加	1.00	0.00	0.11	0.31
	社会养老保障体系满意度	5= 非常满意；4= 满意；3= 一般；2= 不太满意；1= 不满意	5.00	1.00	3.98	0.74
道德风险	真实想法	1= 不愿意；0= 同意银行处置	1.00	0.00	0.34	0.47
	贷款用途	1= 其他支出、风险投资、生活消费、做生意；0= 农业生产	5.00	0.00	3.88	1.06

数据来源：项目组调查资料整理

5.2.2　模型解释及实证分析

（1）模型解释。运用决策树算法对农地经营权抵押贷款风险进行识别，其优势在于不仅能够判断农地经营权抵押贷款是否存在风险，而且能够对影响农地经营权抵押贷款的风险类型进行排序，便于风险精准识别。决策树算法通过对已有明确结果的历史数据进行分析，寻找数据中的特征，并以此为依据对新产生的数据结果进行预测。

采用的决策树生长方法是 CHAID 算法，CHAID 算法定义如下：设 n 为数据的组数，λ_i 为样本观测值中属于第 i 组的数据个数，称为观察次数。μ_i 是在 H_0 为真的情况下，样本观测之中期望属于第 i 组的数据个数，称为理论次数，则

$$x^2=\sum\frac{(\lambda_i-\mu_i)^2}{\mu^2} \qquad \text{公式（5–1）}$$

CHAID 算法与 C 5.0 和 CART 的不同在于：一是对输入变量进行预处理，目的是减少输入变量取值个数，减少树的分支；二是最佳分组变量和分割点的确定依据是统计检验结果，对数值型输出变量采用 F 统计量，对分类型输出变量采用卡方或似然比卡方。

（2）指标的共线性检验。为了选择对农地经营权抵押融资风险解释能力最强的指标，使用方差扩大因子（VIF）对变量进行共线性检验。VIF 值越大，变量间的共线性越强。一般认为，VIF 值不应该大于 5，也可适当放宽到 10，当 VIF 值大于 10 时，可认为变量间存在很强的共线性（姚淑琼、强俊宏，2012）。检验结果显示，VIF 的最大值为 5.935，明显小于 10，因此，所选 22 个自变量间不存在多重共线性。

（3）实证分析。运算工具采用 SPSS 23.0 统计软件，模型具体参数设置见表 5–2。

表 5–2 模型参数设置

增长方法	CHAID
因变量	农地经营权抵押贷款风险
自变量	上文给出的 22 个变量
验证	交叉验证法
最大树深度	3
父节点中的最小个案	50
子节点中的最小个案数	25
自变量已包括	农产品价格波动、土地流转市场发达度、真实想法、销售市场满意度、土地面积、三年灾害损失额
节点数	20
终节点数	12
深度	3

从表 5–2 可以看出，模型提供了相关参数设定及一些广泛信息，输入自变量的 22 个指标，但实际在最终模型中只保留 5 类风险中的 6 个指标，也就是说模型未保留的指标对其无显著影响，系统自动在最终模型中将其删除。民生风险和金融风险两个类型被删除可能是因为：被调查区贷款金额小，土地面积不大，信贷人员对农户较为熟知，信息较为对称，放贷机构内控制度严格，贷款运转效果好，农户满意度较高。

模型交叉验证法的风险估计为 22.30%，说明模型这一误分类率为 22.30%。从分类表中，可以看出决策树算法对农地经营权抵押贷款风险的评估结果，如表 5–3 所示。

表 5–3　分类表

已观察	已预测		
	农户自身生产经营还贷	担保人还款 或银行处置抵押物还款 或向亲朋好友借款或借新还旧	正确百分比
农户生产经营还贷	450	23	95.1%
担保人还款 或银行处置抵押物还款 或向亲朋好友借款 或借新还旧	102	46	31.1%
总计百分比	88.8%	11.2%	79.6%

模型中农户自身生产经营还贷的正确分类率达 95.10%，决策树模型的总体预测正确率将近 80%，农户自身生产经营还贷的预测正确率达 88.80%。通过 CHAID 增长法建立的决策树分类结果对农地经营权抵押贷款风险的正确分类率近 80.0%，说明决策树算法对农地经营权抵押贷款风险识别的准确性和有效性。

（4）结果分析。由检验得知，各变量的显著性水平 Sig 均在 0.01 以下，说明各自变量对因变量的影响非常显著。为了直观起见，将上述规则以决策树形式呈现，如图 5–1 所示。

由图 5–1 可知，不同指标对农地经营权抵押贷款风险的影响具有决策树型结构特征，从而识别出不同风险类型对农地经营权抵押贷款风险影响具有层次性、连续性和系统性。且决策树算法对农地经营权抵押贷款风险识别最为有效。

市场经营风险的最终识别指标为农产品价格波动和农产品销售市场满

意度，其中农产品价格波动影响大。农产品价格偶尔变动，但幅度较大时，农地经营权抵押贷款风险只受农产品价格波动的影响，因为在该节点下方没有出现其他节点。农产品价格基本不变、农产品价格偶尔变动，但幅度不大和农产品价格经常变动但幅度不大三种情形农户生产经营还贷可能性差别较大，主要是因为受土地流转市场发达度、近三年自然灾害损失和销售市场满意度不同程度的影响。

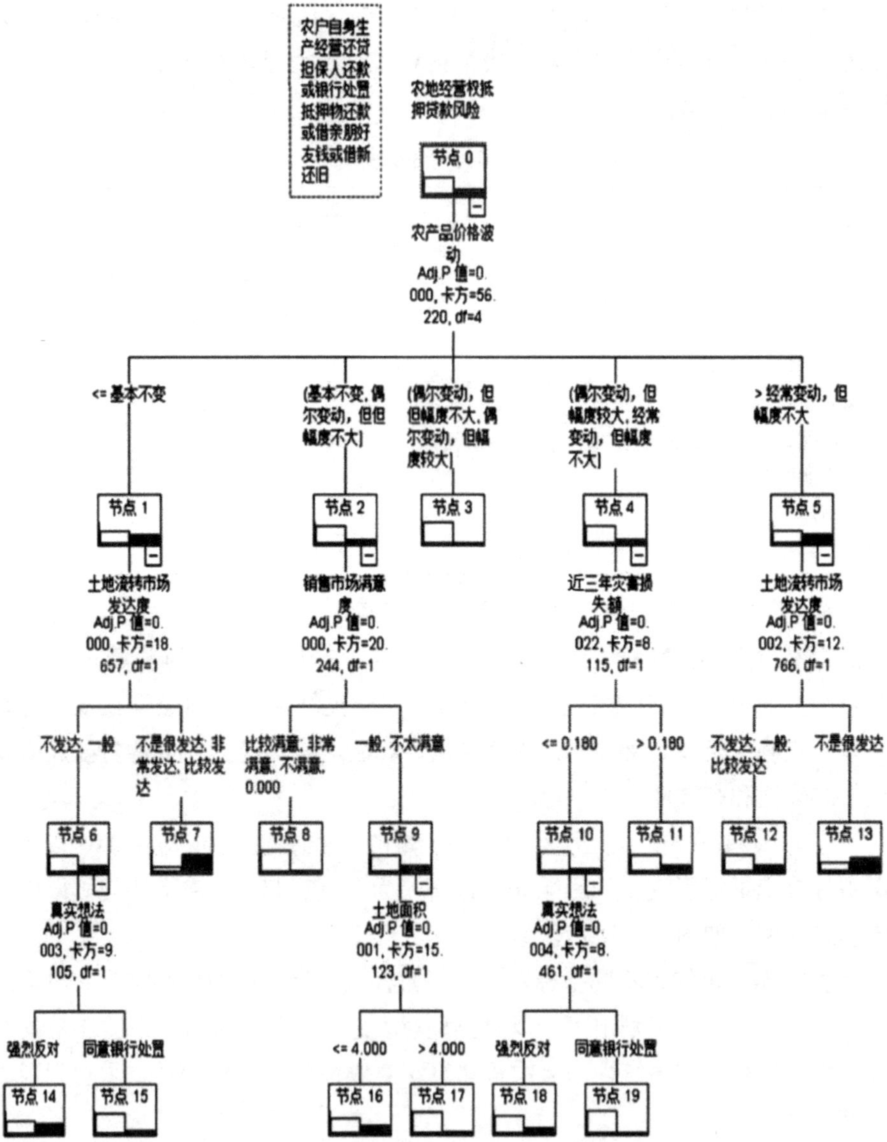

图 5-1 农地经营权抵押贷款风险决策树状图

政策法律风险的最终识别指标是土地流转市场发达度，位于兄弟节点位置，由于树的最大深度为 3，说明土地流转市场发达度对农地经营权抵押贷款风险的影响仅次于农产品价格波动。在农产品价格基本不变，土地流转市场发达程度一般时，农地经营权抵押贷款风险还受到农户对抵押农地进行违约处置的真实意愿的影响。农产品价格经常变动但幅度不大，近三年自然灾害损失额小于 0.18 万元时，农地经营权抵押贷款风险还受农户对抵押农地进行违约处置的真实意愿的影响。

自然风险的最终识别指标为近三年自然灾害的损失额，处于兄弟节点位置，显著性水平为 0.022，低于其他两个位于兄弟节点位置的识别指标的显著性水平。农产品价格经常变动但幅度不大，近三年自然灾害损失不足 0.18 万元时，农户生产经营还贷可能性大。

家庭经济风险的最终识别指标为土地面积，位于叶节点位置，但显著性水平为 0.001，高于其他位于叶节点位置识别指标的显著性水平。在农产品销售市场不满意，土地面积大于 4 亩时，农户生产经营还贷的可能性较大，说明土地面积带来的规模化收益弥补了农户对销售市场的不满。

道德风险最终识别指标为农户对抵押农地违约处置的真实意愿，位于叶节点位置，显著性水平为 0.003。在农产品价格基本不变，土地流转市场不发达时，农户若同意金融机构对抵押农地进行违约处置，则农户生产经营还贷的可能性较高，明显高于不愿意时的还贷可能性。信贷人员熟知农户对防范道德风险具有一定作用。

决策树算法的结果呈现出不同指标对农地经营权抵押贷款风险的作用机制。不同指标发生作用的条件不同，因而各风险类型对农地经营权抵押贷款风险的作用程度不同。市场经营风险影响最强，其余影响程度依次是政策法律风险、自然风险、家庭经济风险和道德风险。在风险控制与防范中并不意味着只关注最重要的风险类型即可，在关注关键类型的同时，不容忽视其他影响显著的风险类型，因为不同风险类型之间不是孤立存在的，相互之间存在一定关系。

5.3　农地经营权抵押贷款风险识别应用分析：农地规模影响差异

5.3.1　农地规模程度划分

这部分分析风险识别结果在农地规模程度差异中的应用。农地经营权赋予了抵押功能，农地规模对农地经营权抵押贷款具有决定性作用。参照农业部适度规模为当地户均规模 10 ～ 15 倍的标准，重庆市适度规模应为 11.2 ～ 16.8 亩，结合重庆开州区农用地利用现实，选取 11.2 亩为第一个规模节点，16.8 亩为第二个规模节点。将调研对象划分为 3 种规模化程度的农户：小规模为家庭土地经营面积小于 11.2 亩且不含 11.2 亩；中等规模为家庭土地经营面积处于 11.2 亩和 16.8 亩之间；大规模则为家庭土地经营面积在 16.8 亩以上且不含 16.8 亩。

通过调研数据分析，小规模农户 564 户，占样本总量的 90.4%，中等规模农户 29 户，占样本总量的 4.6%，大规模农户 31 户，占样本总量的 5.0%。选择小规模作为参照样本，重点考察中等规模和大规模与农地经营权抵押贷款风险类型的影响关系。

5.3.2 模型设计

建立二元 Logit 模型为：

$$Y_i = \ln\left(\frac{P_i}{1-P_i}\right) = \beta_0 + \beta_1 X_1 + \beta_2 X_2 + \cdots \beta_m X_m + \varepsilon_m \qquad \text{公式（5–2）}$$

其中，P_i 表示农户 i 存在风险，$1-P_i$ 表示农户 i 不存在风险；$X_1 \cdots X_m$ 表示农户引发风险的影响因素；β_0 表示常数项，$\beta_0 \cdots \beta_m$ 表示待估参数；ε_m 为残差项。

由参数估计可计算出：$P=\dfrac{e^{\beta_0+\beta_1X_1+\cdots\beta_mX_m}}{1+e^{\beta_0+\beta_1X_1+\cdots\beta_mX_m}}$，显然 $\beta_0+\beta_1X_1+\beta_2X_2+\cdots\beta_mX_m$ 值越大，P 越大，风险越高，反之，风险越小。

5.3.3 变量选择

（1）被解释变量选取。依据上文结果，将市场经营风险、政策法律风险、自然灾害风险和道德风险作为被解释变量，带入模型 5–2，计算分析不同农地规模程度农户引发以上几种风险的概率差异。在以下研究中，若农产品价格基本不变或偶尔变动但幅度不大，则认为不存在市场经营风险，赋值为 0；若出现农产品价格偶尔变动但幅度较大、经常变动但幅度不大或经常变动且幅度较大其中某种情况，则认为存在市场经营风险，赋值为 1。若土地流转市场非常发达、比较发达、一般或不是很发达则认为不存在政策法律风险，赋值为 0；若土地流转市场不发达则认为存在政策法律风险，赋值为 1。若农户近三年自然灾害损失不足 0.18 万元，则认为不存在自然灾害风险，赋值为 0；反之，则认为存在自然灾害风险，赋值为 1。若农户同意金融机构对抵押农地的违约处置，则认为不存在道德风险，赋值为 0；若强烈反对则认为存在道德风险，赋值为 1。

（2）解释变量选取。中等规模农户和大规模农户作为核心解释变量。考虑到农户其他可能影响农地经营权抵押贷款风险的因素，将控制变量归纳为三个维度：一是农户特征变量。一般男性户主比女性户主冒险精神强，产生贷款风险的可能性更大；年龄越大相对越保守，发生贷款违约的概率越小；同时户主文化程度越高，产生贷款违约的可能性越小。二是家庭特征变量。家庭总资产越多，还贷能力越强，贷款风险越小；家庭劳动人口越多，收入可能越高，还贷能力越强。三是信贷特征变量。信用等级越高，储蓄越多，贷款发生风险的概率越小。变量描述性统计见表 5–4。

5.3.4　实证分析结果

为使模型得出更准确的结果，在模型回归之前运用方差扩大因子（VIF）对变量进行了共线性检验，检验变量最大的 VIF 值为 1.021，容忍度最小的为 0.814，变量均通过检验。

表 5–5 给出了模型 5–2 的计量结果与解释。从总体看，各自变量对不同因变量的影响存在差异，本研究主要考察 X_8，X_9，X_{10} 对各因变量的影响。从引发市场经营风险的角度看，根据模型参数估计及由 $\beta_0+\beta_1X_1+\beta_2X_2+\cdots\beta_mX_m$ 的值的大小可推断，与小规模农户相比，中等规模和大规模农户遭受市场经营风险的概率较高，其中大规模农户遭受市场经营风险的概率最大。小规模农户的兼业程度相对较高，非农收入成为家庭主要收入来源，农业收入相对较少，收入受农产品价格波动等市场不良状况的影响较小。中等规模农户和大规模农户的农业收入是家庭主要经济来源，而农业属于典型的弱质产业，不仅要承受其他产业很少见的自然风险，而且要面对比其他产业大很多的市场风险，使得农户农业收入极其不稳定。从政策法律风险的角度看，与小规模农户相比，中等规模农户遭受政策法律风险的影响不显著，这可能是由于中等规模农户流转土地规模比较小，往往亲戚、朋友之间的小范围流转就能满足需求，受土地流转市场发达程度的影响很小。而大规模农户的土地流转只有在大范围内流转才能形成一定规模，因而受土地流转市场发达程度的影响较大，显然遭受政策法律风险的概率大。

表 5–4　变量描述性统计

名称	变量赋值及说明	最大值	最小值	样本均值	样本标准差
市场经营风险 (Y_1)	1= 农产品价格基本不变或偶尔变动但幅度不大 0= 农产品价格偶尔变动但幅度较大、经常变动但幅度不大或经常变动且幅度较大	1.00	0.00	0.42	0.49
政策法律风险（Y_2）	1= 土地流转市场不发达 0= 土地流转市场非常发达；比较发达；一般；不是很发达	1.00	0.00	0.50	0.50
自然风险（Y_3）	1= 三年自然灾害损失高于 0.18 万元 0= 三年自然损失低于 0.18 万元	1.00	0.00	0.31	0.46
道德风险（Y_4）	1= 强烈反对银行对抵押农地违约处置 0= 同意银行处置	1.00	0.00	0.34	0.47
年龄 (X_1)	被调查农户的实际年龄	71.00	20.00	46.53	8.02
性别 (X_2)	1= 男性；0= 女性	1.00	0.00	0.67	0.47
文化程度 (X_3)	1= 小学及以下；2= 初中；3= 高中；4= 大专；5= 本科及以上	4.00	1.00	1.79	0.75
劳动人口比例 (X_4)	被调查农户家庭实际劳动人口比例	1.00	0.13	0.58	0.20
家庭总资产 (X_5)	被调查农户的实际家庭总资产（万元）	274.00	0.30	30.03	28.18
信用等级 (X_6)	1= 中；2= 良；3= 优	3.00	1.00	2.83	0.39
储蓄 (X_7)	被调查农户家庭实际储蓄额（万元）	5.00	1.00	2.47	1.50
小规模 (X_8)	1= 土地面积小于 11.2 亩；0= 土地面积不小于 11.2 亩	1.00	0.00	0.90	0.30
中等规模 (X_9)	1= 土地面积介于 11.2 ～ 16.8 亩之间； 0= 土地面积不在 11.2 ～ 16.8 亩的范围内	1.00	0.00	0.05	0.21
大规模 (X_{10})	1= 土地面积大于 16.8 亩；0= 土地面积不大于 16.8 亩	1.00	0.00	0.05	0.22

数据来源：项目组调查资料整理。

从自然灾害风险角度看，与小规模农户相比，中等规模和大规模农户遭受自然灾害风险的概率较大，其中大规模农户最大。这由农业生产本身所具有的自然局限性及目前规模经营主体农业科技投入不足、机械化水平跟不上等抵御自然灾害的能力较弱决定的。从道德风险的角度看，与小规模农户相比，中等规模农户发生道德风险的概率最大，大规模农户发生道德风险的概率最小，大规模农户抵押土地面积较大，对农户的约束能力强，对多数农户而言发生道德风险得不偿失，而中等规模农户与小规模农户相比农业兼业化程度低，非农收入较少，还款来源主要是农业收入，而农业生产经营受农产品市场价格波动、自然灾害损失等因素影响较大，农业收入极其不稳定，易滋生道德风险。

表 5–5 模型 5–2 的计量结果

	市场经营风险		政策法律风险		自然灾害风险		道德风险	
	估计系数 B（标准差）	瓦尔德	估计系数 B（标准差）	瓦尔德	估计系数 B（标准差）	瓦尔德	估计系数 B（标准差）	瓦尔德
年龄	0.013 0 （0.011 0）	1.496 0	–0.009 0 （0.011 0）	0.754 0	0.015 0 （0.012 0）	1.615 0	–0.010 0 （0.011 0）	0.747 0
性别	0.194 0 （0.194 0）	1.005 0	0.081 0 （0.188 0）	0.184 0	0.696 0*** （0.217 0）	10.323 0	0.009 0 （0.196 0）	0.002 0
文化程度	0.066 0 （0.122 0）	0.290 0	0.096 0 （0.121 0）	0.637 0	–0.138 0 （0.135 0）	1.056 0	–0.230 0* （0.128 0）	3.212 0
劳动人口比例	–0.638 0 （0.438 0）	2.127 0	–1.135 0*** （0.430 0）	6.985 0	–0.097 0 （0.465 0）	0.044 0	–0.271 0 （0.450 0）	0.362 0
家庭总资产	0.002 0 （0.003 0）	0.291 0	–0.002 0 （0.003 0）	0.554 0	0.000 0 （0.004 0）	0.015 0	–0.004 0 （0.003 0）	1.191 0
信用等级	–0.043 0 （0.216 0）	0.040 0	–0.150 0 （0.212 0）	0.501 0	–1.077 0*** （0.221 0）	23.673 0	0.433 0* （0.230 0）	3.551 0
储蓄	–0.116 0* （0.061 0）	3.622 0	0.006 0 （0.059 0）	0.012 0	–0.122 0* （0.066 0）	3.433 0	–0.100 0 （0.063 0）	2.488 0
中等规模	1.230 0*** （0.411 0）	8.946 0	–0.579 0 （0.401 0）	2.084 0	0.878 0** （0.404 0）	4.727 0	–1.332 0** （0.554 0）	5.781 0
大规模	1.677 0*** （0.443 0）	14.331 0	–1.183 0*** （0.426 0）	7.715 0	0.969 0** （0.382 0）	6.425 0	–0.727 0 （0.444 0）	2.676 0
常量	–0.611 0 （0.829 0）	0.544 0	1.416 0 （0.813 0）	3.031 0	1.553 0 （0.857 0）	3.280 0	–0.437 0 （0.867 0）	0.254 0

注：* 表示 10% 的置信水平上显著；** 表示 5% 的置信水平上显著；*** 表示 1% 的置信水平上显著。

5.4 农地经营权抵押对农户正规金融信贷约束缓释效应

5.4.1 农户信贷状况分析

（1）农户正规金融信贷约束分析。农户贷款获得难易程度是考察其是否存在信贷约束的前提和基础，农户不愿申请贷款通常是因为利率和交易成本太高或贷款手续繁杂，若很难获得贷款，则存在信贷约束的可能性较大。样本区农户信贷获得困难程度的调查结果如图 5–2 所示。

在调查的 1 039 户农户中，25.9% 的农户认为获得贷款的难度很小，71.5% 的农户认为获得贷款的难度比较小，17.8% 的农户认为一般，仅有 10.7% 的农户认为获得贷款存在较大困难或很难获得。由此可见，在西北粮食主产区，农户的信贷需求能获得一定程度的满足，这与部分学者的研究结论一致（钟春平等，2010；牛荣等，2016）。因此，农户真正的问题可能是虽能获得信贷资金，但不足额，即农户面临不完全信贷约束。

调查结果显示，由于农业生产自身的特点及涉农贷款的特殊性，金融机构为克服信息不对称带来的风险损失，对农户实行不同层次（价格、数量、交易成本、风险）的信贷配给，难以满足农户的完全信贷需求。由于调查区农户贷款可得性很高，本文认为未贷款户对金融机构的信贷资金需求不旺，在以下研究中将获得贷款但不能完全满足资金需要的农户作为主要研究对象。

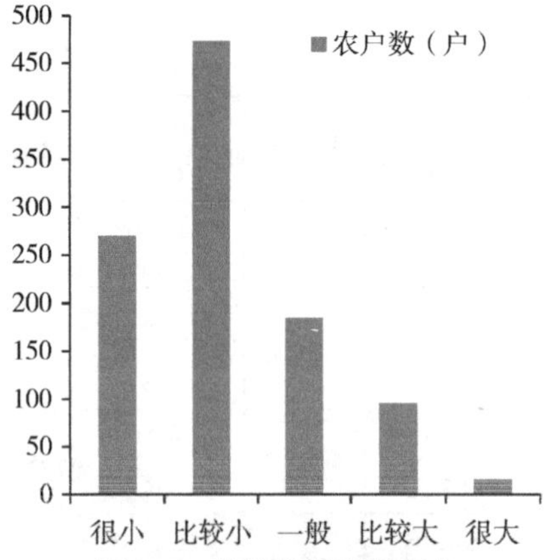

图 5–2　贷款获得困难程度

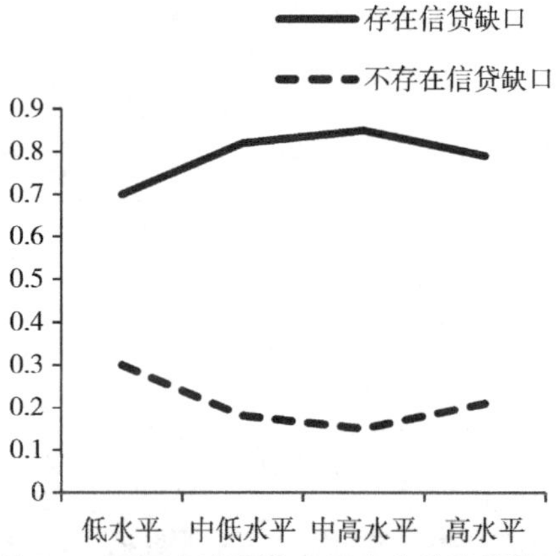

图 5–3　不同家庭经济水平农户的信贷缺口

从不同家庭经济水平看，农户信贷需求满足及约束状况如图 5–3 所示。在获得金融机构信贷资金的农户中，低经济水平、中低经济水平、中高经济水平和高经济水平的农户占比分别为 24.69%、25.17%、24.88%、25.26%，不同经济水平条件下能够获得足额贷款的农户占比分别为 30%、18%、15%、21%。因此，获得金融机构贷款的农户中只有 21% 的农户能够获得足额贷款，从而不受信贷约束的农户占全体农户的 21%，将近 80% 的农户面临信贷约束。

从不同贷款类型看，样本农户中，农地经营权抵押贷款户为 523 户，非农地抵押贷款户为 516 户。农地经营权抵押贷款农户的信贷缺口最大值为 12

万元，最小值为 0 万元，平均值为 2.81 万元；信用贷款农户的信贷缺口最大值为 20 万元，最小值为 0 万元，平均值为 4 万元。由图 5–4 可见，在 5 万以下，农地经营权抵押贷款与非抵押贷款的信贷缺口大致相当，但在这之后非抵押贷款的信贷缺口位于抵押贷款的上方，说明抵押贷款对农户的信贷约束缓释效应较强，且农地经营权抵押贷款多向种植大户、家庭农场、农业企业等资金需求额度较大、期限较长的农户或新型经营主体发放，更大程度上满足了此类借款者的信贷需求，这与国家推行农地经营权抵押融资业务的政策倾向是一致的。

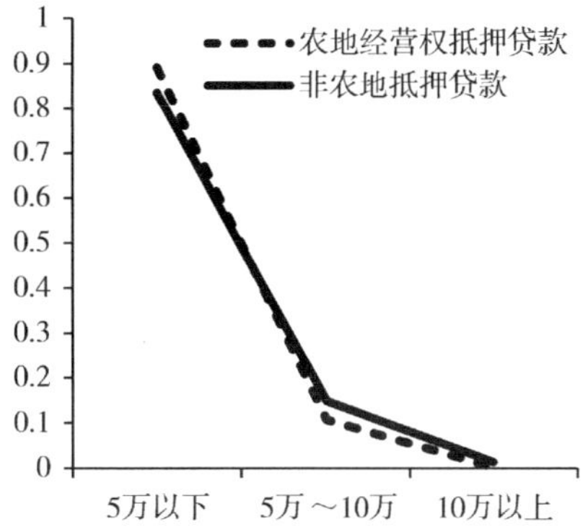

图 5–4　不同贷款类型信贷缺口分布

（2）农户信贷资金特征分析。就样本农户与金融机构实际发生的全部贷款看，实际贷款均值为 5.19 万元，最大值为 120 万元，最小值为 0.04 万元；期望最大值为 125 万元，最小值为 0.04 万元；利率最高为 24%，最低为 0%；期限最长为 30 年，最短为 2 个月。

从农户贷款类型看，对于农地经营权抵押贷款，其实际贷款最大值为 120 万元，最小值为 0.3 万元，期望贷款最大值为 125 万元，最小为 1 万元，贷款利率最高为 12%，最低为 3.6%；贷款期限最长为 3 年，最短为 1 年；对于非农地抵押贷款，其实际贷款最大值为 200 万，最小值为 400 元，期望贷款最大值为 70 万，最小值为 400 元；贷款利率最高达 24%，最低为 0%；贷款期限最长达 30 年，最短为 2 个月。具体见表 5–6。

表 5–6　农户不同类型贷款情况

农户贷款类型	全部贷款	农地经营权抵押贷款	非农地抵押贷款
实际贷款中位数（万元）	3	4	3
平均贷款利率（%）	6.83	6.63	7.06
平均贷款期限（年）	1.98	3	2.25

（3）农户农地经营权抵押信贷资金效果分析。不同贷款类型对农户家庭经济状况改善取得不同效果，由图 5–5 可知，97.9% 的农户认为农地经营权抵押贷款对其家庭经济状况改善明显，91.27% 的非抵押贷款农户认为贷款对家庭经济状况改善明显；8.27% 的非抵押农户认为贷款并未明显改

善其家庭经济状况，而只有2.1%的农户认为农地经营权抵押贷款对家庭经济状况改善不明显。由此可见，农地经营权抵押贷款在满足农户信贷需求，缓解信贷约束方面取得了一定成效，推行农地经营权抵押贷款具有一定的必要性。

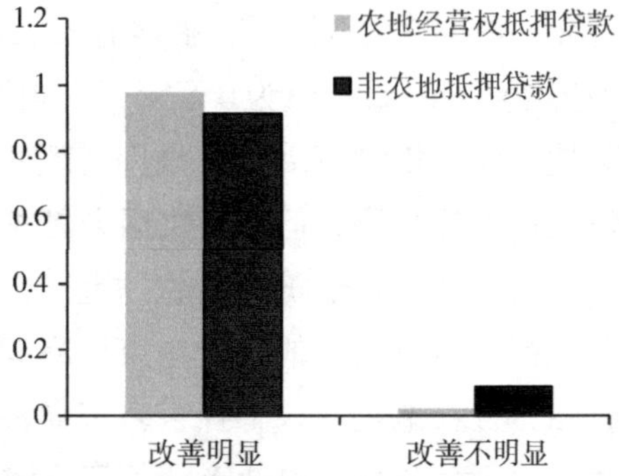

图 5-5 不同贷款类型对农户经济状况改善

5.4.2 研究设计

（1）研究假设。农户信贷资金获得困难程度是其存在信贷约束的第一直观反映。由于样本区访问的绝大部分农户都能申请获得贷款，因此需求方信贷约束不是本文研究的重点，本文重点关注供给型信贷约束，即金融机构对农户实行信贷配给产生信贷约束。涉农贷款与普通商业银行贷款具有较大区别，农业生产的特殊性导致严重的系统性风险（赵炳盛、付亚辰，2012），由于自然气候条件、市场价格波动等因素都可能成为涉农贷款的风险来源，涉农贷款的违约风险显著不同于其他风险（尹志超等，2014），这正是金融机构决定是否向农户发放贷款及确定授信额度的关键因素。基于此提出假设一和假设二。

假设一：自然风险与农户信贷约束呈正向促进关系。

我国农业基础依然比较薄弱，对自然资源依赖性强。农业生产的特殊性，家庭经营仍为主要的生产组织形式，农业生产周期长，受季节因素制约，抵御各种自然灾害具有天生的脆弱性，自然灾害的大小很大程度上决定着农户贷款风险的高低。气象条件的优劣决定农户农业生产的好坏和农业收入的多少。自然灾害的发生将导致金融机构缩减对农户发放的信贷资金。因此，自然风险会加强农户的信贷约束。

假设二：市场风险与农户信贷约束成正向促进关系。

所谓价格信号，就是某一个产品供过于求了，价格就会下跌，某一个产品供不应求了，价格就会上涨（陈锡文，2016）。当价格机制扭曲时，农户不能适应市场需求，农产品市场供需失衡，价格震荡不稳，农民收入受挫，合理权益得不到保障。农民在生产前签订购销合同（订单）的不多，大多是先生产农产品，再寻找收购者。销售行为分散，有组织的农民很少（韩俊，2005），农产品销售渠道不畅通，易引发农户产品滞销的风险。农民收入和生产的产品有关，农产品价格不稳定，销售成本高，农民收入增长环境严峻。由于信息不对称，贷款违约率提高，成为高风险贷款，对金融机构的运营管理甚至整个金融体系的稳定发展产生一定影响。基于此提出假设三。

假设三：农户道德风险与其信贷约束成正向促进关系。

农户道德风险由借贷双方事后信息不对称造成，金融机构将资金贷给农户后，无法实时监测其资金用向及生产经营情况，当债务人无力还款时，金融机构面临贷款损失。正是由于农村金融机构无法全面衡量借款者的风险状况，为减少风险损失，只能实行信贷配给，农户面临信贷约束，尤其信贷资金需求旺盛的农业生产经营主体，生产资金得不到有效满足，规模效益难以实现。农户贷款难、贷款贵的问题，迫切需要创新金融产品，满足农户资金需求。基于此及假设一、二提出假设四和五。

假设四：农地经营权抵押贷款可以直接缓释农户信贷约束。

农地经营权抵押贷款作为一项创新金融产品，具有担保功能的抵押农地经营权实现了增信功能，农户在高数额低利率的优惠条件下较容易获得信贷资金支持，弥补信贷缺口，缓解信贷约束，改善家庭经济状况。

假设五：农地经营权抵押贷款可以间接缓释农户信贷约束。

以抵押为主要形式的担保在贷款合约中广泛运用（尹志超、甘犁，2011），抵押品作为一种信息甄别机制是十分必要的（黄惠春，2016）。农地经营权作为一种特殊的抵押品，由于农户土地的保障功能优先于资产功能，因而农户在难以偿还贷款时会竭力规避农地被没收的风险（张龙耀、杨军，2011）。抵押农地经营权，尤其大规模的农地经营权对农户具有强有力的激励约束作用，缓解借贷双方信息不对称，促使农户更加谨慎地进行农业专业化生产，提高农业机械化、信息化、产业化水平，增强抗击自然灾害的能力，提高农产品品质，发挥农产品价格优势，提高市场竞争力，稳增收入，利于农户向金融机构释放信用好的信号，提高贷款可得性及充分性，降低信贷约束。

（2）模型设定。基本模型设定为：

$$yi = \beta_0 + \beta_1 Nature_i + \beta_2 Market_i + \beta_3 Moral_i + \beta_4 Farmer\text{-}contral_i + \beta_5 Finance\text{-}control_i + \beta_6 area\text{-}control_i + \varepsilon_1 \quad \text{公式（5-3）}$$

式中，i 为农户，y 表示农户的信贷缺口（意愿贷款额 – 实际贷款额），用来测度农户的信贷约束；$Nature_i$ 表示自然风险变量；$Market_i$ 表示市场风险变量；$Moral_i$ 表示农户道德风险变量；$Farmer\text{-}contral_i$ 表示农户特征变量；

$Finance\text{-}control_i$表示信贷因素变量; $area\text{-}control_i$为区域因素变量，β_0为截距项，ε_1为残差。

结合调查区农户实际信贷情况，将农户信贷约束分为存在信贷约束和不存在信贷约束两类，分别用 1、0 表示。需要说明的是存在信贷约束，特指农户的不完全信贷约束。考虑到农户是否存在信贷约束是一个离散变量，主要采用 Logit 模型估计方程。

为考察农户的异质性，按农户的家庭经济水平进行分组估计。农户的家庭经济水平根据其家庭固定资产、收入和存款的总和划分为低经济水平、中低经济水平、中高经济水平和高经济水平四类。

为检验农地经营权抵押能否直接缓解农户信贷约束，将非农地经营权抵押贷款作为参照，Logit 估计方程为：

$$Improvement_i = \alpha_0 + \alpha_1 Mortgage_i + \alpha_2 Credit + \alpha_3 Finance\text{-}control_i + \alpha_4 Economic\text{-}control_i + \varepsilon_2 \quad \text{公式（5–4）}$$

其中，$Improvement_i$ 为农户家庭经济状况改善；$Mortgage_i$ 为农地经营权抵押贷款，$Credit$ 为非农地抵押贷款，$Finance\text{-}control_i$ 为农户特征变量，$Economic\text{-}control_i$ 为经济因素变量。

为检验农地经营权抵押是否间接缓解农户信贷约束，仍将非农地抵押贷款作为参照，结合公式（5–4）中显著影响农户信贷约束的风险类型，考察农地经营权抵押对不同显著风险类型的缓解程度。考虑到市场风险的衡量指标均为离散有序变量，因此选择 Ordered Probit 模型估计方程，自然风险的衡量指标为连续变量，选择 OLS 模型估计方程，道德风险变量的衡量指标为离散两分类变量，选择二元 Logit 模型估计方程，估计方程分别为：

$$Market_i = \gamma_0 + \gamma_1 Mortgage_i + \gamma_2 Credit + \gamma_3 Finance\text{-}control_i + \gamma_4 Economic\text{-}control_i + \varepsilon_3 \quad \text{公式（5–5）}$$

$$Moral_i = \delta_0 + \delta_1 Mortgage_i + \delta_2 Credit + \delta_3 Finance\text{-}control_i + \delta_4 Economic\text{-}control_i + \varepsilon_4 \quad \text{公式（5–6）}$$

$$Nature_i = \mu_0 + \mu_1 Mortgage_i + \mu_2 Credit + \mu_3 Finance\text{-}control_i + \mu_4 Economic\text{-}control_i + \varepsilon_5 \quad \text{公式（5–7）}$$

其中，$Market_i$ 为市场风险；$Moral_i$ 是道德风险，$Nature_i$ 为自然风险。其他变量同上。

（3）变量选取。关于被解释变量选取，关注的被解释变量为信贷缺口、农户家庭经济状况改善、市场风险、自然风险和道德风险，其中，家庭经济状况改善分为改善明显和改善不明显两种情况，分别用1和0替代；市场风险通过农产品价格波动和农产品销售市场满意度来体现，农产品价格波动分为基本不变、偶尔变动但幅度不大、偶尔变动但幅度较大、经常变动但幅度不大和经常变动但幅度较大五种情况，分别用1、2、3、4、5代替；农产品销售市场满意度分为不满意、不太满意、一般、比较满意和非常满意五类，分别用1、2、3、4、5替代；自然风险用自然灾害损失衡量；道德风险用贷款的最终还款主体测度，若贷款最终由农户生产经营所得偿还则认为不存在道德风险，若贷款最终由担保人偿还或银行处置抵押物得以偿还或友情借款还贷或借新贷还旧贷，则认为存在道德风险，分别用0和1替代。

对于解释变量选择。依据研究假设，选择自然灾害损失、农产品价格波动、农产品销售市场满意度和贷款最终偿还主体作为核心解释变量，来衡量自然风险、市场风险和道德风险对农户信贷约束的影响。选择农地经营权抵押贷款和非农地经营权抵押贷款作为核心解释变量，检验农地经营权抵押贷款对农户信贷约束的直接和间接缓释效应。在关注核心解释变量的同时，为避免产生较强的内生性，选择影响农户信贷约束的农户特征因素、个体经济因素和信贷因素作为控制变量。其中，农户个体因素包括：性别、年龄、教育程度和家庭劳动人口占比。一般而言，男性户主的信贷需求较强，存在信贷约束的概率高。年轻人的创业意识相对年长者更强，资金需求强，存在信贷约束的可能性高。借款人的受教育程度越高，对金融机构信贷流程越熟悉，获得贷款的可能性越大。家庭劳动力人口越多，一般收入越高，还款能力较强，信贷约束较弱；个体经济因素包括：固定资产、存款、农业收入、非农收入和土地规模。农户家庭经济状况直接决定其未来还款能力，资产、存款越多，收入越高，土地规模越大，还款能力越强，获得信贷资金的困难度越小，信贷约束越弱。信贷因素包括贷款利率和期限，贷款利率决定了农户信贷成本，利率越高，信贷约束越强。农业生产周期较长，贷款期限越短，信贷约束越强。由于平罗和眉县分属西部不同地区，地区经济发展水平、金融服务质量及农户信贷约束程度存在差异，因此，引入区域哑变量，将平罗县设为1，眉县设为0。

（4）数据说明与描述统计。课题组于2016年3月和7月在宁夏平罗县和陕西眉县取得调研数据。样本选择主要考虑以下因素：首先，信贷资金运营的代表性。选择两大农业生产典型代表区域，农户主要以农业生产经营为主，能切实反映涉农信贷的特点、农户的信贷需求及金融机构涉农信贷资金配置状态。其次，农地经营权抵押贷款试点的代表性。平罗为农地经营权抵押贷款的全国试点县，眉县在积极推进农村产权抵押融资业务，两地区能够为评价农地经营权抵押贷款运行效果提供经验证据。对两地区27个乡镇采取随机抽样的调查方式，共发放1 096份问卷，得到有效问卷1 039份，问卷有效率达94.80%。主要变量描述性统计见表5–7。

表5–7　主要变量的描述性统计

主要解释变量		最小值	最大值	平均值	标准差
农户特征	性别	0.00	1.00	0.79	0.41
	年龄	18.00	79.00	46.71	10.06
	教育程度	1.00	5.00	2.00	0.73
	劳动人口占比（%）	0.14	1.00	0.63	0.23
家庭经济因素	固定资产（万元）	0.38	505.00	17.81	22.77
	存款（万元）	1.00	5.00	2.48	1.37
	农业收入（万元）	0.00	80.00	4.61	6.57
	非农业收入（万元）	0.00	2500.00	6.75	77.99
	土地规模（亩）	0.00	1000.00	22.71	58.95
自然风险	自然灾害	0.00	17.00	0.48	1.32
市场风险	农产品价格波动	0.00	5.00	3.25	1.43
	农产品销售市场满意度	1.00	5.00	2.36	1.49
道德风险	贷款最终偿还	0.00	1.00	0.18	0.39
信贷因素	利率（%）	0.00	24.00	6.83	2.70
	期限（年）	0.17	30.00	1.98	1.92

注：依据项目组调研数据整理得出。

5.4.3　实证估计与结果分析

（1）农户信贷约束的边际影响分析。为更准确地刻画农户信贷约束的影响，运用Logit模型对农户信贷约束影响因素进行估计，得到各显著性因素对农户信贷约束的边际影响。表5–8说明了农户信贷约束的主要影响因素及其边际影响，从估计结果看：①农产品价格波动和农产品销售市场满意度对农户信贷约束具有一定显著性水平的正向影响。因为农产品价格不稳定，直接影响农户收入增长，将决定未来还款可能性。宁夏平罗和陕西眉县的经济发展水平均低于东部地区，人均收入相对较低，且价格调控机制不健全，农产品销售市场分散，农户面临较高的市场风险，因此市场风险越高，农户信贷约束越强，这与研究假设二的理论预期相吻合。②贷款最终偿还主体对于农户信贷约束具有显著的正向作用。就农户信息而言，金融机构处于信息不利的地位，对已发放贷款无法进行完全有效的监督，不排除农户将所获贷款用于消费或风险投资等，金融机构信贷资金面临高风险。为缓解信息不对称，降低贷款违约率，金融机构发放贷款往往参考农户历史还款记录，来决定贷款发放额度。若农户以往按时足额偿还，则其发生道德风险的概率小，获得足额贷款的概率就高；反之，易发生道德风险，相应的信贷约束也就越强。这与研究假设三的理论预期一致。③自然风险对农户信贷约束的影响不显著。这可能是由于被调查区最近三年未发生巨灾，偶尔遭受自然灾害，损失也在农户承受范围内，不足以对其正常的生产生活产生特别影响，气象条件与农户的产出及收入直接挂钩，气象条件优越、产出高、收入多，未来按时足额还款可能性大，银行信贷配给减弱，农户信贷约束缓解。

从控制变量看，劳动人口占比与农户信贷约束在一定的显著性水平上呈负向影响。因为一般家庭劳动人口多，收入来源广，家庭经济水平相对较高，按时足额还款的可能性高，农户信贷约束降低。

从边际影响来看，贷款最终偿还对农户信贷约束的影响最强，其次分别是农产品销售市场、农产品价格波动，可见农户道德风险在银行对农户的风险评价中占据重要地位。

表 5-8　农户信贷约束影响因素的估计结果

解释变量		Logit 估计		边际效应
		估计系数 β_1	稳健标准差	
农户特征	性别	–0.3	–0.22	–0.046 5
	年龄	0.003 6	–0.008 5	0.000 6
	教育程度	0.107 0	–0.117	0.016 5
	劳动人口占比	–0.708**	–0.349	–0.109 8
家庭经济因素	固定资产	–0.002 4	–0.003 18	–0.000 4
	存款	–0.009 5	–0.058 9	–0.001 5
	农业收入	0.027 1	–0.018	0.004 2
	非农业收入	0.020 5	–0.013 7	0.003 2
	土地规模	0.002 9	–0.002 37	0.000 5

续表 5-8

解释变量		Logit 估计		边际效应
		估计系数 β_1	稳健标准差	
自然灾害	自然灾害损失	0.051 7	–0.076 4	0.008 0
市场风险	农产品价格波动	0.098 2*	–0.057 7	0.015 2
	农产品销售市场满意度	0.282***	–0.062 9	0.043 7
道德风险	贷款最终偿还	0.363*	–0.216	0.056 3
信贷因素	利率	–0.025 1	–0.033	–0.003 9
	期限	0.092 6	–0.068 7	0.014 4

注：*** 表示在 1% 的置信水平下显著，** 表示在 5% 的置信水平下显著，* 表示在 10% 的置信水平下显著。

（2）不同经济水平异质性农户的信贷约束分析。为了考察异质性农户的信贷约束，选择家庭经济水平作为考察农户异质性的界点，按家庭经济水平的 1/4 分位数将农户分为低、中低、中高和高经济水平四类。以低经济水平农户作为参照，研究中低、中高、和高经济水平这三类农户的信贷约束状况，并引入中低、中高和高经济水平这 3 个哑变量，见表 5-9。

表 5-9　异质性农户的信贷约束估计结果

被解释变量	信贷约束（0- 不存在信贷缺口，1- 存在信贷缺口）		
解释变量	Logit 估计		
	系数	稳健标准差	边际效应
中低经济水平	0.777***	–0.217	0.122 8
中高经济水平	0.983***	–0.226	0.155 6
高经济水平	0.600***	–0.212	0.094 9
性别	–0.517**	–0.212	–0.081 84
年龄	0.011 6	–0.008 12	0.001 8
教育程度	0.154	–0.114	0.024 3
劳动人口占比	–0.853**	–0.34	–0.132 9
常数项	0.909*	–0.551	
Observations	1 039	1 039	1 039

注：*** 表示在 1% 的置信水平下显著，** 表示在 5% 的置信水平下显著，* 表示在 10% 的置信水平下显著。

三类农户均对信贷约束产生显著的正向影响，从边际效应看，相对低经济水平农户，中低经济水平农户遭受信贷约束的概率上升 0.12 个百分点，在 1% 的置信水平下显著；中高经济水平农户遭受信贷约束的概率上升 0.16 个百分点，在 1% 的置信水平下显著；高经济水平农户遭受信贷约束的概率上升 0.09 个百分点，在 1% 置信水平下显著。其中，中高经济水平农户受信贷约束的概率最大。

（3）农户信贷约束缓释效应分析。首先，农地经营权抵押贷款对农户信贷约束有直接缓释效应。农户信贷需求得到满足，家庭经济状况明显改善是农户信贷约束缓释的直接体现。为研究农地经营权抵押贷款对农户信贷约束的直接缓解程度，设置农户家庭经济状况改善这一因变量，并引入农地经营权抵押贷款和非农地经营权抵押贷款两个核心解释变量，分别考察其对农户家庭经济状况改善的边际影响。

表 5–10　农地经营权抵押贷款对农户经济状况改善的估计结果

被解释变量		信贷约束（0– 不存在信贷缺口，1– 存在信贷缺口）	
解释变量		Logit 估计	
	系数	稳健标准差	边际效应
农地经营权抵押贷款	0.360***	–0.048 1	0.061 0
非农地抵押贷款	–0.016	–0.013	–0.002 7
性别	0.062 7	–0.178	0.010 6
年龄	0.005 87	–0.007 75	0.001 0
教育程度	–0.034 4	–0.105	–0.005 8
劳动人口占比	0.634*	–0.342	0.107 3
固定资产	0.008 13	–0.005 65	0.001 4
存款	0.051 4	–0.060 2	0.008 7
收入	0.003 35	–0.009 54	0.000 6
利率	–0.012 9	–0.024 7	–0.002 2
期限	–0.059	–0.038 5	–0.010 0
Constant	–0.243	–0.565	

注：*** 表示在 1% 的置信水平下显著，** 表示在 5% 的置信水平下显著，* 表示在 10% 的置信水平下显著。

根据表 5–10，从估计系数看，农地经营权抵押贷款对农户家庭经济状况改善具有显著影响，而非抵押贷款对农户的经济状况改善不显著。可见随着农地经营权抵押融资业务的不断开展，在切实满足农户等农业经营主体对金融服务的有效需求方面，已初见成效。从边际效应看，农地经营权抵押贷款每增加 1 万元，农户家庭经济状况改善的可能将提高 0.06 个百分点；非抵押贷款的边际影响不显著，这是因为非抵押贷款尤其传统信用贷款相对于抵押、保证等担保类贷款的风险更高，银行对农户还款的约束力相对较小，贷款规模越大，银行面临的信贷风险越高，为保证信贷资金安全回收，实行信贷配给，农户信贷缺口增大，信贷约束增强。可见，农地经营权抵押贷款直接缓解了农户信贷约束，这与研究假设四的理论预期一致。从控制变量看，家庭劳动人口占比对农户家庭经济状况改善具有显著性影响。劳动人口占比每提高一个单位，农户家庭经济状况获得改善的可能性将提高0.11个百分点。

其次，农地经营权抵押对农户信贷约束的间接缓释效应。在探究农户信贷约束边际影响及农地经营权抵押贷款对农户信贷约束直接缓释效应的基础上，引入市场风险的两个显著性变量和道德风险的一个显著性变量，分别观察农地经营权抵押贷款的边际效应，以揭示对农户信贷约束的间接缓释程度。

表 5-11　农地经营权抵押贷款缓解农户市场风险的估计结果

被解释变量	农产品价格波动		农产品销售市场满意度	
	Ordered probit 估计		Ordered probit 估计	
解释变量	估计系数 β_3	边际效应	估计系数 β_4	边际效应
农地经营权抵押贷款（万元）	–0.030 1***	0.005 0	–0.245***	0.078 4
	(–0.006 96)		–0.020 7	
信用贷款（万元）	0.018 4***	–0.003 1	0.014 7***	–0.004 7
	(–0.005 69)		–0.005 62	
性别	–0.319***	0.053 5	–0.197**	0.063 0
	(–0.085)		–0.08 94	
年龄	0.010 9***	–0.001 8	0.007 19*	–0.002 3
	(–0.003 5)		–0.003 84	
教育程度	0.045 8	–0.007 7	0.043 5	–0.014 0
	(–0.0476)		–0.052	
劳动人口占比（%）	–0.043 3	0.007 3	0.106	–0.033 9
	(–0.147)		–0.165	
收入（万元）	–0.000 3	4.8E–6	–4.80E–05	0.000 02
	(–0.000 4)		–0.0004	
存款（万元）	–0.017 5	0.002 9	0.044 1	–0.014 1
	(–0.024 9)		–0.028 5	
土地规模（亩）	–0.000 6	9.8E–6	0.000 8	–0.000 3
	(–0.000 6)		–0.001 0	

注：括号中为稳健标准差 (Robust Standard Error) 。*** 表示在 1% 的置信水平下显著，** 表示在 5% 的置信水平下显著，* 表示在 10% 的置信水平下显著。

一方面，农地经营权抵押贷款能够有效缓解农户面临的市场风险。表5–11 表明了农地经营权抵押贷款对农产品价格波动和农产品销售市场满意度的估计结果。农地经营权抵押贷款对农产品价格波动及农产品销售市场满意度均存在负向的显著性影响，农地经营权抵押贷款每增加 1 万，农产品价格波动降低 0.005 0 个百分点，农产品销售市场不满度将降低 0.078 4 个百分点，均在 1% 的置信水平下显著。相比较非农地抵押贷款，虽然显著性水平一样，但从边际效应看，农地经营权抵押贷款的边际效应显著高于非抵押贷款，可见农地经营权抵押贷款对农户面临的市场风险缓释程度强于非抵押贷款，印证了研究假设五的理论分析。在控制变量方面，农户性别、年龄均对农产品价格、农产品销售市场满意度都具有显著影响。一般来说，年轻的借款农户比年老者更易接受风险。

表 5–12　农地经营权抵押缓解农户道德风险的估计结果

被解释变量	贷款最终偿还主体			
	logit 估计		Probit 估计	
解释变量	估计系数 β_5	边际效应	估计系数 β_6	边际效应
农地经营权抵押贷款（万元）	0.110***	0.015 8	0.057 3***	0.014 7
	(–0.028 3)		(–0.013 2)	
信用贷款（万元）	–0.016 9	–0.002 4	–0.009 0	–0.002 3
	(–0.018 3)		(–0.009 1)	
性别	–0.252	0.036 2	–0.132	–0.033 8
	(–0.208)		(–0.116)	
年龄	–0.000 2	–0.000 03	–0.000 2	–0.000 05
	(–0.008 8)		(–0.004 9)	
教育程度	–0.082 4	–0.011 9	–0.05	–0.012 8
	(–0.12)		(–0.067 6)	
劳动人口占比（%）	–0.165	–0.023 8	–0.073	–0.018 7
	(–0.366)		(–0.203)	
固定资产	0.0003	0.000 05	–0.002 1	0.000 05
	(–0.003 5)		(0.000 2)	
收入（万元）	–0.001 1	–0.000 2	–0.000 6	–0.000 1
	(–0.003 3)		(–0.001 6)	
存款（万元）	0.107*	0.015 3	0.058 1*	0.014 9
	(–0.059 7)		(–0.033 7)	
土地规模（亩）	–0.002 1	–0.000 3	–0.001 0	–0.000 3
	(–0.001 6)		(–0.000 9)	

注：括号中为稳健标准差 (Robust Standard Error)。*** 表示在 1% 的置信水平下显著，** 表示在 5% 的置信水平下显著，* 表示在 10% 的置信水平下显著。

另一方面，农地经营权抵押贷款可以缓解农户道德风险。根据表 5–12，Logit 估计和 Probit 估计均给出了农地经营权抵押贷款对贷款最终偿还主体的显著性影响。由边际效应可知，农地经营权抵押贷款每增加 1 万元，农户生产经营所得还款概率增加 0.01 个百分点，在 1% 的置信水平下显著。而非农地经营权抵押贷款，对农户贷款最终偿还主体不存在显著性影响，说明了农地经营权抵押对农户的充分约束性。农地经营权抵押贷款额度越高，意味着农户抵押给金融机构的农地规模越大，而信贷资金需求旺盛的农户或经营主体，多数为发生土地流入的大规模农业生产经营主体。从抵押品功能的角度来看，流入后的规模化农地是重要的生产资本，违约失地对借款人而言成本高昂，因此大规模的农地经营权对借款人具有充分的约束激励作用，有利于降低借贷双方的信息不对称。农地经营权抵押对防范农户道德风险起到一定作用。此结论与研究假设五的理论预期一致。从控制变量上看，存款对贷款最终偿还主体具有显著性影响，存款越多农户的还款能力越强，贷款越不易违约。在实际研究中农地经营权抵押贷款和存款对被解释变量的估计系数显著为正，从经济学意义上难以给出合理解释，故取其相反数。

（4）稳健性检验。为检验主要研究结论的稳健性，将信贷缺口二元变量转化为连续变量，调查问卷中涉及农户申请获得的实际贷款额和期望获得的贷款额，即用期望贷款额减去实际获得贷款额得到信贷缺口的实际值，为连续变量，用气候条件、农业收入和贷款是否按时偿还分别替代影响农户信贷约束的自然灾害变量、市场风险变量和道德风险变量，运用 OLS 回归分析发现，农业收入和贷款是否按时偿还均对农户信贷约束具有显著影响；为检验农地经营权抵押贷款对农户信贷约束的直接缓释效应，将信贷缺口这一连续变量作为因变量，运用 OLS 估计，结果表明，农地经营权抵押贷款对农户信贷约束具有显著负向影响。主要结论与前文保持一致，说明主要结论比较稳健。具体结果见表 5–13。

表 5–13　稳健性检验结果

农户信贷约束边际影响分析		农地经营权抵押对农户信贷约束的直接缓释效应	
变量	OLS 估计	变量	OLS 估计
农地经营权抵押	–0.132* （–0.067 5）	性别	–0.165 （–0.209）
非农地经营权抵押	–0.146*** （–0.031 1）	年龄	0.000 646 （–0.008 6）

续表 5-13

农户信贷约束边际影响分析		农地经营权抵押对农户信贷约束的直接缓释效应	
变量	OLS 估计	变量	OLS 估计
性别	-1.276** (-0.554)	教育程度	0.079 4 (-0.102 0)
年龄	0.088 9*** (-0.026 1)	劳动人口占比	-0.423 (-0.348 0)
教育程度	0.678** (-0.312)	存款	0.003 49 (-0.056 5)
劳动人口占比	-1.064 (-0.903)	农业收入	0.045 2** (-0.019 1)
观测值	1 039	土地规模	-0.000 225 (-0.001 9)
		气象条件	-0.024 6 (-0.129 0)
		是否按时还款	-0.725*** (-0.180 0)
		利率	0.018 1 (-0.028 4)
		期限	-0.012 6 (-0.033 1)
		观察值	1 039

注：括号中为稳健标准差 (Robust Standard Error)。*** 表示在 1% 的置信水平下显著，** 表示在 5% 的置信水平下显著，* 表示在 10% 的置信水平下显著。

5.5　研究结论

（1）不同风险类型对农地经营权抵押贷款风险的影响具有层次性、连续性和系统性。影响程度层次由强到弱依次为：市场经营风险、政策法规风险、自然灾害风险、家庭经济风险和道德风险。每种风险类型不是孤立存在的，在关注关键风险类型的同时不容忽视其他风险类型。农地经营权抵押贷款面临的风险是一个复杂的系统，包括不同类型、不同性质、不同损失程度的各种风险，在风险识别过程中必须坚持综合考察的原则。

（2）不同因素对农地经营权抵押贷款风险产生不同影响。农产品价格是影响农地经营权抵押融资风险最主要的因素，价格的高低决定着农民收入的多少，进而影响农民的还款能力。土地流转市场发达度和农产品销售市场满意度的影响次之，土地流转市场的发达程度影响着农民能否顺利转入转出土地，决定着租金的缴纳或财产性收入的多少。农户对抵押农地违约处置的真实意愿、土地面积和社会保障满意度对农地经营权抵押贷款风险的影响相对较弱。

（3）农地规模程度不同，农户遭受市场经营风险、政策法律风险、自然灾害风险、家庭经济风险和道德风险也有所差异。与小规模农户相比，中等规模和大规模农户遭受市场经营风险的概率较大，其中大规模农户遭受市场经营风险的可能性最大；大规模农户遭受政策法律风险的概率最大，中等规模农户则最小；农业收入作为主要收入来源的中等规模和大规模农户遭受自然灾害风险的概率较大；抵押土地对大规模农户的约束力最强，发生道德风险的概率最小；小规模农户非农收入较高，还款能力相比中等规模农户强，因此中等规模农户发生道德风险的概率最大。

（4）农户获得信贷资金的困难度降低，完全信贷约束较低。不同经济水平农户存在不同程度的信贷约束。相比低经济水平农户，中低、中高和高经济水平农户均存在显著的信贷约束，但信贷约束程度存在异质性，中高经济水平农户的信贷约束程度最高。在农业规模化发展中，中高经济水平农户农业生产多形成一定规模，面临扩大规模实现规模经济效益的信贷资金瓶颈，相比其他三类农户的信贷约束更强。

（5）市场风险对农户信贷约束具有显著的正向影响。市场风险的两个关键因素即农产品价格波动和农产品销售市场满意度，均对农户信贷约束具有显著的正向影响。一方面，价格调控机制不健全，受国际粮食价格冲击，农产品价格波动幅度较大，农户利益受损。另一方面，农产品销售渠道不畅通，产销衔接困难，农户很难把握市场需求。金融机构出于信贷资金的安全性考虑，信贷配给不同程度存在。

（6）农户道德风险对其信贷约束具有显著的正向影响。在农村金融市场中，金融机构尤其正规金融机构搜寻农户详细信息的成本太高，处于信息劣势地位，优质客户源的筛选工作存在一定难度。受制于农业产业天然弱质性，农户预期收益不稳定，道德风险的诱致性因素较多，出现金融机构难贷款，农户贷款难的两难局面。

（7）农地经营权抵押贷款对农户信贷约束具有直接缓释效应。农地经营权抵押贷款降低了农户融资成本，提高了贷款可得性，满足了农户信贷资金需求，显著改善了农户家庭经济状况，缓解了信贷约束。同时，农地经营权抵押贷款对农户信贷约束具有间接缓释效应。农地经营权抵押贷款显著增强农户抵御市场风险的能力；但要注意降低信息不对称，防范农户道德风险。

第六章　农村土地经营权抵押融资风险计量与控制分析

6.1　文献综述

6.1.1　国外文献综述

Nam and Katchova（2005）运用转移矩阵发现农场规模、作物种类和贷款人的年龄对农场的信用等级的变化有较大影响，且大规模的农场容易受到经济周期的影响。Sinha et al.（2015）运用判别式方法对印度的乳牛养殖农户的信用违约情况进行了研究，发现较低的种植业收入、乳牛养殖和非农经营活动的高成本以及较少的农业劳动剩余劳动力是导致涉农贷款违约的重要因素。

Zech and Glenn（2004）选择了所需数据较少的 CreditRisk+ 模型来度量农业信贷的信用风险，证明了贷款人可以用此方法为农业贷款组合设计最为合理的资本准备金。Katchova and Barry（2005）选择了信用在险价值理论和现代信用风险度量模型 CreditMetrics 及 KMV 模型用来计算农场抵押贷款的违约概率、违约损失率、预期损失和非预期损失，发现不同信用等级的贷款人的违约概率和损失程度有所不同。Berger, et al.（2016）指出较低的风险溢价和较高的违约率与抵押担保有关，而且流动性强的抵押品比流动性差的抵押品效果更好。

Leaven and Goovaerts（2004）在引入金融机构不同分支机构之间相关结构的前提下，设计了不同信息程度下的动态经济资本分配最优化程序。Stoughton and Zechner（2007）应用机制设计理论研究了在信息不对称的情况下，具有多个分支机构的金融机构该如何使用 EVA 和 RAROC 进行资本分配和实现股东价值最大化。Miu et al.（2016）基于 Merton 的结构性模型设计了一种估计某项业务预期收益率的方法，该预期收益率比一般的 RAROC 框架能够更为准确地衡量业务风险。

6.1.2 国内文献综述

程郁等（2014）提出在现行的制度条件下，农村土地很难独立发挥其抵押融资的功能。张龙耀等（2015）认为，受到现行法律限制，农地经营权仍难以真正独立地发挥抵押品功能，需要其他抵押担保形式为其增信，商业可持续性仍不确定。吕文栋和毕明山（2015）发现农村土地经营权抵押贷款对于增强大多数农户的信贷可得性难以发挥作用。黄惠春和徐霁月（2016）指出流转后的规模化农地是一种稀缺且重要的生产资本，违约失地对借款人而言成本高昂。因此，大规模的农地经营权对借款人具有充分的约束激励作用，有利于降低借贷双方的信息不对称。

杨奇才等（2015）探讨了农地经营权抵押贷款的风险形成机理，农地经营者出现了经营风险的结果可能是因为不能按时还本付息，进而导致信用违约，所以银行要求贷款人提供抵押或担保。潘文轩（2015）将农地经营权抵押贷款风险分成了微观和宏观两个层面，微观层面包括农民的生计风险和银行的还款来源风险，宏观层面包括农村社会风险和银行体系面临的农村金融风险。陈菁泉和付宗平（2016）从多个角度分析了农村土地经营权抵押融资风险的形成，其中政策因素是影响农村土地经营权抵押融资的最大潜在风险，其次是农地经营权价值评估风险、抵押品变现风险和市场风险。

林乐芬等（2015）指出，枣庄市发生的9笔违约农地抵押贷款中，尚未出现以土地使用产权作为抵押物处置流转成功的案例，贷款违约损失基本由担保公司承担。占治民（2016）指出农地承包经营权抵押贷款机构风险控制主要因素是法律制度、政策效率、资金来源和农户收入，建议对老龄农户、纯农业户和专业农户三类农户家庭给予更多的人文关怀以期收到更好的风险控制效果。

6.1.3 国内外文献评析

发达国家和地区的信用评级体系相对来说比较成熟和完善，对农业信贷的风险度量与控制的研究也较为深入。国内的现有研究从产权制度、风险形成和法律环境等角度对农地经营权抵押贷款进行了深入研究，但现有研究大都缺乏从理论层面对农地经营权抵押贷款风险进行分析。基于国内外研究现状，本章对农地经营权抵押融资信用风险的生成机理和影响因素进行分析，运用数理分析方法对农地经营权抵押融资的信用风险进行量化研究，提出农地经营权抵押融资的风险控制方案。

6.2　农地抵押融资信用风险影响因素及信用评级

6.2.1　数据来源和样本状况

（1）数据来源。数据来自课题组于 2016 年 3 ～ 6 月在宁夏平罗县和重庆开县的实地调研。平罗县和开县分别于 2011 和 2008 年开始试点农地经营权抵押贷款，相对于其他试点地区业务开展时间较长，风险控制措施较为完善。而且平罗和开县两地的自然生产环境和经济条件也存在差异，在两地所获数据具有一定代表性。调查采取随机抽样方法，调查对象主要是传统经营农户、家庭农场、种植养殖大户，以及农民专业合作社和农业小微企业，覆盖了平罗和开县两个县的 27 个乡镇。共获得农地经营权抵押贷款样本 1 173 个，有效样本 1 147 个，其中平罗县 518 个、开县 629 个，样本有效率为 97.78%。

（2）样本基本状况。

第一，借款人个体与经济特征。样本中借款人主要种植水稻、小麦、玉米、药材、土豆和红薯等农作物，平均经营土地面积 23.09 亩，平均总人口为 4.63 人，人均土地面积为 4.99 亩，大于农村居民家庭经营耕地面积的 2.34 亩①，表明样本具备一定的适度规模经营的特征。借款人文化程度以初中和小学以下为主，其中初中文化占比 54.53%，小学及以下占 32.06%。家庭劳动力占比 61.73%，年均每亩土地净产出 0.21 万元，农业收入比重为 31.97%。

第二，借款人对金融机构认知特征。样本借款人认为金融机构贷后跟踪检查不严格、一般和严格的比例分别为 6.96%、9.52% 和 83.52%；认为贷款手续和流程复杂、一般和简单的比例分别为 7.75%、13.22% 和 79.03%。说明金融机构对贷款的跟踪检查较为严格，且办理手续和流程较为简单，见图 6–1。

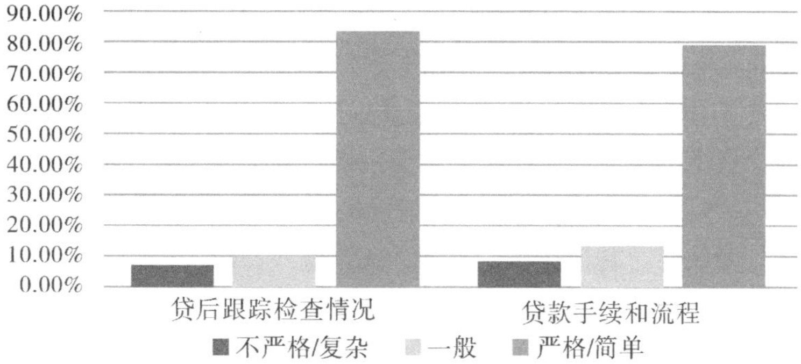

图 6–1　农户对金融机构认知特征

① 数据来源：中国国家统计局 2012 年统计数据 http://data.stats.gov.cn/easyquery.htm?cn=C01

第三，借款人参与保险特征。从图 6–2 可以看出，参与农业保险的农户比例为 34.27%，而且在土地面积大于 50 亩的借款人中，有 70.43% 参与了农业保险，在土地面积小于 50 亩的借款人中，只有 30.07% 参与了农业保险，也就是说规模农业经营主体的农业保险参与度较高。参与养老保险和未参与养老保险的借款人分别占比 29.25% 和 70.75%。未参与医疗保险、参与新农村合作医疗保险和商业保险的借款人分别占比 1.85%、79.12% 和 4.49%。说明样本地区保险覆盖率较高，各险种参保情况差异比较明显，其中医疗保险的覆盖率最高，养老保险次之，参与农业保险的借款人较少。

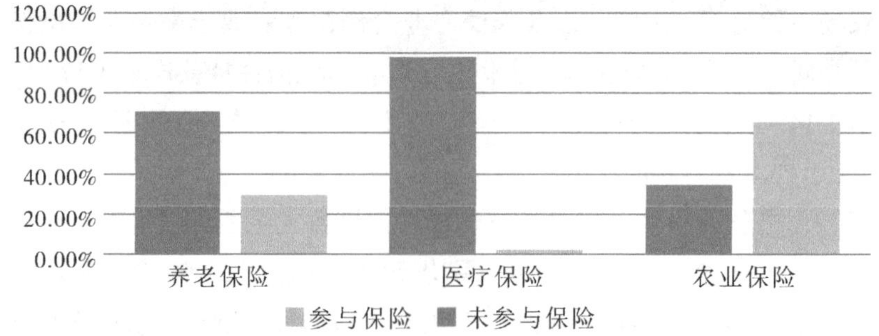

图 6–2 农户参与保险特征

6.2.2 变量说明及描述统计分析

（1）被解释变量。Logistic 模型的因变量为农地经营权抵押贷款是否违约，当农户违约时，因变量取值为 1；农户履约时，因变量取值为 0。调查发现，为了维护自身优良的信用状况，即使出现农业经营受损或流动资金困难而不能按期偿还贷款的局面，农户也会借钱还贷，或者由担保人代为偿还，导致实际发生的违约案例较少，且样本中尚未出现因借款人不能按时偿还贷款而处置抵押土地的案例。结合相关研究，为反映农地经营权抵押贷款对生产的促进作用和最大程度估计农地经营权抵押贷款的潜在信用风险，将消耗了农户社会资本的担保人偿还贷款和借钱还贷两种偿还方式也视为违约（刘佳，2014），本文定义出现以下 4 种情况的样本为违约样本：①借款人不能按时偿还且无法通过其他途径偿还；②处置抵押物偿还；③逾期偿还；④贷款到期时，借款人无法利用项目收益或凭借自身能力偿还本息，需要由担保人代为偿还、借钱偿还或借新还旧行为。

（2）解释变量。农户违约的因素十分复杂，根据农村土地经营权抵押融资信用风险生成机理及相关研究（苏治，2014；丁志国，2014；吕德宏，

2017），本章选择的贷款合同因素、抵押土地因素、保险和政策因素、农业经营主体因素 4 类农地经营权抵押贷款信用风险影响因素中共包含 19 个自变量。其中，对定量变量按其观测值赋值，对定性变量采用李克特量表计分和哑变量设置。各变量含义、赋值和描述统计如表 6–1 所示。

表 6–1　变量含义、赋值和描述统计

	变量名称	变量含义及赋值	均值	最小值	最大值
因变量	是否违约	是 =1；否 =0			
自变量					
贷款合同因素	贷款金额	实际观测值（万元）	4.49	0.5	120
	贷款利率	年化利率	0.09	0.01	0.14
	贷款期限	实际观测值（年）	1.08	1	3
	是否有担保人	是 =1；否 =0	0.92	0	1
抵押土地因素	贷款用途	农业生产 =1；做生意 =2；生活等其他用途 =3	1.82	1	3
	抵押土地面积	实际观测值（亩）	10.60	0.5	1 000
	主要农作物类型	粮食作物 =1；经济作物 =0	0.69	0	1
	土地估值准确度	估值准确 =1；估值模糊 =0	0.24	0	1
	土地经营权来源	承包经营权 =1；承包经营权 + 转入经营权 =2；转入经营权 =3	1.10	1	3
	土地流转市场发达程度	不发达 =1；一般 =2；发达 =3	1.45	1	3
保险和政策因素	自然灾害损失程度	贷款期间年平均损失金额（元）	590.77	0	58 333.33
	是否参与政策性农业保险	是 =1；否 =0	0.22	0	1
	是否获得农业生产补贴	是 =1；否 =0	0.85	0	1
农业经营主体因素	年龄	户主年龄（年）	46.22	20	60
	文化程度	小学及以下 =1；初中 =2；高中 =3；大专及以上 =4	1.82	1	4
	农业收入占比	贷款期间家庭农业收入占总收入比重（%）	0.33	0	1
	固定资产价值	包括房产、汽车和农用机械等固定资产（万元）	23.39	0.3	139
	养殖物价值	实际观测值（万元）	4.18	0	240
	社会保险参与情况	无社会保险或只有一种 =0；养老和医疗保险 =1	0.76	0	1

（3）描述性分析。在 1 147 个有效贷款样本中，已经到期的贷款有 651 笔，未到期的贷款有 496 笔，将已到期贷款组合定义为训练集，未到期贷款组合定义为测试集。按本章的违约界定标准，训练集中违约样本有 118 个，已到期样本中违约与履约个数比为 1∶4.5，比例适当，回归结果可以有效地反映各因素对贷款违约的影响。

贷款合同因素中，违约农户平均贷款金额是 4.40 万元，履约农户平均贷款金额为 4.51 万元，二者的平均贷款年利率分别为 9.34% 和 9.24%，平均贷款期限分别为 1.02 年和 1.1 年，履约和违约样本并无明显差异。样本贷款合同的其他特征如表 6–2 所示。可见，违约农户中有担保人的贷款笔数占比 97.46%，高于履约农户中有担保人贷款占比 90.62%，说明部分贷款是由担保人偿还的，虽然这些贷款没有给金融机构造成实际损失，但却存在着不容忽视的潜在风险。履约样本将贷款投资于农业生产的比例高于违约农户，违约农户中将贷款用于生活等其他用途的较多，所以将贷款应用于农业生产可能会降低违约概率，同时表明贷款资金流入农业生产领域的效率有待提高。

表 6–2　样本贷款合同特征

变量	特征	履约样本		违约样本	
		个数	占比（%）	个数	占比（%）
是否有担保人	有担保人	483	90.62	115	97.46
	无担保人	50	9.38	3	2.54
贷款用途	农业生产	213	39.96	33	27.97
	做生意	221	41.46	54	45.76
	生活等其他	99	18.57	31	26.27

数据来源：根据调研数据整理得到。

抵押土地特征中，违约农户的抵押土地面积平均值为 5.46 亩，履约农户的抵押土地面积平均值为 11.74 亩。样本抵押土地特征如表 6–3 所示。违约样本中种植经济作物的比重（52.54%）大于履约样本中种植经济作物的比重（26.45%）。违约样本中土地估值准确的比例（1.69%）低于履约样本中土地估值准确的比例（28.71%）。违约样本中，将承包经营权、承包经营权+转入经营权、转入经营权作为抵押物的比例分别为 87.29%、8.47% 和 4.24%，而履约农户中分别为 92.31%、6.75% 和 0.94%。违约农户和履约农户中分别有 86.44% 和 60.23% 的农户认为农地流转市场不发达，也就是无论违约与否，农户普遍认为农地流转市场发达程度不足。

表 6–3　样本抵押土地特征

变量	特征	履约样本		违约样本	
		个数	占比(%)	个数	占比（%）
农作物类型	经济作物	141	26.45	62	52.54
	粮食作物	392	73.55	56	47.46
土地估值准确度	不准确	380	71.29	116	98.31
	准确	153	28.71	2	1.69
土地经营权来源	承包经营权	492	92.31	103	87.29
	承包经营权 + 转入经营权	36	6.75	10	8.47
	转入经营权	5	0.94	5	4.24
土地流转市场发达程度	不发达	321	60.23	102	86.44
	一般	154	28.89	6	5.08
	发达	58	10.88	10	8.47

在保险和政策因素中，违约农户遭受自然灾害损失的平均值为 1 554.24 元，履约农户遭受自然灾害损失的平均值为 377.47 元。样本保险和政策特征如表 6–4 所示。违约农户中参与农业保险的比例（4.24%）低于履约农户参与农业保险比例（26.45%）。大部分农户均得到了农业生产补贴，但是违约农户中得到农业生产补贴的比例较高。

表 6–4　样本保险和政策特征

变量	特征	履约样本		违约样本	
		个数	占比(%)	个数	占比（%）
是否参与农业保险	未参与	392	73.55	113	95.76
	参与	141	26.45	5	4.24
是否获得农业生产补贴	未获得	84	15.76	11	9.32
	获得	449	84.24	107	90.68

6.2.3　Logistic 违约概率预测模型构建

根据贷款违约影响因素及概率预测的相关研究（Zech and Glenn，2003；迟建新，2009），选取 Logistic 违约概率预测模型来探究农地经营权抵押贷款的违约影响因素并对单笔贷款的违约概率进行预测。Logistic 模型假设概率密度函数服从具有厚尾（fat tails）特征的逻辑分布。而且 Logistic 模型使用广泛，是违约概率预测方法中较为准确的（于立勇和詹捷辉，2004；Petrand Martin，2013；Nikolic et al.，2013）。模型假设事件发生概率与各影响因素之间存在以下关系：

$$\mathrm{Log}\left(\frac{P}{1-P}\right)=\alpha+\sum_{i=1}^{k}\beta_i x_i \qquad \text{公式（6–1）}$$

其中，P 是借款人的违约概率；k 是影响因素的个数；x_i 表示解释变量向量；α 为常数项。$\frac{P}{1-P}$ 叫作发生比（odds）或 Logit，表示事件发生的概率与不发生概率的比值。

通过 Logistic 回归模型可以得出借款人的违约概率，如公式（6–2）表示：

$$P=\frac{e^{\sum \beta_i x_i}}{1+e^{\sum \beta_i x_i}} \qquad \text{公式（6–2）}$$

通过 Logistic 回归模型得到已到期贷款中借款人违约概率 P，并依此对农户进行信用等级的划分，进而得出各信用等级客户的平均违约概率和违约概率的标准差。

6.2.4 农地经营权抵押融资信用风险影响因素判断和信用评级

（1）农地经营权抵押融资信用风险影响因素判断。为准确判断农地经营权抵押贷款信用风险影响因素，运用二元 Logistic 违约概率预测模型对已到期贷款组成的训练集进行分析，模型回归结果如表 6–5 所示。

模型中，反映农业经营主体特征的变量作为控制变量，回归 1 综合反映各因素对信用风险的影响；回归 2、3、4 分别估计贷款合同因素、抵押土地因素、保险和政策因素对信用风险的影响。采用稳健标准误的模型回归结果显示，稳健标准误与普通标准误相差较小，表明该模型的设定是正确的。回归 1 ～ 4 卡方值的 P 值均通过了检验，回归结果可靠性较强。

由回归的检验结果可得，回归拟合程度由高至低依次为回归 1、回归 3、回归 4 和回归 2，所以农地经营权抵押贷款是否违约主要受到抵押土地因素的影响，其次为保险与政策因素，受到贷款合同因素的影响最小。回归 2 显示，贷款合同因素中对农地经营权抵押贷款违约产生显著影响的是贷款期限和是否有担保人。期限较长的贷款违约概率较低，那么在贷款期限较短的情况下，可能由于生产项目还未形成显著收益，农户暂时没有能力使用生产收入来偿还贷款从而导致违约。回归结果显示有担保人的贷款违约概率较高，没有担保人担保的贷款违约概率较低，因为在实际操作中，金融机构对信用水平较低的借款人要求担保人，未对违约概率较低的信用水平良好的借款人做此要求。

表 6–5　Logistic 模型回归结果

变量	回归 1	回归 2	回归 3	回归 4
贷款金额	0.048(0.029)	3.28e–05(0.024)		
贷款利率	–16.750(11.350)	–2.787(9.054)		
贷款期限	–0.488(0.839)	–1.308*(0.741)		
是否有担保人	0.218(0.756)	1.129*(0.623)		
贷款用途 –1	–0.101(0.360)	–0.428(0.319)		
贷款用途 –2	–0.374(0.308)	–0.312(0.279)		
抵押土地面积	–0.070**(0.033)		–0.064**(0.031 5)	
主要农作物类型	–1.041***(0.254)		–0.913***(0.232)	
土地估值准确度	–2.178**(0.964)		–2.498***(0.824)	
土地经营权来源 –1	–3.010***(1.063)		–2.750***(0.941)	
土地经营权来源 –2	–2.651**(1.126)		–2.558**(1.009)	
土地流转市场发达程度 –1	–0.334(0.448)		–0.215(0.424)	
土地流转市场发达程度 –2	–2.085***(0.610)		–2.198***(0.599)	
自然灾害损失程度	1.58e–05(2.31e–05)			4.38e–05*(2.43e–05)
是否参与农业保险	–1.361**(0.595)			–1.971***(0.489)
是否获得农业生产补贴	0.739*(0.413)			0.691**(0.352)
年龄	0.014(0.014 7)	0.019(0.012 9)	0.016(0.014 0)	0.018(0.013)
文化程度 –1	–1.453**(0.685)	–0.980*(0.566)	–1.278**(0.650)	–0.746(0.552)
文化程度 –2	–0.977(0.667)	–0.966*(0.556)	–1.036(0.637)	–0.666(0.545)
文化程度 –3	–0.720(0.720)	–0.527(0.604)	–0.585(0.683)	–0.445(0.595)
农业收入占比	–0.009(0.470)	–0.609(0.413)	–0.030(0.405)	–0.647*(0.386)
固定资产价值	–0.009(0.007)	–0.006(0.006)	–0.010(0.006)	–0.008(0.006)
养殖物价值	–0.001(0.008)	0.000(0.007)	–0.008(0.008)	0.006(0.008)
社会保险参与情况	0.257(0.337)	0.768***(0.297)	0.289(0.324)	0.629**(0.301)
常数	5.046**(2.154)	–0.969(1.528)	3.165**(1.443)	–2.218**(0.878)
Log likelihood	–237.561	–289.038	–246.143	–278.506
LR chi2	140.71(0.000 0)	38.16(0.000 0)	123.55(0.000 0)	59.22(0.000 0)
Pseudo R2	0.228 5	0.061 9	0.200 6	0.096 1
正确预测的百分比	84.77%	81.87%	83.69%	82.03%
Observations	651	651	651	651

注：“***”、“**”和“*”分别表示在 1%、5% 和 10% 的水平上显著；括号内为标准误差

回归 3 是抵押土地特征对违约的影响，结果显示抵押土地面积、农作物类型、经营权来源和土地流转市场发达程度均对农地经营权抵押贷款违约产生显著影响。其中，抵押土地面积越大，农户违约概率越低；相对于经济作物来说，种植粮食作物的违约概率较低；相对于土地准确或模糊的农地经营权抵押贷款，土地价值准确的贷款违约概率更小；从经营权来源来看，抵押土地为承包经营权、“承包经营权 + 转入经营权”的农户违约概率较转入经营权的农户低，说明农户担心失去承包经营权，但对于流转而来的土地，违约成本较低，出现违约的可能性较大。农地流转市场发达和不发达地区对农地经营权抵押贷款违约的影响程度相当，认为农地流转市场发达程度一般地区的农户则具有较好的信用，违约概率较低。

回归 4 显示，保险和政策因素中自然灾害、农业保险和生产补贴对农地经营权抵押贷款违约也具有显著影响。相对于未参与农业保险的农户来说，参与农业保险的农户违约概率较低，同时自然灾害损失程度对违约产生显著影响，但是系数较小，说明农业保险可以有效减轻自然灾害给农户造成的损失；另外，农业生产补贴也会显著影响农地经营权抵押贷款的违约概率。

（2）农地经营权抵押贷款的信用评级及违约概率预测。结合目前我国农村金融体系里普遍采用五级分类对贷款进行评级的实际情况，参考刘佳等（2014）的做法，运用聚类分析法将已到期的训练集贷款样本划分为 5 个信用等级，各信用等级的样本个数、违约概率、违约概率标准差及其违约概率所属区间如表 6–6 所示。其中，信用等级 1 表示农户偿债能力很强；信用等级 2 表明农户偿债能力较强；信用等级 3 表明农户偿债能力一般；处于信用等级 4 的农户偿债能力较差；信用等级 5 的农户偿债能力很差。

表 6–6　训练集贷款样本的信用等级、违约概率及其标准差

信用等级	个数	违约概率（%）	违约概率标准差（%）	违约概率所属区间
1	250	2.12%	2.26%	[0.00%,8.10%]
2	127	14.36%	3.41%	[8.32%,19.77%]
3	157	25.29%	3.30%	[19.83%,31.82%]
4	80	38.86%	5.47%	[32.13%,50.42%]
5	36	65.73%	11.63%	[52.36%,94.03%]

由于回归 1 的 Pseudo R2 为 0.228 5，大于其他三个回归的 Pseudo R2，表明其拟合程度最佳，而且回归 1 的正确预测百分比达到了 84.77%，是 4 个回归中最高的，所以使用回归 1 的结果对未到期贷款的违约概率进行预

测。将测试集的预测违约概率与表 6-6 中的违约概率所属区间一一对应，对测试集的贷款样本进行信用评级。结果显示，测试集中信用等级 1 级的贷款有 373 个，2 级有 33 个，3 级有 46 个，4 级有 34 个，5 级有 10 个。可以看出，未到期的农地经营权抵押贷款信用等级普遍较高，具有良好的信用水平。

6.3　农村土地经营权抵押融资信用风险度量与控制

6.3.1　农村土地经营权抵押融资信用风险度量

（1）CreditRisk+ 模型构建。选取 CreditRisk+ 模型度量农地经营权抵押贷款的信用风险。CreditRisk+ 模型对于贷款组合的损失概率具有闭式解，在我国有比较好的应用基础，它只需要单个债务人的违约概率和银行对单个债务人的风险敞口，对农地经营权抵押贷款具有适应性。

CreditRisk+ 模型属于违约模型，即只考察违约和不违约两种状态，不考虑价差变化对信用的影响。模型假设违约概率在观察期内固定不变，将违约事件看成是相互独立的连续随机变量，并引入了违约率的波动性。实际中，农地经营权抵押贷款的借款人数量较多，但是违约个数较少，与模型假设违约次数所服从的 Poisson 分布的性质相符，资产组合中有 n 笔贷款违约发生的概率为：

$$P(ndefaults) = \frac{\mu^n e^{-\mu}}{n!} \qquad \text{公式（6-3）}$$

其中，μ 是每年平均违约次数，$\mu = \sum_M P_M$，P_M 为债务人 M 的违约概率，违约次数 n=0,1,2……。

计算损失分布时，CreditRisk+ 将风险敞口划分成很多组，每一组的风险敞口水平接近一个整数，被视为一个独立的资产组合，这在一定程度上减少了计算量，提供了一个近似的计算结果。再引入概率生成函数（Probability Generating Function，PGF）。首先确定每组的 PGF，且由于模型假设违约次数服从 Poisson 分布，整个资产组合的 PGF 可以表示为：

$$G(z) = \prod_i^m e^{-\mu_i + \mu_i z^{v_i}} \qquad \text{公式（6-4）}$$

其中，μ_i 表示第 i 组预期违约的数量，v_i 表示以 L 为单位的第 i 组敞口。进而可以得出资产组合违约损失分布为：

$$P(loss=nL)=\frac{1}{n!}\frac{d^nG(z)}{dz^n}\Big|_{z=0}\ (n=0,1,2\cdots\cdots m) \qquad \text{公式（6-5）}$$

模型适用于损失分布呈现明显的偏峰后尾特征的样本，与实际金融数据特征相符。贷款人可使用贷款损失准备和经济资本来应对预期损失和非预期损失。运用 CreditRisk+ 模型度量资产组合的信用风险，主要参数有违约损失率（Loss Give Default）、违约概率（Probability of Default）、违约率的标准差（Standard Deviation）和风险敞口（Exposure）等。文中违约概率及其标准差由 Logistic 模型预测而得。

（2）信用风险的 VaR 值估算与分析。运用 CreditRisk+ 模型对未到期贷款组成的测试集估算信用风险的 VaR 需要违约概率、违约概率的标准差、违约损失率和风险敞口等参数。违约概率和违约概率的标准差可以由 Logistic 违约概率预测模型获得。根据样本区风险防范基金相关政策文件，以样本区贷款总额度作为权重，计算得到农地经营权抵押贷款的违约损失率取值为 32.6%，并以此计算出风险敞口。根据经验，风险评价周期应该长于风险缓释技术的作用时间，并考虑到样本贷款的期限，本章选取 1 年作为风险评价周期。

将测试集的相关数据输入 CreditRisk+ 模型，得到信用风险损失分布情况，如图 6-3 所示。可见，农地经营权抵押贷款信用风险损失分布呈现偏峰厚尾形状。在违约损失率为 32.6% 的情况下，测试集风险敞口是 7 764 994 元，标准差为 244 075 元，平均每笔贷款风险敞口为 15 655 元，预期损失（Expected Loss, EL）为 663 529 元，占风险敞口的 8.55%，大于其他涉农贷款的预期损失占风险敞口比例[①]。

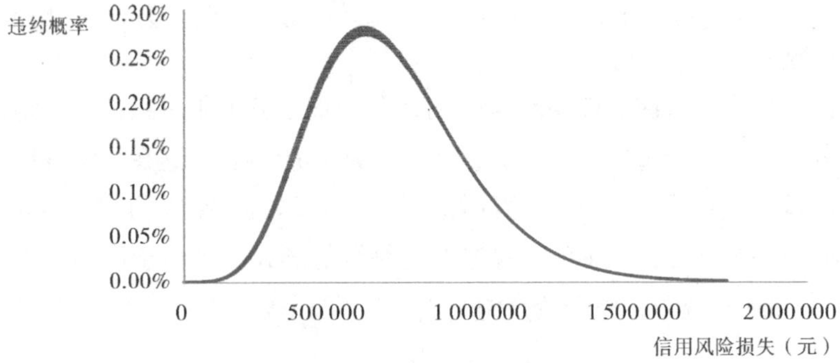

图 6-3 信用风险损失分布

① Pederson 和 Zech（2009）运用 CreditRisk+ 模型计算了美国中西部地区的农业贷款组合的信用风险，预期损失占风险敞口的 1.50%。

在不同置信水平下对应不同非预期损失如表 6–7 所示。为保证贷款损失准备金充足性，银行所需的贷款损失准备金应与预期损失值保持一致，即 663 529 元。在 99.00% 置信度下，VaR 为 1 349 230 元，也就是在未来 1 年内，有 99.00% 的可能测试集的损失不会超过 1 349 230 元，也就是风险敞口的 17.38%。置信水平由 90.00% 变化到 99.90% 时，非预期损失占 VaR 的比例从 32.85% 增加到 59.95%，占风险敞口的比例从 4.18% 逐渐增长到了 12.79%，99.90% 水平下的 VaR 是 90.00% 水平下的 1.68 倍，可见农地经营权抵押贷款非预期损失的变化对置信水平较为敏感。金融机构控制信用风险时应对市场进行合理预期，选取适当的置信水平，从而合理配置经济资本。在 99.00% 的置信水平下，农地经营权抵押贷款组合的非预期损失占到 VaR 的 50.82%，也就是预期损失占 VaR 的 49.18%，二者几乎各占一半，这与其他涉农贷款的情况相当，但是农地经营权抵押贷款非预期损失占风险敞口的比例（8.83%）略大于其他涉农贷款[①]。

表 6–7　不同置信水平下 VaR 和非预期损失

置信水平（%）	VaR（元）	非预期损失		
		绝对值（元）	占 VaR 比例（%）	占风险敞口比例（%）
90.00	988 089	324,560	32.85	4.18
95.00	1 106 005	442 476	40.01	5.70
97.50	1 214 859	551 330	45.38	7.10
99.00	1 349 230	685 701	50.82	8.83
99.50	1 445 605	782 076	54.10	10.07
99.75	1 538 474	874 945	56.87	11.27
99.90	1 656 946	993 417	59.95	12.79

数据来源：根据 CreditRisk+ 模型计算得到。

可见，农地经营权抵押贷款的预期损失和非预期损失占 VaR 比例合理。虽然预期损失和非预期损失占风险敞口比例较大，但实际中很多贷款由担保人代为偿还或农户借钱偿还，并未对金融机构造成较大的实际损失。然而，金融机构仍然需要采取有效措施防范潜在信用风险。

① Pederson 和 Zech（2009）研究结果显示，当置信区间从 90.00% 变化到 99.90% 时，非预期损失占 VaR 的比重从 32.32% 变化到 60.20%，占风险敞口的比重从 0.84% 变化到 2.65%；置信区间为 99.00% 时，非预期损失占 VaR 的比重为 50.77%，占风险敞口的比重为 1.81%。

（3）不同特征农户对信用风险贡献程度。为进一步分析各影响因素对信用风险的贡献程度，将测试集贷款按不同的特征分组，得到不同特征的贷款的风险贡献和风险敞口，并用风险贡献占风险敞口的比例来衡量具备某特征的农户对测试集信用风险的贡献程度，结果如表 6-8 所示。从风险贡献占风险敞口的比例来看，风险贡献对各个因素的敏感度由高到低依次为土地估值准确度、贷款期限、是否参与农业保险、土地流转市场发达程度、是否有担保人、主要农作物类型、抵押土地面积、土地经营权来源、是否遭受自然灾害和是否获得农业生产补贴。

表 6-8 不同贷款特征的风险贡献及贡献程度

因素	特征	风险贡献（元）	风险敞口（元）	风险贡献占风险敞口比例
贷款期限	1 年	1 125 257	2 946 714	38.19%
	大于 1 年	223 899	4 818 280	4.65%
是否有担保人	有担保人	1 232 655	5 723 582	21.54%
	无担保人	116 501	2 041 412	5.71%
抵押土地面积	大于 50 亩	35 254	668 300	5.28%
	小于 50 亩	1 313 902	7 096 694	18.51%
主要农作物类型	经济作物	619 615	1 476 780	41.96%
	粮食作物	729 541	6 288 214	11.60%
土地估值准确度	估值准确	352 632	5 922 442	5.95%
	估值模糊	996 524	1 842 552	54.08%
土地经营权来源	承包经营权	1 277 173	7 318 374	17.45%
	承包经营权 + 转入经营权	59 277	414 020	14.32%
	转入经营权	12 706	32 600	38.98%
土地流转市场发达程度	发达	302 986	2 031 632	14.91%
	一般	109 124	2 255 268	4.84%
	不发达	937 046	3 478 094	26.94%
是否参与农业保险	参与	214 264	3 994 478	5.36%
	未参与	1 134 892	3 770 516	30.10%
是否遭受自然灾害	遭受	404 428	1 669 446	24.23%
	未遭受	944 728	6 095 548	15.50%
是否获得农业生产补贴	获得	1 254 289	7 370 534	17.02%
	未获得	94 867	394 460	24.05%

数据来源：根据 CreditRisk+ 模型计算得到。

就贷款合同特征而言，贷款期限 1 年的贷款组合风险贡献程度是贷款期限大于 1 年贷款组合的 8.21 倍。实际中，农地抵押贷款期限经常与农业生产周期和经营项目投资周期不匹配，使得农户未能使用投资项目收益偿还贷款，进而导致期限较短的贷款在险价值较高。有担保人贷款的风险贡献是无担保人的 3.77 倍，按本文的违约界定，表明担保人化解了部分农地经营权抵押贷款的实际信用风险。

从抵押土地特征来看，抵押土地面积较小的贷款风险贡献程度是抵押面积大的贷款的 3.51 倍，表明规模经营的农业经营主体会降低农地经营权抵押贷款的 VaR 值。抵押土地种植经济作物的贷款风险贡献是粮食作物的 3.62 倍，说明将贷款投资于粮食作物的种植可能会在一定程度上降低其信用风险，控制农地经营权抵押融资风险时应考虑农地未来收益，切实保证经营权有效发挥抵押作用。土地估值模糊的贷款的风险贡献是土地估值准确的贷款的 9.09 倍，可能的原因是，对农地进行科学准确的估值可以清晰违约成本，使农地经营权成为合格的抵押品。从抵押标的来源看，转入经营权抵押的风险贡献是最大的，其风险贡献程度是承包经营权的 2.23 倍，承包经营权抵押和“承包经营权 + 转入经营权”抵押的风险贡献程度相当，表明转入经营权抵押的违约成本低于承包经营权抵押，现行的农地经营权抵押贷款未能有效约束农业经营主体的违约行为，未能规避由于经营权来源而引起的信用风险。研究认为农地流转市场发达程度一般的农户贷款风险贡献最小，农地流转市场不发达的农户贷款风险最大，有 32.51% 的农户认为土地具备一定的社会保障功能，他们非常不愿意金融机构对抵押土地进行处置。因此，发达程度一般的农地流转市场较为适应我国农村社会现状，可能比较符合农民需求。

遭受自然灾害农户的风险贡献程度是未遭受自然灾害农户的 1.56 倍，未参与农业保险的农户风险贡献程度是参与农业保险农户的 5.62 倍，说明农业保险确实弥补了农户受到的自然灾害等意外事故造成的损失。未获得农业生产补贴农户的违约风险大于获得农业生产补贴农户，说明农业生产补贴着实提高了农业生产效率，有利于增加农民收入，对农地经营权抵押贷款的履约起到积极作用。

（4）农地经营权抵押融资信用风险压力测试。为了有效反映损失分布的尾部风险，对农地经营权抵押贷款进行压力测试是信用风险衡量的重要补充。它可以测定重大事件风险，衡量极端变化和异常事件对金融机构造成的损失。首先，选取预期损失和非预期损失作为农地经营权抵押贷款组合的承压指标。其次，由于农地经营权抵押贷款的信用风险主要受到抵押土地特征和保险与政策特征的影响，故选取土地经营权来源、土地流转市场发达程度和农业保险作为压力指标，设计“轻度压力”“中度压力”和“重度压力”三个压力情景。其中“轻度压力”情景假设贷款的抵押物为转入经营权，不包含承包经营权；“中度压力”情景假设在“轻度压力”情景的基础上，贷款农户均来自土地流转市场不发达地区，也就是当农地经营权抵押贷款出现偿还困难需要处置抵押土地时，土地不能快速变现的情况；“重度压力”情景假设在“中度压力”的基础上，贷款户均未参与农业保险的情景。

表 6–9　置信水平为 99.00% 下的压力测试结果

情景	预期损失		非预期损失		VaR（元）
	绝对值（元）	百分比（%）	绝对值（元）	百分比（%）	
基本情景	663 529	8.55%	685 701	8.83%	1 349 230
轻度压力	1 808 558	23.29%	1 172 659	15.10%	2 981 217
中度压力	2 178 553	28.06%	1 261 459	16.25%	3 440 012
重度压力	2 767 861	35.65%	1 392 023	17.93%	4 159 884

注：预期损失中的百分比表示预期损失 / 风险敞口；非预期损失中的百分比表示非预期损失 / 风险敞口。

压力测试的结果如表6–9所示，其中“基本情景”与前文相同。可见，在“轻度压力”下，贷款组合的预期损失和非预期损失均有明显增加，若抵押物均为农业经营主体的转入的土地经营权，那么预期损失是“基本情景”的 2.73 倍。在此基础上，当贷款处于“中度压力”时，预期损失会增加到 2 178 553 元，占风险敞口的 28.06%，同时非预期损失增加到 1 261 459 元，VaR 增加到 3 440 012 元。在“重度压力”情境下，预期损失、非预期损失和 VaR 会继续增加。从压力测试结果可以看出，当影响农地经营权抵押贷款因素发生极端变化时，预期损失的变化幅度大于非预期损失。所以，在农地经营权抵押贷款业务中，若金融机构未能有效识别信用良好的用户，一旦出现极端情景，则会使该项业务的风险成本进一步提高，从而使银行承担较大风险。当出现极端情景时，农地经营权抵押贷款组合的非预期损失也有所增加，但是幅度较小。

在当前的产权制度和法律环境不够完善的情况下，一旦出现大规模的转入经营权进行抵押贷款、土地流转市场运行不畅、农业保险的理赔效果不佳等现象时，农地经营权抵押融资的信用风险会急剧增加。极端事件下金融机构会面临经营困难，所以其造成的意外损失应由多方共同承担。风险防范基金不但在控制农地经营权抵押融资预期损失中起到很大的作用，在应对极端损失时也应该起到作用。那么政府机构也应该随时监测该业务的运行状况，及时调整风险防范基金，为该项业务的顺利发展和金融机构的正常经营起到保驾护航的作用。

6.3.2　农村土地经营权抵押融资信用风险控制

（1）农地经营权抵押贷款定价控制预期损失。作为一种新兴的农村金融业务，为确保金融机构的盈利性，农地经营权抵押融资的风险控制应朝精细化方向发展，需要引入和建立先进的风险成本管理技术。本章通过 RAROC 的贷款定价方法探讨农地经营权抵押贷款控制预期损失。RAROC 与传统的资本收益算法的本质区别在于，它将预期损失转化成当期成本，直接对收益进行风险调整，而且为最大的风险做出相应的资本准备。由于数据的限制，本章不考虑贷款的资金成本和税收等因素，且在贷款定价时对数据进行一定的模拟和假设，涉及的相关指标取值如表 6–10 所示。

在不考虑资金成本的情况下，贷款利率的计算公式为：

贷款利率 =（非预期损失 ×RAROC+ 经营成本 + 预期损失）/ 贷款余额

表 6–10　RAROC 计算指标说明

指标	计算方法或取值	备注
RAROC	25%	国际上通常以税前 25% 或税后 15% 作为资本的基本回报（文忠平等，2011），本文不考虑税收成本，所以 RAROC 取值 25%
收入	农村土地经营权抵押贷款利率 × 贷款金额	不考虑税收因素、中间业务收入和资金成本等，只考虑农地经营权抵押贷款收入
经营成本	经营成本 = 贷款金额 × 经营成本率 经营成本率 = 业务及管理费 / 贷款总额 根据某农村商业银行 2015 年度报告，经营成本率为 2.44%	根据相关研究（薛峰和孙进，2009）的算法和金融机构的财务报表取值
预期损失	Σ 单笔贷款的预期损失 = Σ 风险敞口 × 违约概率 × 违约损失率	其中，风险敞口为单笔贷款金额，违约概率由前文的 Logistic 模型预测而来，违约损失率取值与前文相同
非预期损失	由 CreditRisk+ 模型计算得到	取置信水平 99.00% 下的非预期损失

将数据带入上述公式后，可以得到依据 RAROC 定价理论得到的农村土地经营权抵押贷款定价，RAROC 定价与贷款的实际利率的关系如图 6–4 所示。其中，实际贷款利率高于 RAROC 定价的贷款个数为 397 个，占比 80.04%，这表明绝大部分的实际贷款利率可以有效防范预期损失，但是仍有部分贷款的实际利率没能有效的覆盖其预期损失。在 99 个 RAROC 定价高于实际贷款利率的样本中，有 9 个属于信用等级 2，46 个属于信用等级 3，34 个属于信用等级 4，10 个属于信用等级 5。因此，金融机构应该根据客户的信用评级等特征，采取差别化的农村土地经营权抵押贷款定价策略，使贷款利率能有效覆盖贷款的预期损失。而且，RAROC 定价的最高值达到了 30.19%，表明该借款人的信用风险很高，且在实际操作中，金融机构很难通过贷款定价来控制风险。针对此类客户，金融机构应在批准贷款之前，准确判断借款人的偿还能力，进行审慎的贷款决策，从根本上防范预期损失。

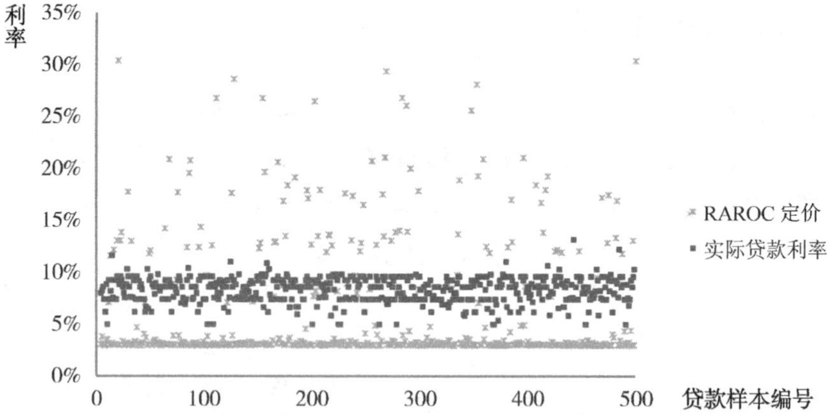

图 6–4　RAROC 定价与实际贷款利率的关系

（2）基于 RAROC 的农地经营权抵押融资经济资本管理。首先，对未到期样本构成的测试集测算其总体 RAROC 值为 99.61%，表明农村经营权抵押融资业务的收益较高，金融机构可以适当扩大其业务量，最大化金融机构资本收益。延续 RAROC 的经济资本配置原理，为准确地衡量各信用等级的风险收益水平，对不同信用等级的贷款组合分别计算 RAROC 值，结果如表 6–11 所示。可以看出，RAROC 的值随信用水平的下降而下降，且下降速度逐步趋缓。当信用等级为 1 时，金融机构发放农地经营权抵押贷款的盈利水平非常高，但是当信用等级下降至 2 时，RAROC 出现了大幅下降，当信用等级为 3、4 和 5 时，RAROC 呈现负值，说明金融机构没能有效弥补信用水平较低的借款人带来的风险。

表 6-11　各信用等级 RAROC 计算结果

信用等级	收入（元）	经营成本（元）	预期损失（元）	经济资本（元）	RAROC
1	1 414 588.20	441 089.18	43 523.10	213 664.90	435.25%
2	148 399.12	42 180.13	89 014.12	109 275.88	15.74%
3	177 076.80	47 245.64	161 859.33	149 177.67	-21.47%
4	145 992.60	38 600.17	208 534.97	185 815.99	-54.43%
5	40 222.80	10 959.04	86 375.05	101 914.99	-56.04%

金融机构可以以 RAROC 为依据进行相应的经济资本配置，调整金融机构在不同信用等级客户间的经济资本分配。金融机构应将农村土地经营权抵押融资业务集中在信用等级为 1 级和 2 级这种信用水平相对较高的客户群体。而且，当高水平信用出现信用水平下降时，RAROC 的变动幅度很大，所以金融机构应该随时跟踪借款人信用水平的变化情况，从而及时调整经济资本配置的额度和比例。

金融机构还可以根据农地经营权抵押贷款的特征进行经济资本配置，不同特征贷款组合的 RAROC 如表 6-12 所示。RAROC 水平较高的贷款组合的盈利能力较强，应增加其经济资本配置；RAROC 水平较低的贷款组合应减少其经济资本配置。在农地经营权抵押融资业务中，金融机构应对期限大于 1 年、“承包经营权 + 转入经营权”和参与农业保险的贷款组合配置较多的经济资本，做到经济资本向绩效良好的部门转移。

表 6-12　不同特征贷款组合的 RAROC 计算结果

特征	收入（元）	经营成本（元）	预期损失（元）	非预期损失（元）	RAROC
期限等于 1 年	821 434.12	231 795.75	558 687.19	586 575.81	5.28%
期限大于 1 年	1 104 845.40	348 278.27	30 619.28	173 273.72	418.96%
承包经营权	1 849 496.32	555 233.54	570 495.40	733 708.58	98.65%
承包经营权 + 转入经营权	72 355.20	23 379.27	16 632.06	23 251.94	139.10%
转入经营权	4 428.00	1 461.21	2 179.11	2 888.89	27.27%
参与农业保险	965 676.00	297 306.53	180 118.03	306 456.02	159.32%
未参与农业保险	960 603.52	282 767.49	409 188.54	453 393.38	59.25%

然而，本章计算的 RAROC 结果出现了大于 1 和负值情况，这可能是由于本文选取的计算指标误差过大引起的。因此，计算结果中 RAROC 绝对值的参考价值不大，但是其呈现出的变化规律仍然可以体现农地经营权抵押融资的收益与风险情况，可以为农地经营权抵押融资的风险控制提供参考。

6.4 研究结论

（1）农地经营权抵押融资的信用风险影响因素多样，且具有次序性。农地经营权抵押贷款的信用风险主要受抵押土地特征的影响，包含抵押土地面积、主要农作物类型、土地估值准确度、土地流转市场发达程度等因素；其次受到保险与政策因素影响，包含自然灾害损失程度、是否参与农业保险和是否获得农业生产补贴等因素。而且贷款期限对农地经营权抵押贷款违约产生显著影响。各个影响因素的风险贡献敏感度具有次序性。由高到低依次为土地估值准确度、贷款期限、是否参与农业保险、土地流转市场发达程度、是否有担保人、主要农作物类型、抵押土地面积、土地经营权来源、是否遭受自然灾害和是否获得农业生产补贴。

（2）贷款期限与农业经营周期不匹配是农地经营权抵押融资信用风险的突出矛盾。农户将贷款投资于农业设施或多年生的经济作物等投资周期较长的农业经营项目，而农地经营权抵押贷款的期限普遍较短，贷款期限和农业生产投资周期不能完全匹配。贷款到期时，可能由于项目投资仍处于发展阶段，未能得到可观的收益，导致农户难以以项目投资收益偿还贷款，从而发生违约。金融机构和农户的理性选择是农户动用社会资本来偿还贷款，这使得担保人或农户的亲朋好友等分担了部分信用风险，从而导致农地经营权作为抵押品的抵押功能也未能完全显现。

（3）土地经营权来源不同，土地经营权抵押的风险贡献亦不同。转入经营权抵押的风险贡献是最大的，承包经营权抵押和“承包经营权 + 转入经营权”抵押的风险贡献程度相当。现行的农地经营权抵押融资的未能有效约束农业经营主体的违约行为，未能规避由于经营权来源而引起的信用风险，使得转入土地经营权农户抵押贷款的违约成本较低，对风险的贡献程度较大。由于农村土地仍然具备一定的社会保障功能，使用承包经营权抵押贷款时，农户更为担心失去土地经营权，即使出现偿还困难，也会想尽办法通过其他途径筹集资金偿还贷款。

（4）预期损失和非预期损失占 VaR 比例结构合理，但仍需防范潜在风险。农地经营权抵押融资潜在信用风险的损失分布呈现偏峰厚尾特征，其预期损失和非预期损失占 VaR 的比例适当，但是预期损失和非预期损失占风险敞口的比例较高，且置信水平对非预期损失的影响较大。压力测试表明，当出现严重的农地流转不畅通、农业保险理赔效果不理想和以转入经营权为抵押物的情景时，农地经营权抵押贷款的预期损失的增加幅度较大，会给金融机构的经营带来较大冲击。而且，在第三方担保防范部分信用风险的情况下，虽然风险得到了有效控制，但金融机构仍然需要防范农地经营权抵押融资的潜在信用风险。

（5）信用风险得到较为有效的控制，但需要根据风险特征精准配置经济资本。农地经营权抵押融资现行利率水平有效地控制了预期损失，但是个别贷款样本的预期损失没能得到有效控制。农地经营权抵押融资信用风险的控制技术有待提高，应采取精细化的风险控制方法。金融机构可以通过RAROC风险定价理论为贷款设定适当的贷款利率，来应对借款人的信用水平变化。而且，金融机构也可以根据贷款的信用等级、经营特征及其变化精准配置经济资本，从根源上控制农地经营权抵押融资的信用风险。

第七章 农村土地经营权抵押融资风险控制博弈分析

7.1 文献综述

7.1.1 国外文献综述

Kemper et al.（2015）研究发现，越南农村的土地颁证计划活跃了正规信贷市场和土地市场，降低了正规贷款利率，贷款可得性得以提高，缓解了农村地区的信贷约束，提高了农村家庭的消费水平；Dower 和 Potamites（2014）运用印度尼西亚家庭调查数据发现，正规土地产权抵押能够缓解农户与金融机构之间的信息不对称，能够为金融机构提供农户特征，便于甄别其还款能力，进而对农户的信贷获取具有积极影响；Migheli（2016）发现，土地所有权决定了农户家庭是否能够获得非正规信贷，随着土地所有权的增加，非正规贷款的需求和成本都在下降，且随着耕地面积的增加，贷款利率也随之下降，土地在某种程度上也构成了非正规信贷的抵押品。

Domeher 和 Abdulai（2012）认为农地经营规模、农地抵押价值等制约了金融机构的信贷供给；Besley et al.（2012）通过理论模型证明了德索托效应即农地产权制度改革能够使土地成为有效抵押物，促进农村金融市场发展，但是处置抵押农地的交易成本、取消抵押农地赎回权是否可实施等制度因素将会影响信贷供给效应的大小；Field 和 Torero（2006）以秘鲁为例研究认为，囿于农户规模较小导致土地价值低，所能获得的贷款规模也较低，当低于抵押物处置成本时，金融机构不愿放贷。

7.1.2 国内文献综述

陆红等（2015）运用江苏太仓市调研数据分析认为，农户参与意愿主要受到放贷利率、土地面积等影响。安海燕（2017）研究了农户参与农地经营权抵押贷款的行为机制发现，农户的参与意愿要高于参与行为，且行为态度直接影响农户的参与意愿。苏岚岚等（2017）运用陕西农地经营权抵押贷款农户调研数据分析发现，金融知识正向促进农户贷款需求，但供给约束限制了此影响，同时还发现农地确权颁证对农户贷款需求具有负向影响。

曹瓅（2015）从客户经理视角分析认为，农地经营权价值决定农户是否能获得贷款，金融机构业务评价主要参考处置抵押物收益弥补贷款违约本息的程度等。陈菁泉（2016）运用层次分析法构建了农地经营权抵押融资风险评价体系，发现抵押品变现风险中应重视抵押人违约风险。林建伟（2018）基于信贷员风险认知视角分析认为，信贷员的抵押品处置风险认知、信用风险认知等是影响农地经营权抵押贷款供给意愿的主要因素。

于丽红等（2016）研究表明，农地经营尤其是产权抵押融资可以缓解农户资金约束，提高农户收入，农户满意度总体较高，尤其是专业大户的满意度更高。牛晓冬等（2017）从家庭福利角度，运用处理效应模型分析农户产权抵押融资对福利的效应，发现贷款显著提高农户家庭福利，土地规模化经营模式能促进农民增收。梁虎等（2017）采用 PSM 法研究发现，参与农地抵押贷款的农户户均收入提高 18 228.8 元，此项贷款对农业收入的促进作用更加显著。梁晓琦（2017）采用演化博弈模型分析发现，融资主体信贷行为具有多重演化路径，受到农地经营权价值、农地经营权变现率等因素影响。

7.1.3　国内外文献述评

国外学者深入研究了农地抵押对农户贷款可得性的影响及制约因素。但由于我国实行的是集体所有的农村土地制度，尤其是在农村土地“三权”分置制度改革下，抵押物为农地经营权而非农地，对农地经营权抵押融资主体信贷行为的研究要符合我国农村实际情况。鉴于此，结合农地经营权抵押融资主体信贷行为现状及存在问题，实证分析影响融资主体信贷行为效果的因素，并进一步对农户与金融机构长期的信贷行为进行研究，以期促进农地经营权抵押融资业务的进一步推广。

7.2　农地经营权抵押融资主体信贷行为效果影响因素分析

7.2.1　数据来源及样本概况

（1）数据来源。数据来自课题组 2016 年 3 ～ 6 月在较早开展农地经营权抵押贷款试点的宁夏平罗县的实地问卷调查，样本从城关镇、黄渠桥镇、通伏乡等13个乡镇区随机选出，采用与农户当面访谈并填写问卷的调查方式。本次研究抽取问卷524份，有效问卷511份，有效比例97.52%。问卷的调查内容主要包括四个方面：一是农户基本信息及经营状况，包括土地规模和等级、主要农作物类型、农业保险参与等；二是家庭信用与经济状况，包括家庭资产、信用等级、家庭收支情况等；三是土地抵押贷款信息及农户认知，包括农地经营权抵押贷款的金额、利率、期限和有无担保以及农户对贷后跟踪检查严格程度、土地流转市场发达程度、土地经营权价值评估体系健全程度的认知。

（2）样本地区概况。平罗县耕地面积达82.57万亩，主要种植小麦、水稻、玉米、枸杞等农作物。截至2017年底，全县土地流转40万亩，占全县耕地面积的41%，土地交易活跃。2012年，平罗县被选为全国24个农村改革试验区之一，开始积极探索农地承包经营权、农村土地流转经营权抵押贷款试点。全县确权颁证工作已顺利完成，全县13个乡镇设立了农村产权流转交易平台，开发了农村产权流转交易软件。2017年全县累计办理农村产权抵押贷款3 349万笔共计24 688.82万元，同比增加174笔共计4 077.18万元，增长率达20%。平罗县农地经营权抵押贷款试点开展时间较早，成效显著，为分析农地经营权抵押融资主体的信贷行为提了坚实基础 。

7.2.2 变量选取

（1）被解释变量。采用以下问题研究农地经营权抵押融资主体农户与金融机构的信贷行为效果：①贷款有利于家庭经济状况改善吗？ A. 效果明显；B. 一般；C. 没有效果。②是否按期偿还本息？ A. 按期偿还本息；B. 到期偿还部分本息；C. 全部违约。③偿还贷款的主要收入来源为？ A. 农业经营收入；B. 亲戚朋友借钱还贷；C. 打工收入；D. 生意收入。若问题①～③的回答均是A选项，即贷款对家庭经济状况改善明显，农户采用农业经营收入按时偿还本息则认为贷款效果“较好”，赋值为3；若问题①～②选择A，但问题③选择其他选项，即贷款对农户家庭经济状况改善明显，且农户也按时偿还贷款本息，但用的是农业经营收入之外的其他收入还款则认为效果“一般”，赋值为2；其他情况即贷款对家庭经济状况改善不明显或未按时偿还贷款则认为效果“较差”，赋值为1。

（2）解释变量。为能够更为精准地找出影响农户与金融机构信贷行为效果的因素，在借鉴相关研究（曹瓅 2015；黄惠春等，2015）的基础上，本章选取抵押物价值因素、交易成本因素、政策环境因素共 13 个影响变量进行研究，变量具体赋值见表 7–1。

表 7–1　变量定义和描述性统计

变量	名称	变量定义	极小值	极大值	均值	标准差
被解释变量	农地经营权抵押融资主体信贷行为效果	1= 效果较差；2= 效果一般；3= 效果较好	1	3	2.55	0.57
抵押物价值因素	土地规模	被调查者实际经营土地面积（亩）	1.3	1 000	40．494	80.270
	主要农作物类型	1= 经济作物；0= 粮食作物	0	1	0.186	0.389
	土地等级	1= 三等；2= 二等；3= 一等	1	3	2.276	0.720
	农业保险参与	1= 参与；0= 未参与	0	1	0.669	0.471
	参与农业技术培训频率	1= 从未参加；2= 偶尔参加；3= 经常参加	1	3	1.530	0.721
交易成本因素	地理位置	1= 偏远地区；2= 乡镇附近；3= 县城附近	1	3	2.147	0.469
	利率	实际贷款利率（%）	3.6	12	6.623	1.177
	贷款获得困难程度	1= 很大；2= 比较大；3= 一般；4= 比较小；5= 很小	1	5	2.176	0.984
	贷后跟踪检查严格程度	1= 非常不严格；2= 不严格；3= 一般；4= 严格；5= 非常严格	1	5	3.836	0.792
	有无担保人	1= 有；0= 没有	0	1	0.701	0.458
政策环境特征变量	土地流转市场发达程度	1= 不发达；2= 不是很发达；3= 一般；4= 比较发达；5= 非常发达	1	5	2.816	1.009
	土地经营权价值评估体系健全程度	1= 不健全；2= 不太健全；3= 一般；4= 比较健全；5= 非常健全	1	5	3.301	0.804
	法律法规健全程度	1= 不健全；2= 一般；3= 健全	1	3	2.638	0.578

数据来源：调研数据整理所得。

抵押物价值因素选取土地规模、主要农作物类型、农业保险参与、土地等级、参与农业技术培训频率。土地规模越大，越能产生规模效益，农地经营权价值越高，对农户的激励与约束作用越强，当出现违约风险时，集中连片的土地也更容易处置，因此效果越好；相较于种植粮食作物，经济作物的收益更高，农地经营权价值更高；参与农业保险的农户，在遇到自然灾害时能够降低风险，使农业收入更加稳定；土地等级代表了土地资源状况，农户参与技术培训的频率越高，农户的农业技术水平越好。土地资源状况和农业生产水平决定农业产出价值，进而影响农地价值（黄惠春等，2014）。

交易成本因素包括地理位置、贷款获得困难程度、利率、有无担保人、贷后跟踪检查严格程度。地理位置越偏远，农户为获得贷款所付出的交通成本和时间成本越多，会降低农户信贷需求，金融机构为收集农户信息所付出的搜集成本也越多，进而负向影响信贷行为效果；贷款获得困难程度越高，效果越差；利率越高，贷款成本越高，信贷行为效果越差；需要担保人时，会使贷款手续繁琐，但能够为农户按时还款提供保证；贷后跟踪检查越严格，虽然要付出相应的监管成本，但越能及时掌握农户的生产经营能力以及农地经营权价值的动态变化，从而对风险有更好地把控，同时严格地跟踪检查也能促进农户积极进行生产经营活动，贷款行为效果也就越好。

政策环境因素包括土地流转市场发达程度、农地经营权价值评估体系健全程度和法律法规健全程度。发达的土地流转市场可以提高农地经营权变现率，降低金融机构处置抵押物的成本，促进农户积极进行农业生产偿还贷款本息；健全的农地经营权价值评估体系能够准确对农地经营权进行估价，提高信贷行为效果；健全的法律法规能够提高农地经营权抵押的法律效力，使得农地经营权发挥抵押品功能，增强农地经营权抵押融资主体信贷行为效果。

（3）描述性分析

①农户个体及家庭特征。样本农户性别比例明显，男性占比 92.56%，男性外出打工机会更多，对新政策的理解接受能力更强。样本农户以中青年为主，年龄集中在 35 ～ 55 岁之间，占样本总数 77.50%。样本农户受教育程度较低，初中及以下文化程度农户占比 84.54%。76.13% 的样本农户家中拥有拖拉机、收割机、四轮车等农用机械，农业机械化水平较高。

②交易成本特征。75.93% 的农户居住在乡镇附近，仅有 5.68% 的农户居住在偏远地区，优越的地理位置会降低农户申贷成本和金融机构审查成本。51.86% 和 41.88% 的农户认为银行发放农地经营权抵押贷款时非常积极或比较积极。如表 7–2，样本农户认为金融机构贷后跟踪检查非常严格、严格、一般的比例分别为 14.67%、64.77%、10.37%，仅有 52 户农户认为金融机构贷后跟踪检查不严格或非常不严格。金融机构发放农地经营权抵押贷款积极性高，贷后跟踪检查较为严格。70.06% 的样本农户除以农地经营权抵押外，还需要担保人。

表 7–2　金融机构贷后跟踪检查严格程度

变量	特征	样本个数	占比（%）
金融机构贷后跟踪检查严格程度	非常严格	75	14.68
	严格	331	64.77
	一般	53	10.37
	不严格	50	9.78
	非常不严格	2	0.39

数据来源：项目组调研数据整理所得。

③农地经营权价值特征。18.59% 的样本农户种植枸杞、西红柿等经济作物，种植水稻、小麦、玉米等粮食作物的样本农户占比 81.41%。实际经营土地规模最小 1.3 亩，最大 1 000 亩，平均土地规模 40 亩，拥有土地的等级为一等、二等、三等的农户有 88 户、208 户、222 户，占比分别为 15.85%、40.70%、43.44%，如图 7–1 所示，样本农户拥有土地资源状况较好，且实现一定的适度规模经营。60.86% 的农户从没参与过农业生产技术、病虫害防治等农业相关的技术培训，农户生产技术水平相对较低。

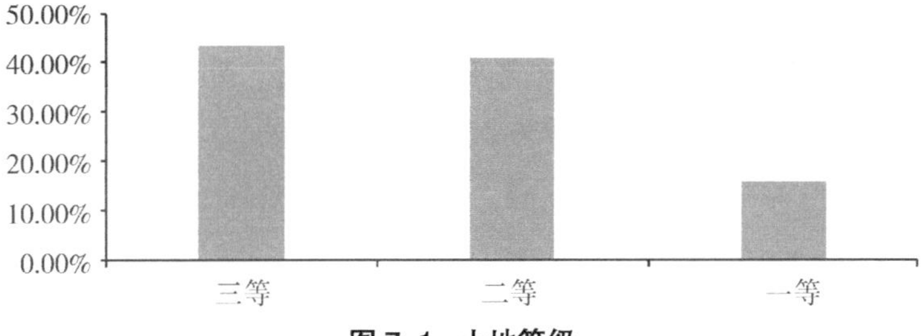

图 7–1　土地等级

④政策环境特征。如图 7–2 所示，在对土地流转市场发达程度的评价中，仅有 0.98% 的农户认为土地流转市场非常发达，认为农地流转市场一般、不

太发达、不发达的分别占比 37.38%、22.31%、14.67%。207 户农户认为土地经营权价值评估体系比较健全，占总体的样本的 40.51%。42.66% 的农户认为土地价值估值合理，57.34% 的农户认为土地经营权价值评估不合理，存在不同程度的高估或低估。调研地区虽有较为健全的土地价值评估体系，但估值准确度不高，尚未建立发达的土地流转市场。

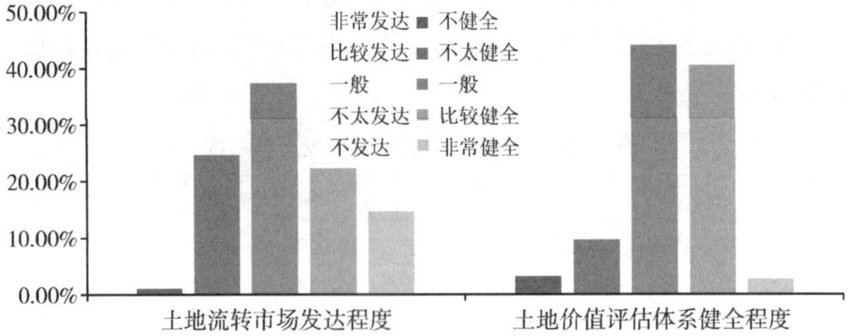

图 7–2　政策环境特征

7.2.3　模型构建

农地经营权抵押融资信贷行为效果分为三个等级：较好、一般、较差，为有序多分类变量。因此，本章选用多元有序 Logistic 模型分析农地经营权抵押融资主体信贷行为效果影响因素。其模型的基本形式为：

$$P(y=j|x_j)=\frac{1}{1+e^{-\alpha+\beta x_j}}\qquad 公式（7–1）$$

在此基础上建立累计 Logistic 模型：

$$\ln(\frac{Py\leq j}{1-Py\leq j})=\alpha+\sum_{n=1}^{n}\beta X_i+\mu\qquad 公式（7–2）$$

其中，j=1,2,3；X_i 表示第 i 个影响效果的指标，β_i 为待估参数，y 代表农地经营权抵押融资主体信贷行为效果为某一等级，α 为常数项，μ 为随机干扰项，$Py\leq j$ 表示分类 j 以及 j 以下类别的累计概率。

7.2.4　实证分析

（1）融资主体信贷行为效果影响因素实证分析。使用方差扩大因子法（VIF）进行变量间的多重共线性检验，解释变量农地产权价值评估健全程度的 VIF 值最大，但仅为 1.206，远小于 5，说明所选的 13 个解释变量间不存在多重共线性。运用Stata13.0统计软件对平罗县实地调研数据进行多元有序 Logistic 回归处理，模型回归结果见表 7-3。

表 7-3　模型回归结果

变量		模型 1		模型 2	
		系数	标准误	系数	标准误
抵押物价值因素	土地规模	0.013***	0.004	0.013***	0.004
	主要农作物类型	0.361**	0.262	0.531**	0.261
	农业保险参与	0.204	0.200	—	—
	土地等级	0.024	0.134	—	—
	参与农业技术培训频率	0.057	0.140	—	—
交易成本因素	地理位置	0.063	0.208	—	—
	贷款获得困难程度	−0.259***	0.100	−0.275***	0.097
	有无担保人	0.340	0.213	0.357*	0.205
	利率	−0.181**	0.081	−0.176**	0.081
	贷后跟踪检查严格程度	0.081	0.123	—	—
政策环境因素	土地流转市场发达程度	0.178*	0.096	0.191**	0.095
	农地经营权价值评估体系健全程度	0.016	0.131	—	—
	法律法规健全程度	0.340*	0.178	0.346**	0.169
对数似然比（Log Likelihood）		−379.850		−380.986	
伪判决系数（Pseudo）		0.081		0.078	
LR chi2		67.04		64.77	
Prob>chi2		0.000		0.000	

注：***、**、* 分别表示在 1%、5%、10% 的显著性水平下显著。

模型 1 将所有解释变量带入回归方程（7-2）进行检验，在模型 1 的基础上，依据相伴概率值，采用反向筛选法，逐步剔除不显著的解释变量，直到所有解释变量在 10% 的水平上显著，得到模型 2。模型 2 的 Log Likelihood 为 −380.986，LR 统计值为 64.77，对应的 P 值为 0.000，Pseudo 为 0.078，具有统计学意义，模型拟合性较好。根据模型 2 结果可知，抵押物价值因素中土地规模和主要农作物类型是影响融资主体信贷行为效果的显著因素；交易成本因素中，农户贷款获得困难程度和利率负向影响效果，有担保人则正向影响效果；政策环境因素中，土地流转市场发达程度、法律法规健全程度对融资主体信贷行为效果具有显著正向影响。

①抵押物价值因素。土地规模在模型 2 中通过了 1% 的显著性检验，且回归系数均为正，说明拥有土地规模较多的农户能够进行规模化、产业化生产，提高农户的农业生产经营收入；同时规模化的农地能够充分发挥抵押物功能，缓解农户与金融机构之间的信息不对称。农地规模是一种重要的生产资本，能够激励大农户积极进行生产经营活动，在降低违约风险的同时农户家庭经济状况得以改善，从而土地规模越大，融资主体信贷行为效果就越好。主要农作物类型与融资主体信贷行为效果显著正相关，且在 5% 的显著性水平下显著，说明农户种植附加值高的经济作物，提高了单位土地收益，也提高了农地经营权价值，因此信贷行为效果越好。

②交易成本因素。贷款获得困难程度在模型 1 和模型 2 中均通过了 1% 的显著性检验，与行为效果负相关。农户贷款获得困难程度越高，则金融机构在发放贷款时审核越严格，农户在申请农地经营权抵押贷款时可能需要提供抵押物之外的担保予以增信，这无疑会增加农户与金融机构所付出的交易成本，降低农户与金融机构的信贷行为效果。有无担保人在模型 2 中通过了 10% 的显著性检验，且回归系数均为正，说明有担保人能够起到很好的风险控制作用，信贷行为效果越好。利率与信贷行为效果显著负相关，且通过 5% 的显著性检验，利率越高，信贷行为效果越差。

③政策环境因素。土地流转市场发达程度与信贷行为效果显著正相关，且在 5% 的显著性水平下显著。土地流转市场发达程度越高，规模农户以低租金获得土地经营权，且金融机构能够通过处置农地经营权弥补贷款损失，增强农户失去抵押品的预期，降低信贷风险，提高信贷行为效果。法律法规健全程度与信贷行为效果显著正相关，且在 5% 的显著性水平下显著。虽然国家政策逐步放松了对农地经营权抵押贷款的限制，但是金融机构在发放贷款时仍然面临较高的法律风险。金融机构出于自身资金安全考虑，放贷非常谨慎或设置较高的门槛以降低违约风险，从而降低信贷行为效果。

（2）融资主体信贷行为效果影响因素次序性分析。由上文多元有序 Logistic 模型所计算出来的解释变量回归系数仅能说明影响方向，不能反映解释变量对信贷行为效果的具体影响程度。因此，通过计算出各显著解释变量的边际效应值来衡量影响程度。本章中有序 Logistic 模型有 3 个值，因此需要计算出 3 个不同方程的边际效应值，结果见表 7–4。

从边际效应值可以看出，各解释变量对农地经营权抵押融资主体信贷行为效果影响程度中，主要作物类型的影响程度最高，相较于种植粮食作物，种植经济作物会使信贷行为效果较好的概率上升 11.4%，效果一般、较差的概率下降 9.4%、0.2%，说明农地经营权价值对推进农地经营权抵押融资业务的重要性。其次是有无担保人，相较于没有担保人，有担保人则将使信贷行为效果较好的概率增加 7.7%，效果一般、较差的概率下降 6.3%、1.4%，这也验证了目前农地经营权并未完全发挥抵押物功能，需要其他形式的担保予以增信。法律法规健全程度对信贷行为效果的影响程度排第三位，法律法规健全程度每增加 1%，信贷行为效果较好的概率将上升 7.4%，效果一般、较差的概率将下降 6.1%、1.3%，法律法规的健全将提高农地经营权抵押的合法性，降低金融机构面临的法律风险。其他解释变量的排序依次为土地流转市场发达程度、贷款获得困难程度、利率、土地规模。

表 7–4　各解释变量的边际效应值

变量	效果较好		效果一般		效果较差	
		标准误		标准误		标准误
土地规模	0.003***	0.001	–0.002***	0.001	–0.001***	0.000 2
主要作物类型	0.114**	0.055	–0.094**	0.045	–0.020*	0.011
贷款获得困难程度	–0.059***	0.020	0.049***	0.017	0.010**	0.004
有无担保人	0.077*	0.044	–0.063*	0.036	–0.014	0.008
利率	–0.038**	0.017	0.031**	0.014	0.007**	0.003
土地流转市场发达程度	0.041**	0.020	–0.034**	0.016	–0.007*	0.004
法律法规健全程度	0.074**	0.036	–0.061**	0.029	–0.013**	0.007

注：***、**、* 分别表示在 1%、5%、10% 的显著性水平下显著。

7.3　基于农户和金融机构的主体信贷行为演化博弈分析

7.3.1　演化博弈模型分析

由于信息的不对称与认知的偏差，农户与金融机构具有“有限理性”，两群体在农地经营权抵押融资过程中进行着长期反复的博弈活动，随着时间的推移在不断学习和模仿群体内成员行为策略的过程中逐渐改变自身策略，最终找到最优稳定策略实现各自利益的最大化，这一过程符合演化博弈的基本理论。因此，采用演化博弈模型对农地经营权抵押融资中农户与金融机构的信贷行为选择进行分析。

（1）模型的基本假设。在农地经营权抵押融资中，农户以其承包或流转的土地经营权为抵押向农村金融机构申请贷款，金融机构根据农户的土地经营权价值、农地经营权变现困难程度以及农户资信状况等决定是否发放贷款。因此，金融机构的策略选择有“贷款”与“不贷款”两种，农户的策略选择有“违约”与“还款”两种。在参考陈宗义（2015）、王志彬（2012）研究的基础上，提出如下假设：

假设一： 农户以价值为 M 的农地经营权作为抵押向金融机构申请贷款，金融机构向农户发放 βM 的贷款，β 为抵押率，$0 \leqslant \beta \leqslant 1$，贷款利率为 r，贷款期限设定为一年，农户农业生产经营资金全部来自于该贷款，农业生产的收益率为 i，农户向金融机构申请贷款的成本为 C_F，包括农户申请贷款付出的交通成本、其他成本以及手续费等。农户正常还款时，金融机构交易成本为 C_B，主要包括贷前调查、贷时审查以及贷后检查费用；若农户不能按时偿还贷款，金融机构还需支付抵押物处置成本 C_M。

假设二： 金融机构采取贷款策略时，若农户按期偿还贷款则获得收益为 $\beta M(i-r)-C_F$，金融机构获得收益 $\beta Mr-C_B$；若农户违约，农户将获得全部收益 $\beta M(1+i)$，但会失去价值为 M 的农地经营权；金融机构则损失贷款本息和 $\beta M(1+r)$，为弥补损失，金融机构将会处置农户所抵押的农地经营权获得收入为 kM，k 为 抵押物变现率，$0 \leqslant k \leqslant 1$，同时要支付抵押物处置成本 C_M；金融机构采取不贷款策略时，金融机构的收益为 0；若农户选择还款，就会积极准备贷款申请，收益为 $-C_F$，若农户未向金融机构申请贷款，则收益为 0。

假设三： 金融机构群体中，采取贷款策略的比例为 $y(0 \leqslant y \leqslant 1)$，采取不贷款策略的比例为 $1-y$；农户群体中，选择违约策略的比例为 $x(0 \leqslant x \leqslant 1)$，选择按时还款的比例为 $1-x$。

通过假设，构建农户与金融机构信贷行为博弈收益矩阵，如表 7–5。

表 7–5　农户与金融机构的收益矩阵

		金融机构 (F)	
		贷款 (y)	不贷款 $(1-y)$
农户 (B)	违约 (x)	$\beta M(1+i)-M-C_F$，$kM-\beta M(1+r)-C_M-C_B$	0，0
	还款 $(1-x)$	$\beta M(i-r)-C_F$，$\beta Mr-C_B$	$-C_F$，0

（2）模型的构建。构建农户与金融机构两群体的复制动态方程，进而分析农户与金融机构信贷行为系统的稳定性。

第一，农户行为选择的复制动态方程

农户选择违约策略的收益为：$U_{FX}=y(\beta M(1+i)-M-C_F)$

选择还款策略的收益为：$U_{F1-x}=y(\beta M(i-r)-C_F)+(1-y)(-C_F)$

农户群体的平均收益为：$\overline{U_F}=xU_{FX}+(1-x)U_{F1-x}$

根据 *Malthusian* 方程，农户选择违约策略的复制动态方程为：

$$F(x)=\frac{\mathrm{d}x}{\mathrm{d}t}=x(U_{FX}-\overline{U_F})=x(1-x)[y(\beta M(1+r)-M-C_F)+C_F] \quad \text{公式（7-3）}$$

第二，金融机构行为选择的复制动态方程

金融机构选择贷款策略的收益为：

$$U_By=x[(kM-\beta M(1+r)-C_M-C_B+(1-x)(\beta Mr-C_B)]$$

选择不贷款策略的收益为：$U_{B1-y}=0$

金融机构群体的平均收益为：$\overline{U_B}=yU_{By}+(1-y)U_{B1-y}$

根据 *Malthusian* 方程，金融机构选择贷款策略的复制动态方程为：

$$F(y)=\frac{\mathrm{d}y}{\mathrm{d}t}=y(U_{By}-\overline{U_B})=y(1-y)[x(kM-\beta M(1+2r)-C_M)+\beta Mr-C_B] \quad \text{公式（7-4）}$$

第三，系统的局部均衡点求解及稳定性分析

当 $x=0$、$x=1$、$y=y^*$ 时，方程 $F(x)=0$，即农户群体选择违约策略的比例是稳定的；当 $y=0$、$y=1$、$x=x^*$ 时，方程 $F(y)=0$，即金融机构群体选择贷款策略的比例是稳定的。由此可以得出演化博弈过程的 5 个均衡点分别为（0，0）（1，0）（0，1）（1，1）（x^*，y^*），其中 $x^*=\dfrac{\beta Mr-C_B}{C_M+\beta M(1+2r)-kM}$，$y^*=\dfrac{C_F}{C_F+M-\beta M(1+r)}$。

一个稳定状态必须对微小扰动具有稳健性才能成为演化稳定策略（ESS）。按照 Fridman 提出的方法，可以通过分析雅克比矩阵的局部稳定性进而求得均衡点的稳定性。

公式（7-3）、（7-4）的雅克比矩阵为：

$$J=\begin{vmatrix}(1-2y)[x(kM-\beta M)(1+2r)-C_M)+\beta Mr-C_B] & y(1-y)(kM-\beta M(1+2r)-C_M) \\ x(1-x)\beta M(1+r)-M-C_F) & (1-2x)[y(\beta M(1+r)-M-C_F)+C_F]\end{vmatrix}$$

雅克比矩阵行列式的值（$detJ$）和迹（trJ）分别为：

$$detJ=(1-2y)\,[x(kM-\beta M(1+2r)-C_M)+\beta Mr-C_B]\,(1-2x)\,[y(\beta M(1+r)-M-C_F)+C_F]-x(1-x)(\beta M(1+r)-M-C_F)y(1-y)(kM-\beta M(1+2r)-C_M)$$

$$trJ=(1-2y)\,[x(kM-\beta M(1+2r)-C_M)+\beta Mr-C_B]+(1-2x)\,[y(\beta M(1+r)-M-C_F)+C_F]$$

分别将 5 个均衡点带入矩阵行列式的值和迹中，得到系统的雅克比矩阵分析，如表 7–6。

表 7–6　系统雅克比矩阵分析

均衡点	$detJ$	trJ
E_1（0，1）	$(\beta Mr-C_B)\times C_F$	$\beta Mr-C_B+C_F$
E_2（0，1）	$(\beta Mr-C_B)\times(M-\beta M(1+r))$	$\beta M-M+C_B$
E_3（1，0）	$(\beta M(1+r)+C_M+C_B-kM)\,C_F$	$kM-\beta M(1+r)-C_M-C_B-C_F$
E_4（1，1）	$(kM-\beta M(1+r)-C_M-C_B)\times(\beta M(1+r)-M)$	$(1-k)M+C_M+C_B$
E_5（x^*，y^*）	A	0

注：$A=\dfrac{(kM-\beta M(1+r)-C_M-C_B)(M-\beta M(1+r)(\beta Mr-C_B)\times C_F}{(\beta M(1+2r)+C_M-kM)(M+C_F-\beta M(1+r)}$。

根据模型设定部分的假设和约束条件对 $detJ$ 和 trJ 的符号性质进行判断，主要的关系包括：只有当农户正常还款时，金融机构放贷收益高于不放贷收益，金融机构才会选择发放农地经营权抵押贷款，即 $\beta Mr-C_B>0$；金融机构在发放农地经营权抵押贷款时，为确保资金安全，往往要求抵押物价值远高于贷款额，即 $M>\beta M(1+r)$；x 和 y 表示农户和金融机构群体选择某策略的比例，因此 $0\leqslant x$，$y\leqslant 1$，即，$0\leqslant\dfrac{\beta Mr-C_B}{C_M+\beta M(1+2r)-kM}$，$\dfrac{C_F}{C_F+M-\beta M(1+r)}\leqslant 1$。基于上述假设和约束条件，将参数间的关系分为情形 1：$\beta M(1+r)>kM-C_M-C_B$ 和情形 2：$\beta M(1+r)<kM-C_M-C_B$ 进行讨论，判断 $detJ$ 和 trJ 的符号，如表 7–7。

表 7–7　局部稳定性结果

情形	1.$\beta M(1+r)>kM-C_M-C_B$			2. $\beta M(1+r)<kM-C_M-C_B$		
均衡点	$detJ$(符号)	trJ(符号)	稳定性	$detJ$(符号)	trJ(符号)	稳定性
E_1（0，1）	+	+	不稳定	+	+	不稳定
E_2（0，1）	+	–	ESS	+	–	ESS
E_3（1，0）	+	–	ESS	–	不确定	鞍点
E_4（1，1）	+	+	不稳定	–	+	鞍点
E_5（x^*，y^*）	–	0	鞍点			不存在

（3）结果分析。

情形 1：$\beta M\ (1+r)\ >kM-C_M-C_B$，即金融机构处置农地经营权的纯收益低于发放的贷款本息额，此时 $0\leqslant x^*,\ y^*\leqslant 1$ 系统有 5 个局部稳定点，E_1（0，0）、E_4（1，1）为不稳定点，E_5（x^*，y^*）为鞍点，E_2（0，1）和 E_3（1，0）均为该博弈系统的 ESS 均衡点，分别对应着理想状态（还款，贷款）和不良状态（违约，不贷款），该博弈系统的复制动态相位图如图 7–3 所示。

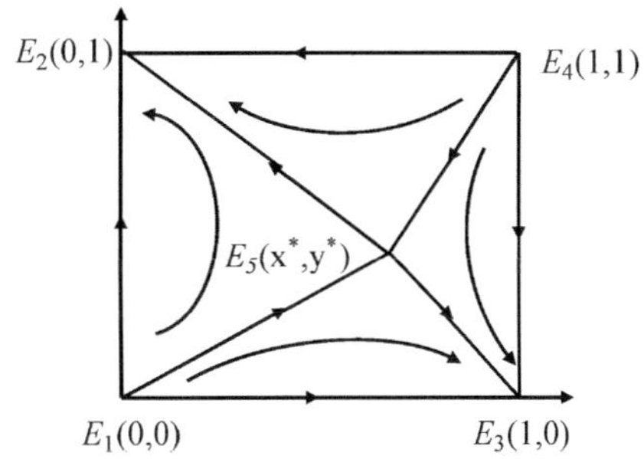

图 7–3　情形 1 的复制动态相位图

从图 7–3 可以看出，$S_{E_1E_2E_4E_5}$面积内的点最终会收敛到最优 ESS 均衡点 E_2（0，1），$S_{E_1E_3E_4E_5}$面积内的点最终会收敛到 ESS 均衡点 E_3（1，0）。博弈系统的长期均衡可能演化到理想状态，也可能演化到不良状态，主要取决于博弈发生时的初始状态和鞍点的位置。若初始状态位于$S_{E_1E_2E_4E_5}$内则系统将收敛于 E_2（0，1），若位于$S_{E_1E_3E_4E_5}$内则系统将收敛于 E_3（1，0）；鞍点位置的移动会改变$S_{E_1E_2E_4E_5}$和$S_{E_1E_3E_4E_5}$面积的大小，进而影响博弈系统的演化结果，同时由鞍点的坐标值可知，鞍点的位置与博弈的收益矩阵密切相关。因此可通过调整农户与金融机构收益矩阵中相关参数的大小引导博弈系统向理想状态演化。

对于农地经营权价值 M。由$\frac{\partial x^*}{\partial M}>0,\frac{\partial y^*}{\partial M}<0$可得，当农地经营权价值增大时，在其他变量保持不变的情况下，x^* 增大，y^* 减小，鞍点 E_5（x^*，y^*）的位置向右下方移动，$S_{E_1E_2E_4E_5}$的面积增大，系统收敛于理想状态（还款，贷款）的概率增加。说明农地经营权价值较高时，其作为抵押品的功能得以发挥，对农户的激励和约束作用增强，降低了农户违约风险，提高了金融机构发放农地经营权抵押贷款的积极性。

农地经营权变现率 k 和处置成本 C_M，由$\frac{\partial x^*}{\partial K}>0,\frac{\partial y^*}{\partial K}=0$及$\frac{\partial x^*}{\partial C_M}<0,\frac{\partial y^*}{\partial C_M}=0$可得，当抵押物变现率增大而处置成本降低时，其他变量保持不变，x^* 增大，y^* 不变。鞍点 E_5（x^*，y^*）的位置向右平移，$S_{E_1E_2E_4E_5}$的面积增大，系统收敛于理想状态（还款，贷款）的可能性增加。说明农地经营权变现率高且成本较低时，金融机构处置农地经营权对农户是可置信威胁，农户会选择积极还款；当农户违约风险较小，且金融机构处置农地经营权可以弥补贷款本息额时，金融

机构也有意愿发放农地经营权抵押贷款。

农户申贷成本 C_F 和金融机构交易成本 C_B。由，$\frac{\partial x^*}{\partial C_F}=0,\frac{\partial y^*}{\partial C_F}>0$ 及 $\frac{\partial x^*}{\partial C_B}<0,\frac{\partial y^*}{\partial C_B}=0$ 可知，在其他变量不变的情况下，当农户申贷成本降低时，x^* 不变，y^* 减小，当金融机构交易成本降低时，x^* 增大，y^* 不变，鞍点 E_5（x^*，y^*）的位置向下或向右平移，$S_{E_1E_2E_4E_5}$ 的面积增大，系统收敛于理想状态（还款，贷款）的可能性增加。说明农户与金融机构付出成本较低时，双方合作的积极性很高，由此促进农地经营权抵押融资业务的进一步推进。

由上述分析可知，农地经营权价值越大，对农户与金融机构合作的正向激励作用越强，农户的贷款可得性更高；农地经营权变现率越高、农地经营权处置成本越低，会增强农户失去抵押物的预期，从而促进农户积极偿还贷款，减弱金融机构抵押物处置风险，提高金融机构的放贷意愿；减少农户申贷成本和金融机构交易成本，双方合作的概率增加。因此，可以通过增大农地经营权价值和变现率，降低农地经营权处置成本、农户申贷成本和金融机构交易成本使博弈系统向理想状态演化。

情形 2：$\beta M(1+r) < kM - C_M - C_B$，即金融机构处置农地经营权的纯收益大于贷款本息额，此时 x^* 不在区间 [0，1] 内，系统有 4 个局部稳定点，E_3（1，0）、E_4（1，1）为鞍点，E_1（0，0）为不稳定点，只有 E_2（0，1）为博弈系统的 ESS 均衡点，系统的复制动态相位图如图 7–4 所示。不论最初选择违约策略的农户比例及选择贷款策略的金融机构比例为多少，农户还款收益远大于违约收益且金融机构处置农地经营权是可置信威胁时，越来越多的农户会选择还款；农户违约风险小，且农户违约时金融机构处置农地经营权收益可以弥补贷款本息，金融机构发放贷款的收益高于不发放贷款的收益，金融机构会选择发放贷款；经过一段时间的演化，最终所有的农户选择还款，所有的金融机构选择发放农地经营权抵押贷款。

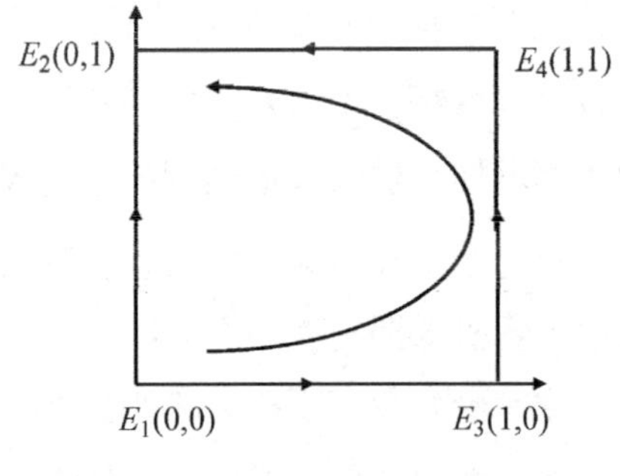

图 7–4　情形 2 的复制动态相位图

通过对情形 1 和情形 2 对比分析发现，当金融机构处置农地经营权的纯收益低于贷款本息额时，系统中（还款，贷款）和（违约，不贷款）两种均衡状态并存，通过增大农地经营权价值和变现率，降低农地经营权处置成本，农户申贷成本和金融机构交易成本可以增加系统演化到理想状态（还款，贷款）的可能性。随着上述参数的不断调整，当金融机构处置农地经营权的纯收益大于贷款本息额时，（还款，贷款）成为系统唯一的演化稳定状态。表明随着土地流转工作的不断深入和农村征信体系的逐步建立，将对上述参数产生深刻影响，使农户与金融机构信贷行为的演化稳定状态向理想状态演化，最终理想状态成为系统的唯一稳定状态，即随着农户违约风险降低，金融机构发放农地经营权抵押贷款的积极性则相应提高。

7.3.2　农地经营权抵押融资主体演化仿真分析

为了观察系统达到均衡的过程，运用 Matlab 软件对情形 1 和情形 2 下农地经营权抵押融资主体信贷行为的演化博弈系统进行数值仿真分析。针对金融机构发放农地经营权抵押贷款积极性不高的现实困境，重点分析不同参数对金融机构贷款策略选择的影响。

（1）情形 1 下的仿真分析。根据模型的假设条件以及课题组对农地经营权抵押融资试点地区宁夏平罗县的实地调查，所需部分参数经过计算得到：为使仿真结果更加明显，以宁夏平罗县适度规模经营规模面积 28 亩为依据，按平罗县农地经营权价值评估方法，将农地经营权价值粗略取值为 20 万元，抵押率设为 0.6，平均贷款利率为 7%，当地处置农地经营权机制尚未健全，农地经营权处置成本高且抵押率较低，取值分别为 k=0.5，C_M=2 万元，农户申贷成本和金融机构交易成本均粗略取值为 0.5 万元，即 β=0.6，M=20，r=0.07，k=0.5，C_M=2，C_B=0.5，C_F=0.5，x=0.5，y=0.5，时间 t 的取值范围为 [0, 30]。x 为农户群体中选择违约策略的比例，y 为金融机构群体中选择贷款策略的比例。

第一，农户群体策略选择的初始比例对金融机构贷款策略选择的影响。

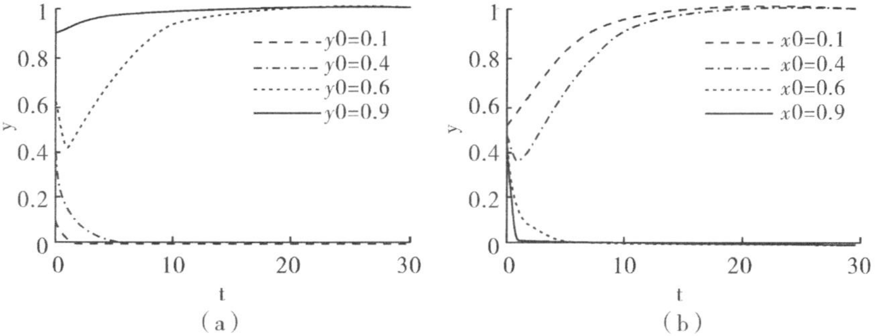

图 7–5　农户群体策略选择的初始比例对金融机构贷款策略选择的影响

由图 7–5（a）可知，当金融机构发放贷款的比例较低时，其自身策略往往会趋向于演化到不良状态，但随着更多的金融机构加入到发放农地经营权抵押贷款的行列中，金融机构自身策略逐步趋向于理想状态演化。

从图 7–5（b）可以看出，在农户初始策略选择比例变化的情况下，金融机构群体最终呈现出不同的策略选择，当初始状态下选择违约策略的农户比例较高时，金融机构最终趋向于采取不贷款策略；但随着农户偿还贷款积极性的提高，金融机构的策略选择逐步趋向于发放贷款。因此金融机构群体贷款策略选择的演化结果和收敛时间，不仅受到其自身初始策略比例的影响，还受到农户初始策略比例的影响，且农户违约策略初始比例越低、金融机构发放贷款策略初始比例越高，金融机构群体行为演化到理想状态的可能性就越大，收敛速度也就越快。

第二，农地经营权价值变化对金融机构贷款策略选择的影响。

其他参数不变，将农地经营权价值由 20 调整为 30，演化结果如图 7–6（a）、（b）所示。与图 7–5 的比较看出，当农地经营权价值增加后，金融机构群体演化到最优理想状态的速度明显加快，尤其是当 y=0.4 和 x=0.6 时，金融机构群体的策略选择由不贷款转变为贷款，说明价值较高的农地经营权发挥抵押物功能，在金融机构贷款意愿不强烈或农户违约概率较高时，金融机构最终仍然趋向于发放贷款，农户贷款可得性得以提高。

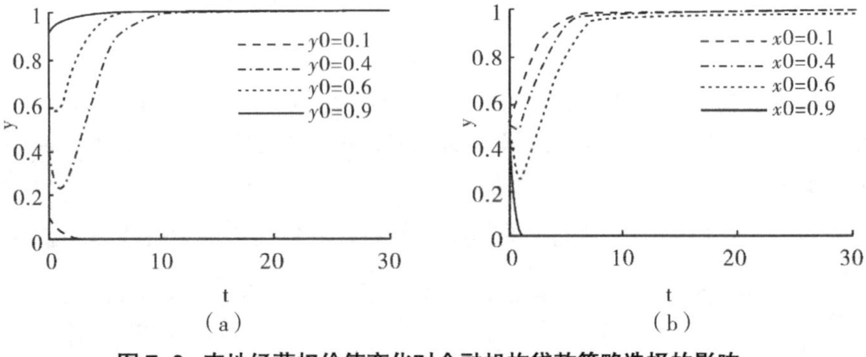

图 7–6　农地经营权价值变化对金融机构贷款策略选择的影响

第三，抵押物变现率和抵押物处置成本变化对金融机构贷款策略选择的影响。

其他参数不变，将抵押物变现率由 0.5 调整为 0.6，演化结果如图 7–7（a）、（b）所示。对比图 7–7 与图 7–5，当抵押物变现率提高后，金融机构群体收敛至最优理想状态的速度明显加快，尤其是当 y=0.4 和 x=0.6 时，金融机

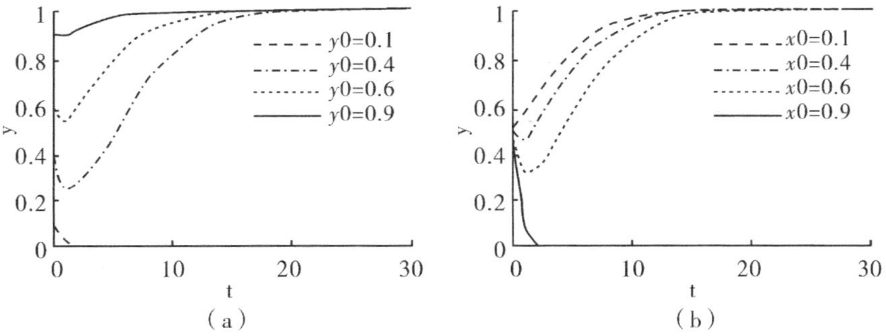

图 7–7　抵押物变现率变化对金融机构贷款策略的影响

构群体的策略选择由不贷款转变为贷款，说明抵押物变现率的提高增强了金融机构处置抵押物收回贷款损失的信心，金融机构群体演化到最优均衡状态的可能性增大。若降低抵押物处置成本的值，演化结果也会出现类似现象，故省略抵押物处置成本变化时的仿真过程。

第四，金融机构交易成本与农户申贷成本变化对金融机构贷款策略选择影响

其他参数不变，将金融机构交易成本由 0.5 调整为 0.3，演化结果如图 7–8（a）、（b）所示。对比图 7–8 与图 7–5，当金融机构风险管理成本降低后，金融机构群体演化到最优理想状态的速度明显加快，尤其是当 y=0.4 和 x=0.6 时，金融机构群体的策略选择由不贷款转变为贷款，说明金融机构群体选择贷款策略比例随金融机构交易成本的降低而增加。农户申贷成本降低后的演化结果与金融机构交易成本类似，故省略农户申贷成本变化的仿真过程。

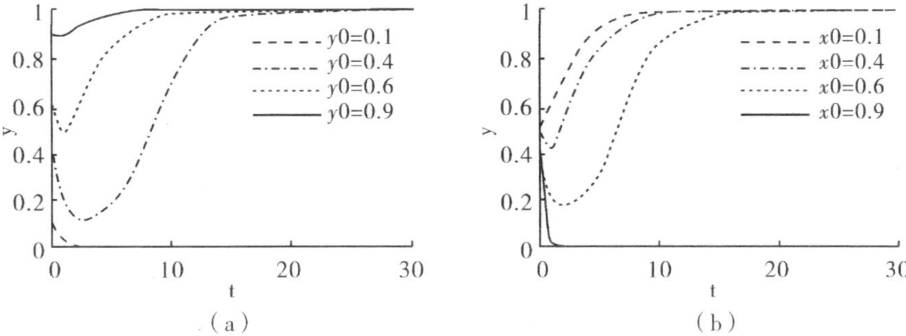

图 7–8　农户申贷成本变化对金融机构贷款策略选择的影响

（2）情形 2 下的仿真分析。模型参数取值分别为 β=0.6，M=30，r=0.07，k=0.8，C_M=1，C_B=0.5，C_F=0.5，x=0.5，y=0.5，时间 t 的取值范围为 [0，30]。x 为农户群体中选择违约策略的比例，y 为金融机构群体中选择贷款策略的比例。

由图 7–9（a）和（b）对比可知，当处置抵押物的纯收益大于贷款本

息额时，无论金融机构贷款策略和农户违约策略比例的初始值如何变化，金融机构群体最终演化结果都倾向于发放农地经营权抵押贷款，且随着自身贷款策略初始比例的不断提升和农户违约策略初始比例的不断降低，其演化到最终理想状态的速度逐渐加快。

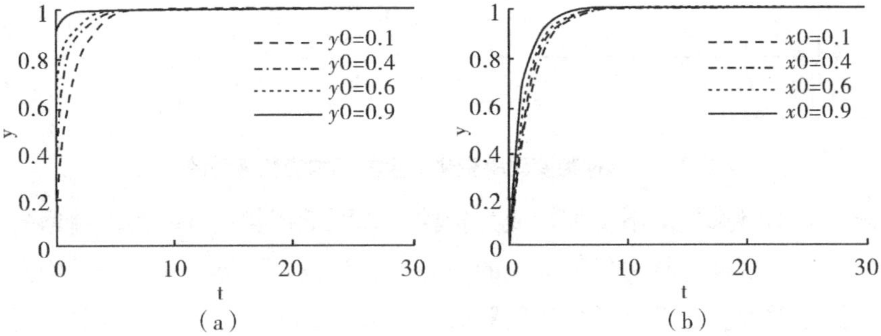

图 7–9　农户群体策略选择的初始比例对金融机构贷款策略选择的影响

（3）数值仿真结果分析。对比两种情形下农户与金融机构策略选择的初始比例变化对演化结果的影响，可以发现数值仿真结果与复制动态相位图基本一致。贷款本息额与处置抵押物纯收益的差值决定了金融机构群体策略的演化方向。当前者大于后者时，金融机构群体策略的演化方向可能是理想状态，也可能是不良状态；当前者小于后者时，金融机构群体策略最终收敛到理想状态。同时，农户与金融机构两类群体的初始策略比例、农地经营权价值、农地经营权变现率和处置成本、农户申贷成本和金融机构交易成本也影响金融机构群体策略的收敛方向和收敛速度。

7.4　研究结论

（1）农地经营权抵押融资中农户与金融机构信贷行为的博弈互动是一个复杂的动态过程，金融机构处置农地经营权的纯收益与贷款本息额之间的差额决定了农户与金融机构信贷行为系统最终的演化方向。

（2）当金融机构处置农地经营权纯收益小于贷款本息额时，系统的演化博弈具有（还款，贷款）和（违约，不贷款）两个稳定策略，系统演化的结果受到农户与金融机构策略选择的初始状态以及收益矩阵的直接影响。

（3）当金融机构处置农地经营权的纯收益大于贷款本息额时，农户违约收益远小于还款收益，越来越多的农户选择积极还款；无论农户是否违约，金融机构放贷受益高于不放贷收益，越来越多的金融机构选择发放农地经营权贷款，（还款，贷款）为系统唯一的演化稳定策略。

（4）农地经营权价值、农地经营权变现率、农地经营权处置成本、农户申贷成本和金融机构交易成本是影响农户与金融机构信贷行为演化均衡结果的重要因素，随着农地经营权抵押融资的深入推进以及相关配套措施的不断完善，将对上述因素产生重大影响，并改变农户与金融机构两群体的演化稳定策略，使金融机构与农户跳出“囚徒困境”，促成金融机构进一步发放农地经营权抵押贷款，农户积极还款良好态势的稳定实现。

第八章　农村土地经营权抵押融资模式运行影响因素分析

8.1　文献综述

8.1.1　国外文献综述

Conning &Udry（2005）通过主要地区的经验证据，认为土地市场发育不良是影响正规信贷的重要因素，土地的赎回权面临着相当高的成本和法律法规的两方面障碍。Denise Hare（2008）在研究越南1993年的土地法律时发现，土地法律的实施不仅赋予了农民土地的权利，更促进了土地的转让。但在发放土地使用权证的过程中，一些地区却是进程缓慢。Niinimäki（2011）对贷款抵押物的名义价值和实际价值进行研究，认为借款人的贷款意愿跟抵押物的预期价值有关，探究了高风险的借款人和低风险借款人愿意进行抵押的条件。

Kazunari（2010）指出农户经营生产的资金主要通过外源性融资，农户会把金融机构贷款作为首选，但由于他们的借贷融资规模小，抵押物价值不足，导致正规金融机构的排斥，难以满足融资需求。George Mawuli（2013）运用Tobit模型对影响农户融资行为的因素进行回归分析，研究表明农户的年龄、文化水平、性别、家庭收入和婚姻状况等共同决定着农户对借贷的参与态度。Debdatta（2014）研究发现，在缺乏有效的市场因素作用下，相互联系的信贷体系可以为欠发达地区的经济问题提供帮助。

8.1.2　国内文献综述

吕德宏等（2016）在探究农村土地经营权抵押融资“平罗模式”中认为，不断丰富和完善抵押融资模式，不仅能满足不同规模农户的融资需求，还能够有效控制抵押融资模式过程中存在的信贷风险。肖诗顺（2010）提出开展以“土地合作社”为承贷主体的贷款模式，通过土地合作社担保进行贷款，能帮助单个农户有效解决由于抵押物难以认可的困难。黄碧琴、郭敏（2015）认为仅关注农户的融资需求，缺乏对金融机构的风险和收益问题的解决，无法有效激发金融机构参与的积极性。

罗剑朝（2016）在研究农村“两权”抵押贷款融资试点中提出，在担保基金的基础上，成立农村“两权”抵押信用担保公司，能够有效控制抵押融资的潜在风险，也可以推进第三方评估机构的设立，解决土地价值评估体系不健全的问题。伍振军等（2011）认为应成立土地抵押协会，建立土地经营权抵押协会，促进农村信用体系的建设。

王峰（2016）对农地经营权抵押贷款的风险调控机制进行研究，按照发展顺序划分为事前、事中、事后三个环节，对各个环节的风险分担和调控手段进行研究，提出了相应的风险分担模式。戴国海等（2015）研究发现农地抵押贷款的风险分担机制仍有待进一步完善，现有三种风险分担及补偿模式都存在一定的不足，需要构建农地抵押贷款的长效发展机制。

8.1.3　文献评述

国外大多数国家实行的土地产权制度，与我国的土地制度和法律体系有着较大的差异；而国内对农村土地经营权抵押融资的理论和可行性研究较为丰富，但需要提升农村土地经营权抵押融资运行机制和配套措施的有效性。因此，从模式和风险角度对农村土地经营权抵押融资模式运行的状况进行研究，利用相关模型分析农村土地经营权抵押融资模式运行的关键影响因素，为促进农村土地经营权抵押融资模式的运行打下基础。

8.2　农地抵押融资运行影响因素分析：模式运行视角

8.2.1　数据来源和描述性统计

（1）调研问卷说明。在参阅了大量相关研究文献后，从三个部分设计本章调研问卷的内容，目的在于掌握农户基本信息和经营状况，了解当地土地经营权抵押融资模式运行的政策环境状况和金融机构的服务状况。第一部分是农户基本信息及经营状况，具体包括文化程度、农户类型、家庭资产、土地经营面积、信用等级等几个方面；第二部分是政策与环境状况，主要包括政府贴息、农业保险、社会保障水平、流转市场发达程度、土地价值评估体系；第三部分是金融机构服务状况，包括贷款年利率、贷款期限、还款方式、银行参与积极性、贷后监管力度等。问卷采用面对面访谈的方式完成。

（2）调研数据来源。调研数据来源于 2016 年 3 ～ 6 月分别对宁夏平罗县和重庆开县进行的实地调研。调研地区是位于平罗县和开县不同方位的农业生产区域，是农村土地经营权抵押贷款试点的代表区域。本次调研采用随机调查，进行一对一的访谈形式，调研对象为参与农村土地经营权抵押融资的农户，问卷内容包括农户基本信息及经营状况、家庭信用和经济状况、土地抵押贷款信息及农户认知状况。本次抽取与研究内容相符的问卷 900 份，有效问卷 847 份，问卷有效率 93.7%。

（3）描述性统计分析。本次 847 个参与农村土地经营权抵押贷款的农户，其中有 168 个农户参与“纯抵押型”融资模式获得贷款，有 679 个农户参与“抵押 + 担保型”融资模式获得贷款。通过调查发现，农村土地经营权抵押融资实际运行情况较好，基本无违约情况。但仍存在一些潜在的可能导致农村土地经营权抵押融资运行不正常的状况：第一，一些农户为了避免因无法偿还贷款而丧失抵押物的风险，即使出现农业经营项目损失或自有资金不足导致不能按期偿还贷款时，农户也会通过亲戚朋友间借贷、担保人代偿等方式偿还贷款；第二，由于农村土地经营权抵押融资的目的是为了有效缓解农村地区抵押难、融资难问题，增加对农业生产的资金支持，其贷款资金应用于与农业生产经营相关的项目，而非用于生活消费等非农支出，如果农户将贷款资金用于非农项目支出，显然不符合农村金融制度改革促进“三农”发展的初衷。

基于此，为准确反映农村土地经营权抵押融资运行状况，本部分定义借款人出现以下任一情况时均视为运行不正常：①借款人未能按期偿还贷款本息；②借款人通过亲戚朋友间借款偿还贷款；③借款人未将农村土地经营权抵押贷款用于农业生产经营项目，而是用于生活消费等其他非农支出。在 168 个“纯抵押型”融资模式运行过程中，有 27 个存在没有按期偿还贷款本息或通过亲戚朋友间借款偿还贷款或将贷款用于非农支出的不正常现象；在 679 个“抵押 + 担保型”融资模式运行过程中，有 113 个存在没有按期偿还贷款本息或通过亲戚朋友间借款偿还贷款或将贷款用于非农支出的不正常现象。如图 8–1 和 8–2 所示。

图 8–1 “纯抵押型”融资模式运行状况图

图 8–2 “抵押 + 担保型”融资模式运行状况图

8.2.2 体系构建、研究假设与模型设立

（1）指标体系构建。模型指标体系分为三类：一是借款人特征因素，二是政策环境特征因素，三是金融机构特征因素，共设置 15 个变量。其中借款人特征因素包括 5 个变量，分别为农户的文化程度、农户类型、家庭资产、土地经营面积、信用等级；政策环境特征因素包括 5 个变量，分别为政府贴息、参与农业保险、社会保障水平、流转市场发达程度、土地价值评估体系；金融机构特征因素包括 5 个变量，分别为贷款利率、贷款期限、还款方式、银行参与的积极性、贷后的监管力度。具体指标体系见图 8–3。

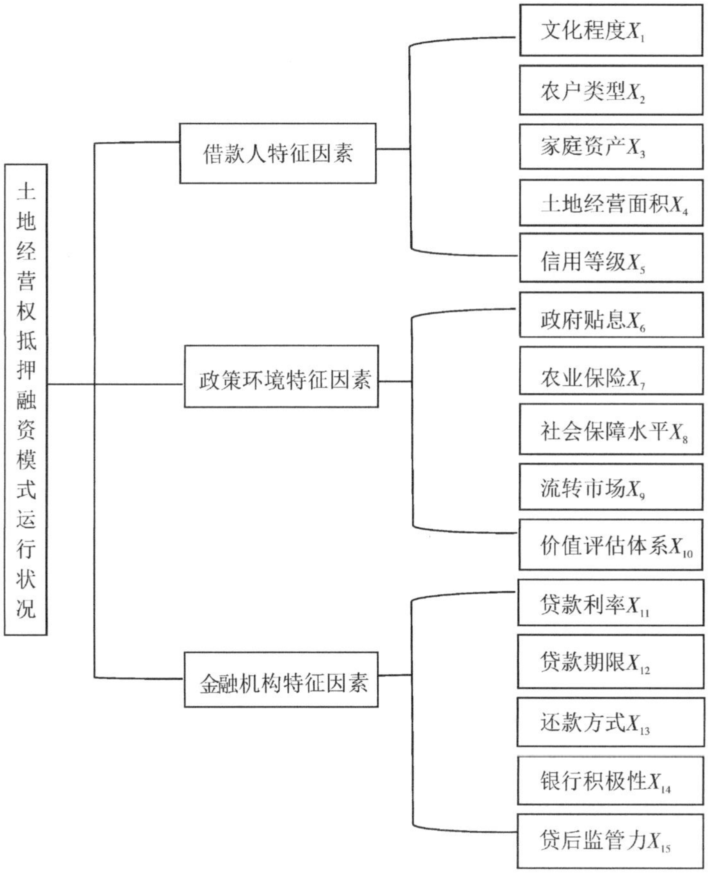

图 8–3　影响因素指标体系框架图

（2）研究假设。假设文化程度、家庭资产、土地经营面积、信用等级、享有政府贴息、社会保障水平、土地流转市场发达程度、完善的土地价值评估体系、银行参与的积极性、还款方式、贷后的监管水平、参与农业保险对

土地经营权抵押融资模式运行有正影响；假设农户类型、利率、贷款期限对土地经营权抵押融资模式运行有负影响。

（3）模型的设立。模型中被解释变量为二分类变量，因此选用二元logit回归模型。选择土地经营权抵押融资模式运行是否正常作为被解释变量，若土地经营权抵押融资模式运行正常，则记被解释变量 Y 为1；土地经营权抵押融资模式运行不正常，则记被解释变量 Y 为0。其中 X_1，X_2，$X_3 \cdots \cdots X_{15}$ 为土地经营权抵押融资模式运行为影响的系列因素，回归模型可表示为：

$$\ln\left(\frac{P_i}{1-P_i}\right)=\beta_0+\sum\beta_j x_{ij}+\varepsilon \qquad \text{公式（8-1）}$$

其中，P_i 表示第i个模式运行正常的概率，$1-P_i$ 表示第i个模式运行不正常的概率，x_{ij} 表示影响第i个模式运行相关因素的变量，β_j 表示影响因素所对应的参数估计值。

8.2.3 变量定义与模型检验

（1）因变量定义。将因变量定义为农村土地经营权抵押融资模式运行是否正常，运行正常时因变量取值为1，运行不正常时取值为0。

表8-1 因变量定义说明

因变量名称	因变量赋值
农村土地经营权抵押融资模式运行状况	运行正常=1；运行不正常=0

（2）自变量定义。根据相关研究（陈永清，2016；黄惠春、李静，2013；吕文栋，2015；于丽红，2014等），本章从借款人特征因素、政策环境特征因素、金融机构特征因素三个方面分析农村土地经营权抵押融资模式运行的影响因素。

其中借款人特征因素包括5个解释变量，选取文化程度、农户类型、家庭资产、土地经营面积、信用等级来反映农户的资产状况、生产经营情况和信用水平状况；政策环境特征因素包括5个解释变量，主要选取政府贴息、参与农业保险、社会保障水平、流转市场发达程度、土地价值评估体系来反映试点地区实施的政策和措施状况；金融机构特征因素包括5个解释变量，主要选取贷款利率、贷款期限、还款方式、银行参与的积极性、贷后的监管力度来反映金融机构的服务状况。各变量定义说明及总体特征见表8-2、8-3和8-4。

表 8–2　模型变量定义说明

变量名称		定义说明	预期影响方向
因变量	Y	土地经营权抵押融资模式运行状况：正常 =1；不正常 =0	
自变量	X_1	文化程度：小学及以下 =1；初中 =2；高中 =3； 大专及以上 =4	+
	X_2	农户类型：纯农型 =1；农兼型 =2；兼农型 =3	–
	X_3	家庭资产（万元）	+
	X_4	土地经营面积（亩）	+
	X_5	是否有信用等级：是 =1；否 =0	+
	X_6	政府贴息：享有 =1；没享有 =0	+
	X_7	参与农业保险：参与 =1；没有 =0	+
	X_8	社会保障水平：低 =1；中等 =2；高 =3	+
	X_9	流转市场发达程度 : 不发达 =1；一般 =2；发达 =3	+
	X_{10}	土地价值评估体系 : 不健全 =1；一般 =2；健全 =3	+
	X_{11}	贷款利率（%）	–
	X_{12}	贷款期限（年）	–
	X_{13}	还款方式 : 一次性还偿还 =1；分期偿还 =2	+
	X_{14}	银行参与的积极性：不积极 =1；一般 =2；积极 =3	+
	X_{15}	贷后监管力度：不严格 =1；一般 =2；严格 =3	+

表 8–3　“纯抵押型”融资模式描述统计量

	N	极小值	极大值	均值	标准差
文化程度	168	1	4	1.93	0.680
农户类型	168	1	3	2.06	0.831
家庭资产	168	5	139	17.75	14.852
土地经营面积	168	2	160	18.72	10.50
信用等级	168	0	1	0.60	0.491
是否有政府贴息	168	0	1	0.39	0.490
农业保险	168	0	1	0.73	0.444
社会保障水平	168	1	3	2.58	0.518
流转市场发达程度	168	1	3	2.00	0.812
土地价值评估体系	168	1	3	2.34	0.691
贷款利率	168	4.80	10.80	6.788	1.015
贷款期限	168	1	3	1.67	0.497
还款方式	168	1	2	1.53	0.501
银行参与积极性	168	1	3	2.17	0.954
贷后跟踪检查	168	1	3	2.60	0.694
有效的 N（列表状态）	168				

表 8-4 “抵押 + 担保型”融资模式描述统计量

	N	极小值	极大值	均值	标准差
文化程度	679	1	4	1.82	0.691
农户类型	679	1	3	1.94	0.765
家庭资产	679	4.30	505	22.55	26.449
土地经营面积	679	0.5	1 000	12.59	14.466
信用等级	679	0	1	0.69	0.462
是否有政府贴息	679	0	1	0.51	0.500
农业保险	679	0	1	0.38	0.486
社会保障水平	679	1	3	1.32	0.496
流转市场发达程度	679	1	3	1.66	0.770
土地价值评估体系	679	1	3	1.84	0.851
贷款利率	679	4	12	7.15	1.042
贷款期限	679	1	3	1.36	0.492
还款方式	679	1	2	1.82	0.384
银行参与积极性	679	1	3	2.77	0.600
贷后跟踪检查	679	1	3	2.77	0.569
有效的 N（列表状态）	679				

（3）模型检验。利用 SPSS 19.0 软件对模型数据进行分析，对土地经营权抵押融资模式运行影响因素进行二元 Logit 回归处理，采用进入的回归方法，将因变量和所有自变量引入回归方程，进行显著性检验。从模型的运行效果看，“纯抵押型”检验的 Sig 值为 0.000，“抵押 + 担保型”检验的 Sig 值为 0.000，说明模型通过了显著性检验。

表 8-5 “纯抵押型”模型系数的综合检验

		Chi-square	df	Sig.
Step1	Step	44.255	15	0.000
	Block	44.255	15	0.000
	Model	44.255	15	0.000

表 8-6 “抵押 + 担保型”模型系数的综合检验

		Chi-square	df	Sig.
Step1	Step	51.635	15	0.000
	Block	51.635	15	0.000
	Model	51.635	15	0.000

运用Hosmer和Lemeshow拟合优度检验来衡量模型的拟合优度，其中“纯抵押型”回归模型Hosmer和Lemeshow检验的Sig值为0.324（表8-7），显著大于0.05；“抵押+担保型”回归模型Hosmer和Lemeshow检验的Sig为0.352（表8-8），显著大于0.05。表明两个回归模型在5%的置信水平下显著，模型拟合效果较好，说明两个模型的自变量很好的解释了因变量。

表8-7 “纯抵押型”回归模型的Hosmer和Lemeshow检验

Step	Chi-square	df	sig.
1	9.219	8	0.324

表8-8 “抵押+担保型”回归模型的Hosmer和Lemeshow检验

Step	Chi-square	df	sig.
1	10.196	8	0.352

8.2.4 模型运行结果分析

利用SPSS 19.0软件对模型数据进行分析，对土地经营权抵押融资模式运行影响因素进行二元Logit回归处理，将因变量和所有自变量引入回归方程，进行显著性检验。具体分析结果如下：

由表8-9和表8-10的回归分析结果可以看出，在“纯抵押型”融资模式的模型中有7个自变量通过了显著性检验，分别为家庭资产、信用等级、享有政府贴息、参与农业保险、利率水平、银行参与积极性、贷后监管力度；在“抵押+担保型”融资模式的模型中，有6个自变量通过了显著性检验，分别为家庭资产、土地经营面积、信用等级、参与农业保险、土地价值评估体系、贷后监管力度。

表8-9 “纯抵押型”模型实证检验结果

	项目	B	S.E,	Wals	df	sig.	Exp (B)
步骤1[a]	文化程度	0.220	0.40	0.31	1	0.58	0.802
	农户类型	-0.202	0.324	0.387	1	0.534	0.817
	家庭资产	0.053*	0.031	2.810	1	0.094	1.054
	土地经营面积	0.212	0.529	0.161	1	0.689	1.236
	信用等级	0.962*	0.540	3.178	1	0.075	2.617
	是否有政府贴息	1.55**	0.684	5.117	1	0.024	4.695
	农业保险	1.02*	0.567	3.261	1	0.071	2.785
	社会保障水平	0.681	0.544	1.566	1	0.211	0.506

续表 8-9

	项目	B	S.E,	Wals	df	sig.	Exp (B)
步骤 1[a]	流转市场发达程度	0.116	0.354	0.108	1	0.743	1.123
	土地价值评估体系	0.667	0.411	2.629	1	0.105	1.948
	利率水平	–0.72**	0.296	5.958	1	0.015	0.485
	贷款期限	0.811	0.515	2.478	1	0.115	0.444
	还款方式	0.210	0.540	0.151	1	0.697	0.810
	银行参与积极性	0.956**	0.387	6.098	1	0.014	0.385
	贷后跟踪检查	0.644*	0.349	3.409	1	0.065	1.903
	常量	7.430	3.39	4.803	1	0.028	1 686.49

注：*** 表示在 1% 的水平下显著；** 表示在 5% 的水平下显著；* 表示在 10% 水平下显著。

表 8–10 “抵押 + 担保型”模型实证检验结果

	项目	B	S.E,	Wals	df	sig.	Exp (B)
步骤 1[a]	文化程度	0.185	0.160	1.338	1	0.247	1.203
	农户类型	–0.173	0.150	1.325	1	0.250	0.841
	家庭资产	0.015**	0.007	4.628	1	0.031	1.015
	土地经营面积	0.458**	0.223	4.232	1	0.040	1.581
	信用等级	0.412*	0.240	2.949	1	0.086	1.510
	是否有政府贴息	0.271	0.302	0.803	1	0.370	1.311
	农业保险	0.633**	0.284	4.957	1	0.026	1.883
	社会保障水平	0.154	0.225	0.466	1	0.495	0.858
	流转市场发达程度	0.247	0.167	2.186	1	0.139	1.281
	土地价值评估体系	0.263**	0.133	3.898	1	0.048	1.301
	利率水平	–0.067	0.128	0.276	1	0.599	0.935
	贷款期限	0.435	0.300	2.107	1	0.147	1.545
	还款方式	0.387	0.344	1.264	1	0.261	0.679
	银行参与积极性	0.110	0.163	0.457	1	0.499	1.117
	贷后跟踪检查	0.429*	0.226	3.597	1	0.058	0.651
	常量	1.375	1.649	0.695	1	0.404	3.954

注：*** 表示在 1% 的水平下显著；** 表示在 5% 的水平下显著；* 表示在 10% 水平下显著。

（1）借款人特征的影响。在两种土地经营权抵押融资模式回归模型中，借款人的文化程度都没有通过显著性检验，表明文化程度与模式运行没有显著关系，但影响方向为正，表明农户在具有较高的文化水平时，对土地经营权抵押贷款有一定的了解，并对金融机构申请贷款的手续流程相关违约责任等方面比较熟悉时，自我约束力较强，能够讲求信用，严格遵守贷款相关约定，就越能够保证土地经营权抵押融资模式的正常运行。

农户的类型都没有通过显著性检验，表明农户类型与模式运行没有显著关系，但影响方向为负，表明随着农村经济的发展，农村出现了离农、脱农现象，其主要收入来源表现为多元化。贷款用途有时也用于非农经营，不满足贷款的基本要求，容易造成贷款用途不当引发的风险。

家庭资产分别在 10% 和 5% 水平条件下，正向显著影响着土地经营权抵押融资模式的运行。表明农户家庭资产越多，越能补偿因不可抗力等因素造成的贷款损失，因此能够保证贷款模式的正常运行。

在“纯抵押型”融资模式回归模型中，土地经营面积没有通过显著性检验，而在“抵押 + 担保”贷款模式的回归模型中，在 5% 水平条件下正向显著影响着土地经营权抵押融资模式的运行。相比较于纯抵押贷款模式，“抵押 + 担保”模式中土地经营面积较大的农户更能保证土地经营权抵押融资模式正常运行。土地经营面积越大，能够获得较高的贷款额度，有助于土地规模化生产，获得较高农业收入，减少违约风险。

在两种贷款模式回归模型中，信用等级都在 10% 水平条件下正向显著影响着土地经营权抵押融资模式的运行。表明具有信用等级的农户一般有过贷款经历，贷款知识相对丰富，并能按期偿还贷款。在土地经营权抵押贷款过程中，具有信用等级的农户，有较强的信用和偿还能力，能够保障土地经营权抵押贷款的正常运行。

（2）政策环境特征的影响。在“纯抵押型”抵押融资模式回归模型中，享有政府贴息在 5% 水平条件下正向显著影响着土地经营权抵押融资模式的运行；而在“抵押 + 担保型”融资模式回归模型中，享有政府贴息没有通过显著性检验，表明享有政府贴息与模式运行没有显著关系。造成差异性的原因可能是纯抵押贷款模式中，有较多的农户享有政府贴息，能减免贷款的利息费用，激发了农户贷款的积极性，而且降低农户的还款压力，对促进土地经营权抵押贷款模式运行有着重要的作用。

在两种土地经营权抵押融资模式回归模型中，参与农业保险分别在 10% 和 5% 水平条件下，正向显著影响着土地经营权抵押融资模式的运行。参与农业保险能有效补偿由于自然灾害或不可抗力因素造成的经营性损失，分担了土地抵押贷款的风险，对于土地经营权抵押贷款模式正常运行有重要作用。

社会保障水平都没有通过显著性检验，表明社会保障水平与模式运行没有显著关系。但从影响方向上看，社会保障水平是正向影响着土地经营权抵押融资模式的运行，表明社会保障制度的不完善，会使人们将收入中的一部分放进储蓄而非消费。农户享有较低的社会保障，这加剧了农民的医疗、养老等方面的支出，加大了生活压力，不利于土地经营权抵押贷款模式正常运行。

流转市场发达程度都没有通过显著性检验，表明流转市场发达程度与模式运行没有显著关系，但影响方向为正，表明流转市场发达程度越高，越有利于土地经营权抵押贷款模式正常运行。

在“纯抵押型”融资模式回归模型中，土地价值评估体系没有通过显著性检验，而在“抵押＋担保型”融资模式中，土地价值评估体系在5%水平条件下，正向显著影响着土地经营权抵押融资模式的运行。

（3）金融机构特征的影响。在“纯抵押型”融资模式回归模型中，贷款利率在5%水平条件下，负向显著影响着土地经营权抵押融资模式的运行，而在“抵押＋担保”型融资模式回归模型中，贷款利率没有通过显著性检验。说明利率太高，加大了农户的还款压力，不利于“纯抵押型”土地经营权融资模式的运行。

在两种抵押融资模式回归模型中，贷款期限都没有通过显著性检验，表明贷款期限与模式运行没有显著关系，但影响方向为正，说明农产品的生长周期和取得收益的周期较长，为促进土地经营权抵押贷款模式正常运行，应该延长贷款期限。还款方式都没有通过显著性检验，表明还款方式与贷款模式运行没有显著关系，但影响方向为正，说明为促进土地经营权抵押贷款模式正常运行，应该采用分期偿还的方式。

在“纯抵押型”融资模式回归模型中，银行参与的积极性在5%水平条件下，正向显著影响着土地经营权抵押融资模式的运行，而在“抵押＋担保”融资模式回归模型中，银行参与积极性没有通过显著性检验。贷后监管力度都在10%水平条件下正向显著影响着土地经营权抵押融资模式的运行。说明贷款的监管水平越严格，对农户掌握得越全面，就越能有效促进土地经营权抵押融资模式的运行。

8.3　农地经营权抵押融资运行影响因素：土地流转视角

8.3.1　数据来源、变量设定及描述性统计

（1）数据来源。数据来自课题组 2016 年 3 ～ 7 月在宁夏平罗县、重庆开县和陕西眉县实地问卷调研的数据。为了达到调查目的，获得真实有效的调查数据，调研组根据当地农户贷款运转情况设计了调查问卷。调查问卷包括农户基本信息及经营情况、农户贷款信息和土地抵押贷款及农户认知信息三部分，并在问卷调查过程中采取入户调查和金融机构抽样调查相结合的方式。通过数据整理，剔除数据缺失的样本后共抽取有效样本 904 个，样本有效率 95%。所选地区都是农地经营权抵押贷款试点地区，调查对象都是参加过农地经营权抵押贷款的农户，具有一定的代表性。

（2）变量设定。对于因变量设定，主要研究基于土地流转的农地经营权抵押贷款违约风险的影响因素，违约风险由违约行为产生，违约行为的结果产生违约风险。本部分通过农户是否违约来衡量违约行为从而预测违约风险，将是否违约作为因变量。调查问卷中以下两个问题的统计结果作为违约的统计依据。问题 1：贷款是否按期偿还本息？问题 2：您的贷款最终由谁偿还？如本部分研究的违约风险的概念界定，问题 1 衡量实际发生的违约，问题 2 衡量潜在可能发生的违约。当农户回答按期偿还本息且贷款最终由自己偿还时，视为农户未违约，因变量赋值为 0；当农户回答未能到期偿还本息，或贷款偿还时出现以下几种情况时：①贷款最终由担保人偿还；②银行处置抵押物偿还贷款；③借亲朋好友钱偿还；④借新贷款还旧贷款，视为农户违约，因变量赋值为 1。

通过对数据进行逐步回归，筛选出以下三类指标作为自变量：农户基本信息、经济特征、农户对土地流转的认知。农户基本信息中，以地理位置、农业经营组织方式、参与农业保险情况、土地流转规模、是否流入土地 5 个指标作为自变量（其中，是否流入土地为分组依据）；农户经济特征中，以家庭储蓄水平、总支出、农业收入、非农收入、贷款用途、贷款金额 6 个指标作为自变量。以上两类指标涉及农户自身客观情况，其中经济特征直接影响还款能力，会对农户参与农地经营权抵押贷款的违约产生直接影响，因而选择这两类指标作为自变量。在农户对土地流转的认知这类指标中，以农户认为土地流转市场是否发达、农户认为土地价值的评估体系是否健全 2 个指标作为自变量。具体赋值情况见表 8–11。

表 8–11　自变量赋值表

自变量分类	自变量名称	自变量赋值
农户基本信息	地理位置 X_1	县城附近 =1；乡镇附近 =2；偏远地区 =3
	农业组织经营方式 X_2	传统家庭经营 =1；其他 =2
	参与农业保险 X_3 土地流转规模 X_4 是否流入土地 X_5	参与 =1；未参与 =0 流转规模为 0 亩，赋值 1； 流转规模在 0 ～ 12 亩之间，赋值 2； 流转规模大于 12 亩，赋值 3； 是 =1，否 =0
经济特征	储蓄水平 X_6 总支出 X_7 农业收入 X_8 非农收入 X_9	1 万元及以下 =1 1 万～ 5 万元 =2 5 万元以上 =3 实际观测值 实际观测值 实际观测值
	贷款金额 X_{10}	实际观测值
	贷款用途 X_{11}	农业生产 =1；做生意、投资 =2；生活及其他支出 =3
农户对土地流转的认知	土地流转市场是否发达 X_{12} 土地价值评估体系是否健全 X_{13}	非常发达、比较发达 =1；一般 =2 不是很发达、不发达 =3 十分健全 =1；比较健全、一般 =2； 不太健全、不健全 =3

（3）描述性统计。经过对数据进行基本统计和计算，得出了数据的描述性统计结果。表 8–12、8–13、8–14 分别显示了贷款农户的基本统计特征、违约农户的描述性统计和未违约农户的描述性统计。总体来看农户参与农地经营权抵押贷款违约户数 71 户，占总体的 7.85%，没有违约的农户为 833 户，占据了 92.15% 的比例。从地理位置上看，乡镇附近的农户所占比例最高，达到了 64.27%。这些农户往来金融机构进行抵押贷款相对于偏远地区来说较为便利，交易也就更多，因而说明农户具有代表性。从经营方式上看，80% 以上的农户仍然从事传统的家庭经营，说明农业现代化程度还不是很高，新型的农业生产方式还未普遍渗透。60% 以上的农户仍然没有购买农业保险，远高于购买了农业保险的农户的比例，说明农业保险在土地流转过程中仍然有很大的推广空间。流入土地的农户占到了总体的 30% 左右，说明随着土地流转的市场化进程推进，部分土地资源得到了有效激活，但土地流转也存在较大的拓展空间。从样本中有 80% 以上的农户流转面积在 12 亩以下可以

佐证，这说明土地流转的规模仍然有待提高，农户参与土地流转的积极性仍然不是很强烈。储蓄水平两极分化仍然严重，农村农民经济发展水平存在两极分化。约有 50% 以上的农户贷款用于农业生产，说明当今农民仍然十分重视土地资源，土地仍然是农民获得收入的主要来源。

表 8–12　贷款农户的基本统计特征

统计指标	分类指标	户数	占比（%）
地理位置	县城附近	110	12.17
	乡镇附近	581	64.27
	偏远地区	213	23.56
农业经营方式	传统家庭经营	767	84.85
	其他	137	15.15
参与农业保险	参与	353	39.05
	未参与	551	60.95
是否流入土地	流入	271	29.98
	未流入	633	70.02
土地流转规模 *	<12 亩	777	85.95
	≥ 12 亩	127	14.05
储蓄水平	1 万元以下	387	42.81
	1 万元～ 5 万元	35	3.87
	5 万元以上	482	53.32
农业收入 *	≥ 5	304	33.63
	<5	600	66.37
非农收入 *	≥ 8	257	28.43
	<8	647	71.57
总支出 *	≤ 10 万	764	84.51
	>10 万	140	15.49
贷款金额 *	≤ 5 万	768	84.96
	>5 万	136	15.04
贷款用途	农业生产	497	54.98
	做生意、风险投资	285	31.53
	生活消费、其他	122	13.49
土地流转市场是否发达	非常发达、比较发达	176	19.47
	一般	280	30.97
	不是很发达、不发达	448	49.56

续表 8-12

统计指标	分类指标	户数	占比（%）
土地评估体系是否健全	十分健全	22	2.43
	比较健全、一般	641	70.91
	不太健全、不健全	241	26.66
农户是否违约	违约	71	7.85
	没有违约	833	92.15

注：表中带有 * 号的自变量为连续变量，为方便统计才进行分类。

从农户对土地流转的认知来看，50% 左右的农户认为土地流转市场不是很发达，这是因为土地流转市场还在逐步建立过程中，这与实际相符合。70% 左右的农户认为土地价值评估体系比较健全或一般。在调查过程中根据农户的反映，发现农户对土地的认知尚不清晰，土地估值体系还在逐步完善过程中。

从表8-13、8-14来看，违约农户和未违约农户的贷款金额均值相差不大，标准差都较大。未违约农户的贷款金额标准差大于违约农户，说明未违约农户贷款金额的差异较大。土地流转规模的均值和标准差均大于未违约农户，说明违约农户的样本差异性较大，土地流转规模差异明显；违约农户和未违约农户的农业收入、非农收入、总支出的标准差都较大，这说明贷款农户的经济状况差异明显。总体来看，贷款农户的构成符合调查目标，具有一定代表性。

表 8-13　违约农户的描述性统计

变量名称	均值	标准差	最小值	最大值
土地流转规模	28.24	118.5	0	868
土地流转市场认知	2.17	0.83	1	3
土地评估体系认知	2.51	0.53	1	3
贷款金额	5.15	2.71	2	20
贷款用途	1.59	0.67	1	3
是否流入	0.49	0.5	0	1
参与农业保险	0.48	0.50	0	1
储蓄水平	1.66	0.91	1	3
农业经营方式	1.17	0.38	1	2
总支出	8.84	15.01	0.6	90
农业收入	7.15	15.5	0	100
非农收入	6.46	9.92	0	80

表 8-14　未违约农户的描述性统计

变量名称	均值	标准差	最小值	最大值
土地流转规模	12.36	51.15	0	500
土地流转市场认知	2.31	0.77	1	3
土地评估体系认知	2.22	0.47	1	3
贷款金额	4.90	5.57	0.9	120
贷款用途	1.58	0.72	1	3
是否流入	0.28	0.45	0	1
参与农业保险	0.38	0.49	0	1
储蓄水平	2.14	0.97	1	3
农业经营方式	1.15	0.36	1	2
总支出	9.47	53.06	2	1 500
农业收入	5.55	9.22	0	100
非农收入	8.80	56.43	0	1 600

8.3.2　研究假设

假设一： 农户地理位置对农地经营权抵押贷款违约风险产生正向关系，地理位置越远、越不便利，农户违约风险越大。地理位置较为便利的农户，附近金融机构的网点较多，获得贷款较为便利，金融机构对其进行风险管理也较为方便。

假设二： 传统家庭经营的农户更容易产生违约风险，采取新型家庭农场、农业生产合作社等新形式的农业经营组织方式的农户产生违约风险的概率较低。一般来说，采取传统家庭经营的农户，土地经营规模一般较小、生产技术相对落后、资金实力相对薄弱，相对来说更容易违约。

假设三： 购买了农业保险的农户违约风险更低，反之则更高。农业保险具有保障土地价值作用，使农户少受损失，降低了来自土地价值毁损或土地流失等造成的违约风险。

假设四： 土地流转规模与农户违约风险呈负向关系。流入土地的农户违约风险更低，未流入土地的农户违约风险更高。土地面积对农户产权抵押融资意愿具有显著的正向影响，即土地面积越大，抵押融资意愿越强烈。而一般来说抵押融资意愿强烈的农户，对抵押融资较为重视，违约概率可能较低。

假设五： 农户的储蓄情况与农户违约呈负向关系。农户的总支出与农户违约呈正向关系。农户农业收入、非农收入与贷款违约负相关。这四个指标涉及农户的经济状况，衡量农户还款能力，一般来说还款能力强的农户违约的概率较小。

假设六：农户贷款金额与贷款违约负相关。农户贷款用于农业生产的违约风险更小，农户贷款用于做生意、投资等非农项目的违约风险更大。

假设七：农户认为土地流转市场越发达，农户违约概率越小；农户对土地价值评估体系评价越高，农户违约率越低。农地流转市场发达程度对信贷风险有着重要影响（于丽红，2014）。这两个指标是农户对土地流转相关的认知，对土地流转认知较好，评价较高的农户一般来说违约风险较小。

8.3.3 实证分析

（1）模型建立。在运用计量经济学建立回归模型分析数据时，当被解释变量可选的值只有两个时，可以建立二元 Logit 模型来分析。由于本部分主要研究基于土地流转的农地经营权抵押贷款违约风险的影响因素，因而按照是否流入土地将农户分成两组进行对照，即将土地流入的农户设置为观察组，土地未流入的农户设置为对照组，分别进行二元 Logit 回归，在回归之后对土地流入的农户运用边际效应分析方法，具体分析土地流入农户的违约风险影响因素的具体影响程度。

模型选择的基本公式为

$$y_i = x_i'\beta + \varepsilon_i \text{ (i=1,2, } \cdots \text{n)} \qquad \text{公式（8–2）}$$

此时 y 即为被解释变量：农户是否违约；x_i 为解释变量，β 为 x_i 的系数，ε_i 为误差项。为了使估计值 y 在 [0,1] 范围内，考虑 y 的两点分布函数：$\begin{cases} p(y=1|x)=F(x,\beta) \\ p(y=0|x)=1-F(x,\beta) \end{cases}$，由于 F 在本文中为逻辑分布函数，则 logit 模型的公式为：

$$p(y=1|x)=F(x,\beta)=\Lambda(x,\beta)=\frac{e^{x'\beta}}{1+e^{x'\beta}} \qquad \text{公式（8–3）}$$

对 p 进行转换得到：

$$\text{Logit}(p)=\ln\frac{p}{1-p}=\beta_0+\sum_{i=1}^{n}\beta_i X_i \qquad \text{公式（8–4）}$$

其中 p 为事件发生的概率，即农户违约的概率，β_0 为常数项，X_i 为影响农户违约的 n 个相关因素，β_1 为 X_i 的系数。

在运用二元 Logit 模型分别对两组数据进行回归之后，还要对土地流入的农户运用边际效应分析方法，分析土地流入农户在多种因素共同作用下对违约风险的影响程度。

如一个效用函数被表达为 $u(x)$ 时，对该函数求关于 x_i 的一阶偏导数，得$\partial u(x)/\partial x$，称$\partial u(x)/\partial x$为∂u的边际效用。对二元 logit 模型，自变量对因变量的边际效用可以通过求因变量对自变量的偏导数得到。该部分中运用的边际效应分析方法是分别计算解释变量在每个样本观测值上的边际效应，进行简单算术平均得到的平均边际效应，再将土地流入农户的数据导入 Stata13.1 中得出。

（2）回归分析。运用Stata 13.1 软件对数据进行分组回归，得出如下结果。

①土地流入农户的回归分析

表 8–15 中显示的是土地流入农户的回归结果，经过逐步回归，并为部分分类变量设置了虚拟变量，最终共有 18 个自变量被选入模型。在回归过程中，有 13 个变量（包含虚拟变量）呈现统计显著性，分别为土地流转规模 2、参与农业保险、贷款用途虚拟变量 2、储蓄水平、农业收入、非农收入、总支出、土地流转市场发达程度、土地价值评估体系虚拟变量 2、经营方式虚拟变量 1 等。如表 8–15 所示，表中每个指标的第一行显示了变量的回归系数，系数为正，表明自变量取值越大，农户违约概率越高；系数为负，表明自变量取值越大，农户违约概率越低。表中显示模型的整体通过了显著性检验，prob>chi2 的值为 0.000 0，模型的拟合优度为 0.373 6。

表 8–15　土地流入农户的回归分析

变量名称	系数	变量名称	系数
地理位置 1	0.852 (0.956)	贷款金额	–0.088* （0.051）
地理位置 2	–0.740 (0.624)	贷款用途 1	0.928 （0.718）
参与农业保险	–2.872*** (0.929)	贷款用途 2	2.437*** （0.865）
经营方式 1	–1.638** (0.767)	储蓄 1	3.158*** （0.878）
土地流转规模 1		储蓄 2	2.767*** （0.957）
土地流转规模 2	–1.045* (0.584)	土地流转市场 1	2.227*** （0.843）

续表 8-15

变量名称	系数	变量名称	系数
农业收入	0.098*** (0.037)	土地流转市场 2	1.495** （0.615）
非农收入	0.077* (0.046)	土地评估体系 1	
总支出	–0.068* (0.039)	土地评估体系 2	–3.293*** （0.658）
常数项	–0.885 (1.028)		
Log likelihood=–62.05		Pseudo R2=0.373 6	
LRchi2(16)=74.03		Prob> chi2 = 0.000 0	
Number of obs=271			

注：* 表示显著性水平：*** $p<0.01$, ** $p<0.05$, * $p<0.1$；括号内为标准误差。

对土地流入的农户用 Stata 作 ROC 曲线 (Receiver Operating Characteristic)，即因变量（农户是否违约）取值为 1 的准确率与错误率的散点图。曲线下方部分的面积代表准确率，如图 8–4 所示 ROC 曲线完全在 45° 直线上方，即准确率大于 0.5。由图可知，曲线下方面积 =0.915 9，即预测的准确率是 0.915 9，因而准确率较高，为进一步进行边际效应分析奠定了基础。具体如图 8–4 所示。

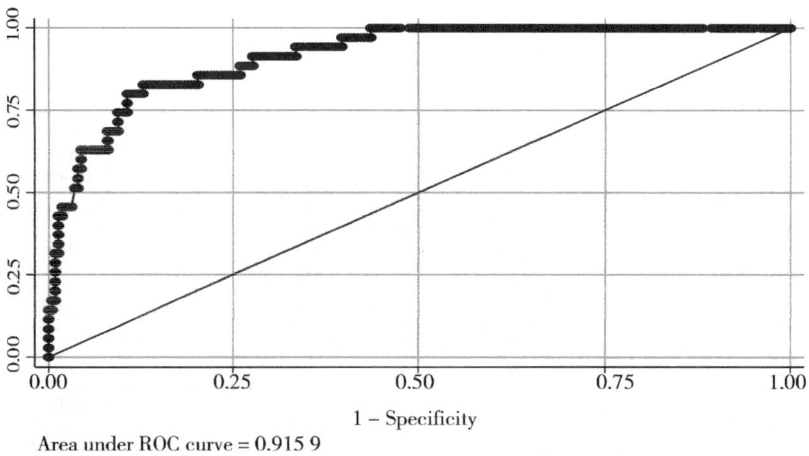

图 8–4 土地流入农户的 ROC 曲线图

②土地未流入农户的回归分析

表 8–16 显示了土地未流入农户的回归结果，表中显示有 3 个变量呈现统计显著性，分别为参与农业保险、地理位置虚拟变量 1、评估体系虚拟变

量 2。表中每个指标的第一行显示了解释变量的回归系数，系数为正，则自变量越大，农户违约概率越大；系数为负，则自变量越大，农户违约概率越小。其中，土地流转规模变量被系统自动剔除，是由于土地未流入的情况下土地流转规模无法显著；储蓄变量被自动剔除，是由于在土地未流入的农户中储蓄水平在 1 万～ 5 万的农户个数为 0，因而未通过显著性检验。

对土地未流入的农户作 ROC 曲线，即因变量（农户是否违约）取值为 1 的准确率与错误率的散点图，曲线与直线之间部分的面积代表准确率，图 8–5 所示 ROC 曲线完全在 45° 线上面，因此准确率大于错误率，即准确率大于 0.5。由图 8–5 可知，曲线下方面积 =0.810 5，即预测的准确率是 0.810 5，因而准确率较高。

表 8–16　土地未流入农户的回归分析

变量名称	系数	变量名称	系数
地理位置 1	2.864*** (1.099)	贷款金额	0.033 （0.048）
地理位置 2	1.308 (1.063)	贷款用途 1	1.079 （1.067）
参与农业保险	1.339*** (0.441)	贷款用途 2	1.546 （1.065）
经营方式 1	–1.649 (1.273)	储蓄 1	
土地流转规模 1		储蓄 2	
土地流转规模 2		土地流转市场 1	0.630 （0.438）
农业收入	–0.023 (0.044)	土地流转市场 2	–0.359 （0.482）
非农收入	–0.032 (0.025)	土地评估体系 1	–0.764 （1.254）
总支出	0.032 (0.025)	土地评估体系 2	–1.154** （0.455）
常数项	–3.897** (1.845)		
Log likelihood=–111.48		PseudoR2 = 0.192 8	
LR chi2（14）=53.25		Prob>chi2=0.000 0	
Number of obs = 633			

注：* 表示显著性水平：*** $p<0.01$, ** $p<0.05$, * $p<0.1$；括号内为标准误差。

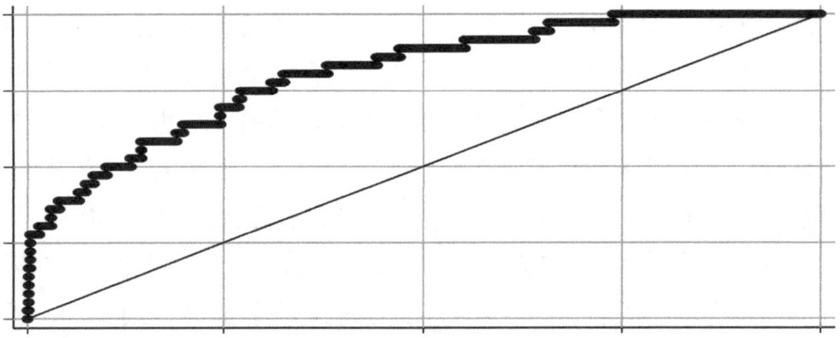

图 8–5　土地未流入农户的 ROC 曲线

③土地流入农户的边际效应分析

表 8–17 显示的是土地流入农户在多种违约风险影响因素作用下对违约风险的平均边际效应。边际效应为正，则显示在其他变量不变的情况下，自变量变动一单位对因变量的影响程度为正，即自变量变动一单位，农户违约的概率增加的程度。边际效应为负，则在其他变量不变的情况下，自变量变动一单位，农户违约的概率减小的程度。

表 8–17　土地流入农户的边际效应分析

自变量名称	边际效应	自变量名称	边际效应
地理位置 1	0.060 4 （0.067 7）	土地流转市场 1	0.157 9* （0.057 1）
地理位置 2	−0.052 5 （0.043 5）	土地流转市场 2	0.106 0** （0.042 0）
参与农业保险	−0.203 5*** （0.061 5）	贷款用途 1	0.065 8 （0.050 2）
农业经营方式	−0.116 1** （0.052 9）	贷款用途 2	0.172 8*** （0.057 9）
土地流转规模 2	−0.074 0* （0.040 3）	土地评估体系 1	
农业收入	0.006 9*** （0.002 5）	土地评估体系 2	−0.233 3*** （0.039 3）
非农收入	0.005 4* （0.003 2）	储蓄 1	0.223 9*** （0.056 9）
总支出	−0.004 8* （0.002 8）	储蓄 2	0.196 1*** （0.064 2）
贷款金额	−0.006 3* （0.003 5）		

注：括号中表示自变量的标准差，* 表示显著性水平：*** $p<0.01$, ** $p<0.05$, * $p<0.1$。

8.3.4　回归结果和边际效应结果分析

（1）土地流入的农户

①土地流转规模（流转面积在 0 ～ 12 亩之间）在 5% 的水平上显著，且回归系数为负，与研究假设四一致。说明土地流转规模对农户违约产生负向作用，即在土地流入的情况下，随着土地流转规模的增大，农户违约的概率也会降低。结合边际效应来看，土地流转规模对违约的边际效应达到了 7% 左右，即在其他因素不变的情况下，土地流转规模每增加一单位，违约概率降低 7%，反映了流入土地对违约的显著控制作用。这可能是由于土地流入的农户，更重视土地经营权的作用，因为土地经营权抵押可以帮助其获得贷款。随着土地流入规模的提高，农户对土地的资金投入较高，违约成本较高，因而违约概率相对较低。这说明土地流入对农户违约风险存在一定程度的控制作用，相比土地未流入的农户来说，违约概率较低。

②参与农业保险在 1% 的水平上显著，且回归系数为负，边际效应在 20% 左右，与研究假设三结果一致。这显示出购买农业保险对农户违约非常显著的控制作用，即购买了农业保险的农户违约的概率相对较低。这可能是因为农业保险对农户参与农地经营权抵押贷款具有政策上的保障作用，相比没有购买农业保险的农户来说，抵押物价值降低的风险较小，因而违约的概率也较低。

③贷款用途 2（贷款用于非农用途）在 1% 的水平上显著，且回归系数为正数，边际效应为 17% 左右；贷款金额在 10% 的水平上显著，且回归系数为负，边际效应在 1% 以下，与研究假设六一致。这说明农户贷款用于做生意和风险投资的目的时，农户违约概率显著增高；贷款金额越大的农户，违约概率相对较低。根据国家规定，土地经营权抵押贷款的贷款用途应主要用于农业生产经营，而根据数据显示流入土地的农户将贷款用于其他用途，他们相比贷款用于农业生产的农户来说，对土地的农业投入相对较少，可能会较少关注土地本身的生产价值，那么土地价值有可能会因此损失，因而违约的概率也相对较高。而贷款金额大的农户违约概率较低，可能是因为贷款金额大的农户，一般来说抵押土地的规模也较大，他们违约的成本较高，因而违约的概率较低。

④地理位置不显著，且地理位置（在县城附近）的回归系数为正，地理位置（在乡镇附近）的回归系数为负。与研究假定一结果相反。这说明地理位置并不是农地经营权抵押贷款违约风险的主要影响因素，对违约风险不产

生显著影响。但是靠近乡镇附近对农户违约具有一定控制作用，即靠近乡镇附近的农户，违约概率相对较低；地理位置在县城附近的农户违约概率相对较高，这可能是因为地理位置在乡镇附近的农户更靠近土地，对自己的农业经营相对更重视，相比县城附近的农户来说，对农业收入的渴望更大，因而更重视农地经营权抵押获得的贷款，违约概率相对较低。

⑤储蓄水平的两个虚拟变量都在 1% 的水平上显著，且回归系数都为正数。与研究假定五结果一致。结合边际效应来看，农户储蓄水平在 1 万以下和 1 万～ 5 万的，违约概率分别增加 22% 和 19% 左右，说明储蓄水平在 1 万以下和 1 万～ 5 万的农户，相对来说储蓄水平较低，违约概率较高，并且他们对农户违约产生的边际效应较大。这是因为储蓄水平低的农户，相对来说还款能力较弱，相对储蓄水平高的农户来说更容易出现无法及时还款的现象，因而贷款违约的概率也就越大。

⑥传统家庭经营的农业经营方式在 5% 的水平上显著，且回归系数为负数，边际效应在 12% 左右。与研究假设二相反。这说明采取传统家庭经营的农户，相比采取新型家庭农场、农民专业合作社等经营方式的农户来说，违约的概率相对较小。这可能是因为采取传统家庭经营的农户，农业生产规模相对较小，资金规模一般也比新型经营方式的农户要小，对贷款的需求不高，因而违约的概率相对较小。

⑦农户对土地流转市场发达程度的认知的两个虚拟变量分别在 10% 和 5% 的水平上显著，回归系数为正数，与研究假设七一致；农户对土地价值评估体系的认知的虚拟变量 2 在 1% 的水平上显著，回归系数为负数，边际效应分别是 16%、 11%、 23%。土地价值评估体系 1 被自动剔除（农户认为十分健全的观察值极少，因而被剔除），这说明认为当前土地流转市场非常发达、比较发达和一般的农户，违约概率相对较大，认为当前土地价值评估体系比较健全和一般的农户，违约概率相对较小。出现这种现象的原因可能是，当前土地经营权抵押贷款还处在试点阶段，土地流转市场尚不健全，农户对其认知还较为模糊，准确性不高。从农户对土地价值评估体系的认知的边际效应在 20% 左右可以看出，当农户认为土地价值评估体系比较健全时，对土地评估体系评价相对较高，说明他们对贷款的满意程度相对较高，因而相对重视，违约概率相对较低。

⑧农业收入和非农收入分别在 1% 和 10% 的水平上显著，且回归系数为正；总支出在 10% 的水平上显著，且回归系数为负；边际效应均在 1% 以下。与研究假设五相反。这三个指标反映农户的经济状况，说明农户总支出

对违约产生负向作用，其余则产生正向作用。这可能是由于总支出较多的农户，一般来说收入水平也较高，还款能力相对较强，因而违约概率较小。而其他两项的边际效应十分小，因此对农户违约的作用可以忽略不计。

（2）土地未流入的农户

通过回归发现，土地未流入农户的农地经营权抵押贷款违约风险影响因素的显著情况总体不佳，只有 3 个指标显著，这说明土地流入的农户对违约的影响相对明显，土地未流入对违约的影响相对较小。因而就土地未流入农户也就没有具体作边际效应分析，只做了回归分析。根据回归结果分析如下：

①总支出、农业收入、非农收入、贷款用途、贷款金额、经营方式、流转市场的认知不显著，且贷款金额、总支出、贷款用途、认为土地流转市场非常发达这几个变量的回归系数为正数，经营方式、农业收入、非农收入、认为土地流转市场比较发达这几个变量的回归系数为负数。由于土地未流入的农户，土地流转规模为零，因而土地流转规模无法对农户违约产生显著影响。其他的控制变量如贷款金额、总支出、贷款用途等不显著，可能说明这些与土地未流入农户的违约概率并无明显关系，但经营方式、农业收入、非农收入、认为土地流转市场一般发达这几个变量的回归系数为负数，说明这些变量对土地未流入农户的违约风险存在一定的控制作用，即在土地未流入情况下，传统经营方式的农户违约概率相对较低；非农收入、农业收入水平越高，说明农户还款能力相对较强，对其违约有一定控制作用；认为土地流转市场发达程度一般的农户违约概率相对较低。

②参与农业保险情况在 1% 的水平上显著，且回归系数为正数。与土地流入的农户在此项指标上的情况对比来看，土地流入农户的回归系数为负数，而此时变为正值，这反映了没有流入土地的农户，倾向于不购买农业保险，相对来说违约的概率较高。这可能是因为土地没有流入的农户，土地流转的需求较小，认为自己的土地能够满足经营需要而不进行流转，对土地的关注度相对土地流入农户来说较低。他们一般倾向于不购买农业保险，因而抵押物价值损失风险较大，违约概率相对较高。

③地理位置在县城附近在 1% 的水平上显著，且回归系数为正，与土地流入农户的结果一致。说明没有流入土地的农户，在其他因素不变的情况下，地理位置在县城附近的农户违约概率更高。可能是因为地理位置在县城附近的农户，就业选择更多，此时若没有选择流入土地，可能将选择其他非农就业方式就业，而不是投入大量资金在土地上，相比乡镇附近、偏远地区的农

户来说，违约成本较低，违约概率相对较高。

④储蓄被系统自动剔除，未得到回归结果。是由于在土地未流入的农户中，储蓄水平在1万～5万的农户个数为0，因而无法得出回归结果。这可能是由于土地未流入的农户相对于依赖土地获得农业收入的农户来说，资金流动更大，选择在金融机构储蓄的概率相对不稳定，因而储蓄差异分布不明显，不能获得对违约风险影响的明显表示，因而被系统自动忽略。

⑤土地评估体系2(认为土地价值评估体系比较健全）在5%的水平上显著，且回归系数为负数。这与土地流入农户的回归结果一致。说明认为土地价值评估体系比较显著和一般的农户，违约的概率相对较低，反映了农户对土地评估体系的主观认知也会在一定程度上影响违约概率。

8.4 研究结论

（1）在“纯抵押型”融资模式运行过程中，家庭资产、信用等级、政府贴息、参与农业保险、利率水平、银行的积极性、贷后监管力度与土地经营权抵押融资模式运行有显著的正向影响。因此，需要完善土地经营权抵押融资相应配套机制，金融部门应积极做好贷前、贷中、贷后的审查和监管，政府需进行财政贴息、完善农业保险的全覆盖。

（2）在“抵押+担保型”融资模式运行过程中，家庭资产、土地经营面积、信用等级、参与农业保险、土地价值评估体系、贷后的监管力度与土地经营权抵押融资模式运行有显著的正向影响。金融部门在做好贷前检查的基础上，根据家庭资产较多、信用等级较高但抵押物价值不足的借款人适当提高贷款额度，并做好贷中、贷后的审查和监管以降低风险；政府可以进行适当财政贴息，用来完善土地价值评估体系，对土地价值的评估做到合理准确。

（3）贷款利率与农村土地经营权抵押融资模式运行有显著的负向影响。金融部门应该制定合理的利率水平，适当降低借贷利率，减少农户的还款压力。根据本地区经济发展水平和相应配套措施，在土地经营权流转的基础之上，综合评估不同需求主体的信用等级状况、资产状况和偿还能力，开展不同的土地经营权抵押融资模式，积极引导“抵押+担保型”融资模式向“纯抵押”型融资模式过渡。

（4）土地流转规模与土地流入农户的违约风险负相关。研究发现土地流入的情况下，土地流转规模对违约风险产生负向作用，即土地流入农户的土地流转规模越大，其参与农地经营权抵押贷款的违约风险越低，且土地流转规模对违约风险的边际效应在 7% 左右，即在其他因素不变的情况下，土地流入农户的土地流转规模每增加一单位，违约风险降低 7% 左右。因而土地流入对农地经营权抵押贷款违约风险具有控制作用，且土地流入的规模越大，对违约风险的控制作用越强。因此应当着力推进土地流转的规模化进程，这与国家推进农业适度规模经营的方向相一致。

（5）参与农业保险是影响违约风险的主要因素。农业保险对于农业生产具有保障作用，可在一定程度上减轻农户损失。研究结果发现在土地流入的情况下，参与农业保险的农户违约概率相对较低，且边际效应在 20% 左右，说明参与农业保险的农户贷款违约的概率显著降低，且降低的幅度较大。对土地未流入的农户来说，参与农业保险也显著影响了农户参与农地经营权抵押贷款的违约风险。因而参与农业保险对农户贷款违约具有显著影响，是影响农户违约风险的主要因素，应当引起重视。

（6）农户对土地流转的认知对违约风险具有重要影响。根据实证结果发现，对于土地流入和土地未流入的农户来说，认为土地价值评估体系比较健全的农户，相对于认为土地价值评估体系不健全的农户来说，违约概率都相对较低，且对于土地流入农户来说，认为土地价值评估体系比较健全的边际效应达到了 20% 左右。这反映出农户对土地流转的认知也会显著影响违约风险，且对其具有控制作用。而农户对土地流转的认知与土地流转体系的构建情况紧密相关，健全的土地价值评估体系和较为发达的土地流转市场才有可能使农户对其树立良好的主观认知。因而应当不断健全土地价值评估体系、完善土地流转市场，从而对农户的认知形成良性引导。

（7）借款人经济能力对土地流入农户违约风险的影响显著。实证研究发现，土地流入农户的储蓄水平、总支出、贷款金额和贷款用途都会显著影响其是否违约。储蓄水平、总支出和贷款金额在一定程度上可以用来衡量借款人的经济能力，经济能力较好，还款能力较强的农户一般来说违约的概率较小。贷款用于做生意、风险投资的农户违约概率较高，且边际效应达到了 17%，即在其他因素不变的情况下，贷款用于非农用途的借款人违约概率会提高 17%；而贷款用途也能在一定程度上衡量借款人的经济能力，贷款用于非农用途的借款人一般来说资金需求也较高，因而经济能力相对较强。这说明贷款用途也会显著影响农户违约风险的形成。

第九章　农村土地经营权抵押融资创新模式构建分析

9.1　文献综述

9.1.1　国外文献综述

N. Shagaida（2005）根据实际调研数据研究发现对农地的需求不高、信息不对称、官僚主义的操作流程是制约俄罗斯土地交易的主要原因。PS Mccomas（2006）基于提高农户收入的目标，从经济、农业层面提出对农场抵押贷款条件的改善提出相关建议。G Jiménez 和 V Salas 等（2006）认为抵押是解决逆向选择的一种途径，同时通过实证研究得出抵押对借款者风险产生消极影响，抵押的决定因素包括信贷市场竞争、贷款人类型以及生产周期，这些因素是先前研究未被发现的。

J. P. Niinimäki（2011）研究发现贷款者会在以下情况中使用抵押担保：第一，投资收益与项目成功与否有相互关系；第二，投资收益波动剧烈；第三，项目是在借贷资本的前提下建立起来的；同时认为高风险借贷者比低风险借贷者更可能进行抵押担保。CL Escalante 和 A Osinubi 等（2017）通过对农业服务机构贷款数据分析得出：虽然在不同种族和性别少数群体的贷款数额和期限内没有显著的差异，但一些借款人通常比其他人收取更高的利率。贷款定价差异可能是贷款人对借款人信用风险进行价格管理的策略。

9.1.2　国内文献综述

李宏伟（2010）认为立足我国现实情况，结合现行政策、法规的精神，土地承包经营权应当允许抵押，相应的法律制度也必须构建。张莉（2014）通过市场比较，评估农村土地经营权的价值，认为农村土地经营权抵押融资具有可行性。钱文荣、安海燕（2017）从实际利率和替代利率两个层面分析了利率对农户的农村土地经营权抵押融资参与意愿，发现实际利率具有负向影响，替代利率具有正向影响，且低收入农户的利率敏感性低于高收入农户。

林建伟（2018）从信贷员风险认知的角度，分析了金融机构农村土地经营权抵押融资供给意愿的影响因素。

兰德平、刘洪银（2014）分析了农村土地承包经营权抵押贷款面临的风险，并就如何防范风险的问题提出了解决对策。唐德祥、岳俊（2015）运用博弈论方法对农村土地承包经营权抵押融资的风险分担机制进行了深入研究，提出构建农村资产经营管理公司的金融组织创新是必要的。马雪彬、邓凝（2016）在分析农村土地承包经营权抵押贷款中的借款人信用风险、抵押物股价风险、抵押物处置风险的基础上，将大数据的思维引入贷前、贷中、贷后每个环节来进行风险防范。吴婷婷（2017）通过对江苏沛县农土公司农村土地经营权抵押融资模式的经营目标、制度设计和贷款流程进行了深入剖析，并将该模式与传统模式进行对比，发现创新模式在信贷支持上更具优势，具体表现为降低了融资门槛和融资成本。

9.1.3　国内外文献评述

国内外有关农村土地抵押融资的研究成果丰硕，值得借鉴。国内关于农村土地经营权抵押融资实践的研究尚处于探索阶段，对农村土地经营权模式创新的研究主要基于宏观层面的规范分析提出新模式设想，缺乏建立在实证分析基础上的模式创新研究。因此，在分析国内现行农村土地经营权抵押融资模式运行现状的基础上，通过实证分析构建农村土地经营权抵押融资新模式具有必要性和迫切性。

9.2　农村土地经营权抵押融资模式创新要素的层次分析

为了突破现有模式局限性，有针对性地对现有模式薄弱环节进行完善，需要根据重要程度对农村土地经营权抵押融资模式构建要素的优先度进行排序，采取专家打分和层次分析法对农村土地经营权抵押融资模式进行构建，以便为农村土地经营权抵押融资创新模式构建提供理论基础。

9.2.1　数据来源与特征分析

（1）数据来源。2017 年 12 月至 2018 年 2 月，对来自高校的农村经济专家学者和金融机构的高级信贷管理人员进行了问卷调查，专家关于农村土地经营权抵押贷款模式构建要素两两之间的相对重要性进行了评价。累计发放问卷 66 份，收回问卷 66 份，问卷收回率和为 100%，其中资深学者 34 位，高级信贷管理人员 32 位。

（2）数据统计特征分析。依据评价小组数据，采用 0 ～ 2 的三标度评分方法（见表 9–1），专家通过对指标两两比较，判断一个指标相对另一个指标的相对重要程度，由此形成对比判断矩阵。

表 9–1　对比判断矩阵的标度值及含义

标度值	含义
0	前一指标较后一指标不重要
1	前一指标与后一指标同等重要
2	前一指标较后一指标重要

表 9–2 给出了专家评分的统计特征各一级指标两两之间的比较（即判断矩阵 1）。专家对于判断矩阵 1 的评分标准差均小于 0.9，且总得分均小于 1，说明专家对于一级指标之间的相对重要性的意见较为一致，且趋于稳定，即一级指标的重要性从小到大的排列为：客户群（I_1）、金融机构（I_2）、抵押物处置系统（I_3）、配套机制（I_4）、政策法律环境（I_5）。资深学者的各项得分和标准差均大于高级信贷管理人员的各项得分和标准差，说明相对于高级信贷管理人员，资深学者对于一级指标之间的相对重要性存在着较大的差异，造成这种差异的可能性原因是资深学者基于不同层次的考虑而做的判断。

表 9–2　数据统计特征

向量	被调查人										总得分	标准差
	高级信贷管理人员（32 人）					资深学者（34 人）						
	0	1	2	得分	标准差	0	1	2	得分	标准差		
(I_1,I_2)	24	4	4	0.36	0.71	15	6	13	0.94	0.92	0.67	0.86
(I_1,I_3)	25	4	3	0.31	0.64	21	4	9	0.65	0.88	0.48	0.78
(I_1,I_4)	24	5	3	0.34	0.65	22	3	9	0.62	0.89	0.48	0.78
(I_1,I_5)	28	1	3	0.22	0.61	26	4	4	0.35	0.69	0.29	0.65
(I_2,I_3)	21	1	4	0.28	0.68	18	6	10	0.76	0.89	0.53	0.82
(I_2,I_4)	26	1	5	0.38	0.75	19	6	9	0.68	0.88	0.53	0.82
(I_2,I_5)	28	1	3	0.22	0.61	26	3	5	0.38	0.74	0.30	0.67
(I_3,I_4)	23	3	6	0.50	0.80	21	5	8	0.58	0.86	0.55	0.82
(I_3,I_5)	29	0	3	0.19	0.59	21	7	6	0.56	0.79	0.38	0.71
(I_4,I_5)	24	5	3	0.34	0.65	22	7	3	0.38	0.65	0.36	0.64

（3）模型设定。层次分析法是美国知名学者 Satty 教授提出的一种简便实用的多准则决策方法。其具体操作步骤是：首先明确决策目标，然后根据

决策问题建立目标—准则—方案的递阶层次结构，并依此构建判断矩阵，求得各个层次的元素相对于上一层次元素的权重，最后利用加权求积算得各个备选方案相对于总目标的最终权重，权重最大的备选方案即为实现决策目标的最优方案。即明确决策问题→建立递阶层次结构→构建判断矩阵→层次单排序→层次综合排序。

判断矩阵具有如下特征：

$$b_{ii}=1$$
$$b_{ij}=1/b_{ji} \qquad \text{公式（9-1）}$$
$$b_{ik}=b_{ij}/b_{jk}$$
$$(i, j, k = 1,2,\cdots,n)$$

当判断矩阵中同时具有上述三条特征时，该判断矩阵即为完全一致性判断矩阵。

一致性指标，$CI=(\lambda_{MAX}-n)/(n-1)$ 其中，λ_{MAX} 是判断矩阵的最大特征值。*CI* 的值越趋近于零时，偏离完全一致性程度越小，越趋于完全一致性。判断矩阵的阶数 *n* 越大，偏离的人为因素就越大，*CI* 的值相对也越大；*n* 越小，偏离的人为因素就越小，*CI* 的值相对也越小。平均随机一致性指 *RI* 用于衡量多阶判断矩阵的完全一致性。

$$RI(n)=(0,0,0.58,0.9,1.12,1.24,1.32,1.41,1.46,1.49) \qquad \text{公式（9-2）}$$
$$(n=1,2,\cdots,10)$$

当判断矩阵的阶数低于三阶时，判断矩阵具有完全一致性。随机一致性比率是 *CI* 与 *RI* 的比值。

$$CR = CI / RI \qquad \text{公式（9-3）}$$

当 $CR < 0.1$ 时，判断矩阵是满意一致性矩阵。

层次单排序就是计算每一层所有指标相于对上一层指标的权重，根据权重大小排出顺序。通常用和积法或者方根法计算最大特征向量。以和积法为例，

$$b^*_{ij}=b_{ij}/\sum b_{ij}$$
$$W_j^*=\sum b^*_{ij}$$
$$W_i=W_j^*/\sum W_i^*$$
$$(i, j = 1,2,\cdots,n)$$
$$\lambda_{MAX}=\Sigma_1^n\,[\,(BW)i/nWi] \qquad \text{公式（9-4）}$$

层次总排序就是根据每一层次指标相对于上一层次指标的权重，加权求积得出方案层相对总目标的综合权重，然后根据综合权重进行排序。利用该方法对农村土地经营权抵押融资模式构建要素进行量化分析。

9.2.2 层次分析

（1）构建指标体系。将农村土地经营权抵押融资模式构建要素分为：客户群、金融机构、抵押物处置系统、配套系统和政策法律环境五个一级指标，分别记为 I_1、I_2、I_3、I_4、I_5。其中客户群一级指标下设农户经济水平、农业现代化水平、人均土地规模、农户信用、农户的相关认知五个二级指标，分别记为 I_{11}、I_{12}、I_{13}、I_{14}、I_{15}；金融机构一级指标下设规模实力、产品开发、产品推广、贷款监管、贷款回收五个二级指标，分别记为 I_{21}、I_{22}、I_{23}、I_{24}、I_{25}；抵押物处置系统一级指标下设法律效力确定、价值评估、变现渠道、变现溢出资金返还、抵押农地自主经营五个二级指标，分别记为 I_{31}、I_{32}、I_{33}、I_{34}、I_{35}；配套系统一级指标下设抵押登记机构完善程度、农村土地经营权价值评估机构完善程度、产权交易市场发达程度、担保制度的完善程度、保险

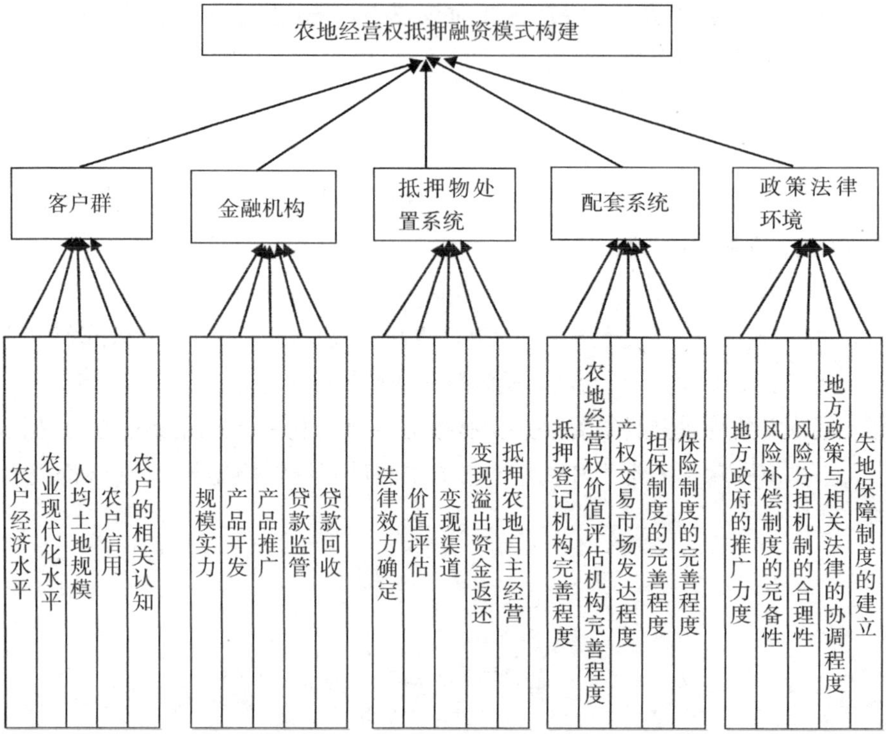

图 9-1 农村土地经营权抵押融资模式构建指标体系

制度的完善程度五个二级指标，分别记为 I_{41}、I_{42}、I_{43}、I_{44}、I_{45}；政策法律环境一级指标下设地方政府的推广力度、风险补偿制度的完备性、风险分担机制的合理性、地方政策与相关法律法规的协调程度、失地保障制度的建立五个二级指标，分别记为 I_{51}、I_{52}、I_{53}、I_{54}、I_{55}（指标体系如图 9–1 所示）。

（2）构造判断矩阵。对 66 位资深学者和高级管理人员的评分分别赋予 0.7 和 0.3 的权重，加权平均计算出各指标的综合评分，并依此构造两两比较的判断矩阵，并利用 Maltab7.0 软件对模型进行运算。通过表 9–3 到表 9–8 给出了各判断矩阵的最大特征值、随机一致性比率以及一致性指标的值和一致性检验结果。可以看出，所有判断矩阵均具有判断一致性，并且一致性比率＜0，均通过一致性检验，具有满意的一致性。

表 9–3　一级指标相较总目标的权重

	A					
	I_1	I_2	I_3	I_4	I_5	
I_1	1	7/9	5/9	1/2	1/3	λ_{MAX}=5.072 9
I_2	9/7	1	5/8	3/5	1/3	CI=0.018 2
I_3	9/5	8/5	1	5/9	4/9	RI=1.12
I_4	2	5/3	9/5	1	3/8	CR=0.016 3<0.1
I_5	3	3	9/4	8/3	1	

表 9–4　客户群一级指标下设指标的权重

	I_1					
	I_{11}	I_{12}	I_{13}	I_{14}	I_{15}	
I_{11}	1	7/9	3/5	1/4	1/2	λ_{MAX}=5.180 7
I_{12}	9/7	1	1/2	1/3	2/3	CI=0.047 2
I_{13}	5/3	2	1	1/3	1/2	RI=1.12
I_{14}	4	3	3	1	5/7	CR=0.042 1<0.1
I_{15}	2	3/2	2	7/5	1	

表 9–5　金融机构一级指标下设指标的权重

	I_2					
	I_{21}	I_{22}	I_{23}	I_{24}	I_{25}	
I_{21}	1	1/2	1/2	2/5	1/3	λ_{MAX}=5.165 9
I_{22}	2	1	3/5	4/9	1/3	CI=0.041 5
I_{23}	2	5/3	1	2/5	3/8	RI=1.12
I_{24}	5/2	9/4	5/2	1	2/5	CR=0.037 0<0.1
I_{25}	3	3	8/3	5/2	1	

表 9–6　抵押物处置系统一级指标下设指标的权重

	I_3					
	I_{31}	I_{32}	I_{33}	I_{34}	I_{35}	
I_{31}	1	2/3	3/5	6/7	6/7	λ_{MAX}=5.208 1
I_{32}	3/2	1	1/3	3/4	1/2	CI=0.052 0
I_{33}	5/3	3	1	5/6	6/7	RI=1.12
I_{34}	7/6	4/3	6/5	1	1/2	CR=0.046 4<0.1
I_{35}	7/6	2	7/6	2	1	

表 9–7　配套机制一级指标下设指标的权重

	I_4					
	I_{41}	I_{42}	I_{43}	I_{44}	I_{45}	
I_{41}	1	3/5	2/5	3/8	2/3	λ_{MAX}=5.204 2
I_{42}	5/3	1	1/3	2/5	1/2	CI=0.051 0
I_{43}	5/2	3	1	1/2	5/7	RI=1.12
I_{44}	8/3	5/2	2	1	7/9	CR=0.045 6<0.1
I_{45}	3/2	2	7/5	9/7	1	

表 9–8　政策法律环境一级指标下设指标的权重

	I_5					
	I_{51}	I_{51}	I_{53}	I_{54}	I_{55}	
I_{51}	1	1/4	1/5	1/3	2/7	λ_{MAX}=5.252 5
I_{52}	4	1	1/2	4/7	1/2	CI=0.063 1
I_{53}	5	2	1	1/2	4/7	RI=1.12
I_{54}	3	7/4	2	1	1/2	CR=0.056 4<0.1
I_{55}	7/2	2	4/7	2	1	

（3）层次综合排序。利用和积法计算得到各指标权重，根据各二级指标较一级指标的权重与一级指标较总目标的权重之积求出各二级指标相对目标层的组合权重，并依此进行层次综合排序。表 9–9 给出了层次单排序和层次综合排序的结果。

一级指标权重向量为 W=（0.104 3，0.122 0，0.166 1，0.211 0，0.399 6），即专家认为：客户群、金融机构、抵押物处置系统、配套机制和政策法律环境在农村土地经营权抵押融资模式构建中的权重分别为 0.104 3，0.122 0，0.166 1，0.211 0，0.396 6。各一级指标下属指标权重分别为：客户群下属指标权重为 W_1=（0.098 9，0.121 0，0.157 8，0.342 0，0.280 2），金融机构下属指标权重为 W_2 =（0.087 8，0.121 6，0.149 9，0.246 2，0.394 5），抵押物处置系统下属指标权重为 W_3 =（0.151 2，0.139 5，0.251 5，0.189 7，0.268 1），配套机制下属指标权重为 W_4 =（0.105 4，0.118 2，0.225 7，0.292 3，0.258 4），政策法律环境下属指标权重 W_5 =（0.060 3，0.153 3，0.215 5，0.245 2，0.325 7），即专家认为：农户经济水平、农业现代化水平、人均土地规模、农户信用、农户的相关认知在客户群指标中的权重分别为 0.098 9、0.121 0、0.157 8、0.342 0、0.280 2；规模实力、产品开发、产品推广、贷款监管、贷款回收在金融机构指标的权重分别为 0.087 8、0.121 6、0.149 9、0.246 2、0.394 5；法律效力确定、价值评估、变现渠道、变现溢出资金返还、抵押农地自主经营在抵押物处置系统指标中的权重分别为 0.151 2、0.139 5、0.251 5、0.189 7、0.268 1；抵押登记机构完善程度、农村土地经营权价值评估机构完善程度、产权交易市场发达程度、担保制度的完善程度、保险制度的完善程度在配套机制指标中的权重分别为 0.105 4、0.118 2、0.225 7、0.292 3、0.258 4；地方政府的推广力度、风险补偿制度的完备性、风险分担机制的合理性、地方政策与相关法律法规的协调程度、失地保障制度的建立在政策法律环境指标中的权重分别为 0.060 3、0.153 3、0.215 5、0.245 2、0.325 7。

表 9–9　二级指标相较总目标的组合权重

	A					组合权重	总排序
	I_1	I_2	I_3	I_4	I_5		
	0.104 3	0.122 0	0.166 1	0.211 0	0.396 6		
I_{11}	0.098 9					0.010 3	25
I_{12}	0.121 0					0.012 6	23
I_{13}	0.157 8					0.016 5	21
I_{14}	0.342 0					0.035 7	11
I_{15}	0.280 2					0.029 2	14
I_{21}		0.087 8				0.010 7	24
I_{22}		0.121 6				0.014 8	22
I_{23}		0.149 9				0.018 3	20
I_{24}		0.246 2				0.030 0	13
I_{25}		0.394 5				0.048 1	7
I_{31}			0.151 2			0.025 1	15
I_{32}			0.139 5			0.023 2	18
I_{33}			0.251 5			0.041 8	10
I_{34}			0.189 7			0.031 5	12

续表 9–9

	A					组合权重	总排序
	I_1	I_2	I_3	I_4	I_5		
	0.104 3	0.122 0	0.166 1	0.211 0	0.396 6		
I_{35}			0.268 1			0.044 5	9
I_{41}				0.105 4		0.022 2	19
I_{42}				0.118 2		0.024 9	16
I_{43}				0.225 7		0.047 6	8
I_{44}				0.292 3		0.061 7	4
I_{45}				0.258 4		0.054 5	6
I_{51}					0.060 3	0.023 9	17
I_{52}					0.153 3	0.060 8	5
I_{53}					0.215 5	0.085 5	3
I_{54}					0.245 2	0.097 2	2
I_{55}					0.325 7	0.129 2	1

（4）结论分析。由层次单排序和层次综合排序的结果可以得出如下结论：

第一，相较于其他一级指标，配套机制和政策法律环境在农村土地经营权抵押融资创新模式构建中发挥更大的作用（权重为 0.607 6）。完善的配套机制使得农村土地经营权抵押融资模式趋于成熟，防范贷款风险，降低总体风险，使其更具市场效率；政策法律环境对农村土地经营权抵押融资模式构建具有指导性意义，完善的政策法律可以解决农户和金融机构的后顾之忧，激励其参与农村土地经营权抵押融资，有利于农村土地经营权抵押融资业务的推广。农村土地经营权抵押融资创新模式构建应该从配套机制和政策法律环境两方面进行完善和提升。

第二，通过二级指标较总目标的组合权重可以看出，失地保障制度的建立（0.129 2）、地方政策与相关法律法规的协调程度（0.097 2）、风险分担机制的合理性（0.085 5）、担保制度的完善程度（0.061 7）、风险补偿制度的完备性（0.060 8）、保险制度的完善程度（0.054 5）、贷款回收（0.048 1）、产权交易市场发达程度（0.047 6）、抵押农地自主经营（0.044 5）、变现渠道的权重（0.041 8）排名前十位。失地保障制度的建立可以缓解农户对土地的依赖性，提高农户参与农村土地经营权抵押融资的积极性；地方政策与相关法律法规的协调程度越高，金融机构的放贷积极性越高，农村土地经营权抵押融资的贷款可得性就越高；同时，风险控制、担保及保险机制的引入、贷款回收及违约处理是农村土地经营权抵押融资创新模式构建的优先举措。

9.3　农村土地经营权抵押融资模式创新要素验证

为进一步推广农村土地经营权抵押融资创新模式发挥作用，利用宁夏平罗县和重庆开县金融机构农村土地经营权抵押融资业务贷款信息，通过构建多目标非线性模型，对其求解，找到最优贷款规模和最合适的政府贴息，实现优先保障农户权益，金融机构、保险机构、担保机构获得最大化利益，政府获得最大化社会效益的多个目标。鼓励贷款机构经营农村土地经营权抵押贷款，并通过保险机制、担保机制、风险分担机制和抵押处置机制等配套机制引入来观察模型最优解的变动，为农村土地经营权抵押融资创新模式的建立提供思路。

9.3.1　数据来源与特征分析

2016 年 3—6 月，对宁夏平罗和重庆开县金融机构农村土地经营权抵押融资业务贷款农户的基本信息、农业生产信息、贷款信息进行问卷调查。宁夏平罗县和重庆开县是国家规定的农村土地经营权抵押融资试点地区，其农村土地经营权抵押融资模式较为典型，被国内学者作为案例进行研究，数据具有一定的代表性。表 9-10 是对抽取的 705 份有效数据（其中平罗县 502 份，开县 203 份）进行统计分析的结果。其中，自然灾害损失率是由 2015 年受灾农户（平罗县受灾农户 68 户，开县受灾农户 94 户，受灾户所占比率分别为 13.55% 和 46.31%）的损失金额与当年农业毛收入和损失金额之和的比值得出，即自然灾害损失率 = 损失金额 /（损失金额 + 当年农业毛收入）；贷款收益率是 2015 年农业毛收入与贷款金额的差值占贷款金额的比率。将贷款到期时全部未偿还或偿还部分本息、担保人偿还、借亲朋好友钱偿还、借新贷还旧贷的现象视为违约行为。在对平罗县金融机构农村土地经营权抵押融资业务的调查中，依据前文的研究界定，发现 15 个违约案例，而开县金融机构农村土地经营权抵押融资模式具有互助和扶贫的性质，2015 年未出现不良贷款；违约贷款回收率是到期前贷款清偿部分占贷款金额的比率，即违约贷款回收率 = 到期前贷款清偿额 / 贷款金额。

表 9-10 2015 年贷款农户统计信息（均值）

	平罗县	开县	总体
土地经营规模（亩）	38.83	7.35	29.76
自然灾害损失率(%)	14.96	25.03	20.80
亩均农业支出(万元)	0.09	0.24	0.10
农业纯收入（万元）	3.15	1.37	2.98
贷款金额（万元）	4.94	4.28	4.75
贷款利率（%）	6.61	11.91	8.14
贷款收益率（%）	48.42	19.10	40.01
违约率（%）	2.99	—	—
违约贷款回收率(%)	34.82	—	—

平罗县地广人稀，户均土地面积 38.83 亩，居于全国平均水平之上，重庆有“山城”之称，开县户均土地面积较小（7.35 亩）。相较于平罗县（自然灾害损失率 14.96%），开县（自然灾害损失率 25.03%）农业生产受自然灾害影响更大。由于开县农户投资芍药等经济作物，亩均农业支出（0.24 万元）较平罗的亩均农业支出（0.09 万元）更高。受自然灾害影响，2015 年开县贷款农户农业纯收入（1.37 万元）较低；平罗县和开县的单次农村土地经营权抵押贷款金额较为稳定，分别为 4.94 万元和 4.28 万元，但开县的贷款利率水平（11.91%）高于平罗县的贷款利率水平（6.61%）；由于 2015 年开县农业生产受灾较平罗县更为严重，且投资的经济作物仍处在生产周期之内，所以开县的贷款收益率（19.10%）远小于平罗的贷款收益率（48.42%）；平罗县违约样本为 15 个，违约率为 2.99%，贷款违约回收率为 34.82%。

9.3.2 理论假设

在保持模型一般性的基础上，提出如下假设：第一，农村土地经营权抵押贷款各主体是理性的。农村土地经营权抵押贷款各主体完全根据自身的收益和风险追求相同收益水平下的风险最小化组合，或者相同风险水平下的收益最大化组合。第二，土地流转市场不存在交易成本。土地流转双方所掌握的信息是完全相同的，都能迅速匹配对方并达成交易。第三，贷款农户为规模经营者，收入来源均为农业收入，农村土地经营权抵押贷款恰好满足土地投资需求。为此，构建两种多目标非线性模型进行分析。

9.3.3　无配套机制的多目标非线性模型构建

假定农户需要对农业投资时，以农村土地经营权抵押向金融机构申请 1 年期贷款，贷款额为 L 元（L 是关于贷款利率 r、外部环境 Q_1、农户因素 Q_2 的非线性函数），贷款利率为 r，农户将这笔贷款投入农业生产获得的净收益率为 R，既贷款后农业收益率，R 一定大于等于于 r，否则农户没有申请贷款的动力，贷款发生违约的概率 p，不发生违约的概率为 $1-p$ 。

对于农户来说，使用这笔贷款获得的收益期望 π_1 为：

$$\pi_1=(1-p)\times[L(1+R)-L\times(1+r)]-p\times k'\times L \qquad \text{公式（9–5）}$$

其中，k' 为贷款发生违约时的单位信贷资金损失率。对金融机构来说，发放这笔贷款获得的收益期望 π_2 为：

$$\pi_2=(1-p)\times r\times L+p\times L\times(k-1)-C\times L+G \qquad \text{公式（9–6）}$$

其中，k 为贷款发生违约时的资本回收率，C 为贷款成本率，G 为政府贴息。

一方面，农户有一个最低的目标收益率 φ_1，只有农村土地经营权抵押贷款的预期收益率大于等于 φ_1 时，农户才会申请贷款；另一方面，贷款机构也有一个最低的目标收益率 φ_2，只有贷款机构的预期收益率大于等于 φ_2 时，贷款机构才会选择放贷。所以农户申贷和金融机构放贷的约束条件分别为：

$$\pi_1=(1-p)\times[L\times(1+R)-L\times(1+r)]-p\times k'\times L\geqslant\varphi_1\times L \qquad \text{公式（9–7）}$$

$$\pi_2=(1-p)\times r\times L+p\times L\times(k-1)-C\times L+G\geqslant\varphi_2\times L \qquad \text{公式（9–8）}$$

$$R\geqslant r \qquad \text{公式（9–9）}$$

这笔农村土地经营权抵押贷款所产生的经济效益 U 为：

$$U=(R\times L)/(L+G) \qquad \text{公式（9–10）}$$

由于配套机制不健全，政府通过贴息、建立风险补偿基金等方式引导农户和金融机构参与农村土地经营权抵押贷款，以此盘活农村资产、促进农业生产、提高农户收入、促进土地的高效流转。因此，在模型构建中，农户和金融机构在农村土地经营权抵押贷款中获得最大收益的同时，政府也获得最大收益。

因此，可以构建的最优化模型为：

$$\text{Max } \pi_1$$

$$\text{Max } \pi_2$$

$$\text{Max } U$$
$$\text{s.t.} \qquad \text{公式（9-11）}$$
$$\pi_1=(1-p)\times[L\times(1+R)-L\times(1+r)]-p\times k'\times L\geqslant\varphi_1\times L$$
$$\pi_2=(1-p)\times r\times L+p\times L\times(k-1)-C\times L+G\geqslant\varphi_2\times L$$
$$R\geqslant r$$

利用变异系数法计算出 π_1，π_2，U 的权重 w_1，w_2，w_3，将上述的多目标非线性模型转化为单目标非线性模型：

$$\text{Max } w_1\times\pi_1+w_2\times\pi_2+w_3\times U$$
$$\text{s.t.}$$
$$\pi_1=(1-p)\times[L\times(1+R)-L\times(1+r)]-p\times k'\times L\geqslant\varphi_1\times L \qquad \text{公式（9-12）}$$
$$\pi_2=(1-p)\times r\times L+p\times L\times(k-1)-C\times L+G\geqslant\varphi_2\times L$$
$$R\geqslant r$$

即可求出模型的最优解。

为进一步得出模型的最优解，利用对宁夏平罗县、重庆开县实地调研获得的一手数据和相关资料，对模型中的相关变量进行合理化设定并加以解释说明：

（1）贷款不发生违约的概率 p。由于历史传统，农户对土地非常看重，对土地具有很强的依赖性，因此农户违约的概率并不高，结合平罗县调查情况，将 p 设定为 3%。

（2）农村土地经营权抵押贷款的年收益率确定。根据贷款前后农户的农业纯收益的变化，平罗县、开县两地农户 2015 年平均贷款收益率为 40.01%，而《中国农村统计年鉴》2014 年种植业平均成本收益率为 11.68%，将农村土地经营权抵押贷款的年收益率 R 设置为 40.01%–11.68%=28.33%。

（3）农户最低目标收益率 φ_1、贷款机构最低目标收益率 φ_2，及农村土地经营权抵押贷款成本率 C 的确定。根据张莉（2010）、赵帅等（2014）的研究结论，农户的最低目标收益率应当是一个市场平均利润率水平，大致为 20%，认为规模经营农户的经营模式跟小微企业中的个体工商户类似；而金融机构对小微企业的贷款成本率大致为 0.5%，故而选取金融机构对小微企业的贷款成本率来反映农村土地经营权抵押贷款的成本率，即 φ_1 为 20%，C=0.5%；贷款机构所要求的最低目标收益率必须不低于无风险收益率，取 2017 年央行第四季度 1 年期的存款利率标准 1.5%。

（4）违约发生时农户单位资金损失率 k' 和资本回收率 k 的确定。违约发生时，农户将丧失抵押土地的经营权，k' 取决于农业投资的损失情况，自然灾害是造成农业投资损失的主要原因，平罗县和开县平均自然灾害损失率约为 20%，故将 k' 设定为 20%。根据平罗县违约平均还贷情况，将资本回收率设定为 35%。农户向金融机构贷款金额 47 500 元（平罗县、开县两地农村土地经营权抵押融资平均贷款规模）时，则模型最优解为（11.40%，0），此时农村土地经营权抵押融资可以使得各方的利益总和达到最大化。

9.3.4　存在配套机制的多目标非线性模型构建

金融机构要求农户申请农村土地经营权抵押贷款时必须投保农业保险，且违约发生时，农业保险赔偿额（全损）优先清偿贷款，担保机构清偿剩余贷款并获得抵押农村土地经营权的处置权。则农户的收益期望 π_1 为：

$$\pi_1=(1-p)\times[L\times(1+R)-L\times(1+r)]-p\times(k'\times L-k''\times i\times I)-0.25\times i\times I-s\times L$$

公式（9–13）

金融机构可以在农户违约时通过担保公司和保险赔偿额受偿，其收入期望 π_2 为：

$$\pi_2=r\times L-C\times L+G$$ 公式（9–14）

保险公司的期望收益 π_3 为：

$$\pi_3=i\times I-k''\times i\times I-C'\times I+G'$$ 公式（9–15）

违约发生时，担保公司在清偿贷款后可以通过土地流转将农村土地经营权变现以获得足额补偿，所以担保公司的期望收益 π_4 为：

$$\pi_4=s\times L-C''\times L$$ 公式（9–16）

其中，i 是保险费率；k'' 是赔付率；I 是保险额；s 是担保费率；C'' 是保险成本率；G' 是保险补偿率；C' 是担保成本率。

保险公司和担保公司分别存在一个最低预期收益率 φ_3、φ_4，只有期望收益大于最低预期收益率时，保险公司和担保公司才提供保险和担保动机，即：

$$\pi_3=i\times I-k''\times i\times I-C'\times I+G'\geqslant\varphi_3\times I$$
$$\pi_4=s\times L-C''\times L\geqslant\varphi_4\times L$$

公式（9–17）

农村土地经营权抵押贷款所产生的经济效益为：

$$U=(R\times L)/(L+i\times I+s\times L+G+G')$$ 公式（9–18）

则可以构建的最优化模型为：

$$\text{Max } w_1 \times \pi_1 + w_2 \times \pi_2 + w_3 \times \pi_3 + w_4 \times \pi_4 + w_5 \times U$$

$$\text{s.t.}$$

$$\pi_1 = (1-p) \times [L \times (1+R) - L \times (1+r)] - p \times (k' \times L - k'' \times i \times I) - 0.25 \times i \times I - s \times L \geqslant \varphi_1 \times L \quad \text{公式（9-19）}$$

$$\pi_2 = r \times L - C \times L + G \geqslant \varphi_2 \times L$$

$$\pi_3 = i \times I - k'' \times i \times I - C' \times I + G' \geqslant \varphi_3 \times I$$

$$\pi_4 = s \times L - C'' \times L \geqslant \varphi_4 \times L$$

合理化设定模型相关变量如下：

（1）保险额 I、保险费率 i、赔付率 k'' 和保险补偿 G' 的确定。以 2017 年政策性农业保险关于玉米和水稻保险的规定为例，保险政策分两档，第一档每亩保额400元，保险费率为4.5%；第二档每亩保额700元，保险费率为4%。农户自负保险费的25%，其余75%由政府承担，即 $G'=0.75iI$。选择第二档为例，i=4%，按照每亩地平均投资水平以元计算，农户经营土地面积为 30 亩，即 I=21 000 元，中国人寿财产保险股份有限公司在农业保险业务上处于领先位置，2016 年人寿农财险的赔付率为 77.9%，将 k''=78%。

（2）担保费率 s 确定。根据 2017 年国家农业信贷担保规定，担保费为担保金额的 1.5%，不得超过 2%。设定 s=2%。

（3）保险成本 C、保险公司最低预期收益 φ_3、担保成本 C'' 和担保公司最低预期收益 φ_4 的确定。由于保险公司、担保公司和金融机构面临相同的金融环境和服务对象，故设定 $C'= C''= 0.5\%$，$\varphi_3= \varphi_3= 1.5\%$。

当农户向金融机构贷款金额 47 500 元时，模型的最优解为（4.48%，0）。

9.3.5 结论分析

根据模型运行结果，当农村土地经营权抵押贷款存在保险机制和担保机制，并且抵押处置机制运行良好时，贷款利率保持在一个更低的水平上。无配套机制模型不需要政府贴息也能运行，与现实有所相悖，可能的原因是，金融机构运行为了追求盈利性并不会满足于一个无风险收益率，当贷款风险和成本过高时，金融机构缺乏放贷动力，这时就需要政府财政补贴来激励金融机构参与农地经营权抵押融资。相对于配套机制不完善时，贷款利率的降低从侧面反映出保险机制和担保机制分散了金融机构的贷款风险，同时贷款风险的降低，使得金融机构在相同利率水平下提高贷款供给。这在我们对宁夏平罗县和重庆开县两地的调研数据中得到了验证。

平罗县农业保险覆盖率较高，金融机构要求农村土地经营权抵押贷款必须参与农业保险，并需要提供担保人担保，因此贷款利率较低；重庆开县农户由于农业保险理赔率不高导致投保积极性较低，且合作社农村土地经营权抵押贷款资金来源于会员所缴纳的会费，贷款利率相对较高。因其具有扶贫性质，政府给予贴息。

由此可以看出，完善的抵押处置机制和合理的风险分担机制是推动农村土地经营权抵押贷款业务开展的重要因素。完善的抵押处置机制和合理的风险分担机制可以创造更低的贷款利率水平以刺激农户进行农村土地经营权抵押融资，扩大农业生产，同时高效的市场化运行机制能够提高金融机构放贷信心，提高信贷供给，从而最终达到解决农村融资难的问题。

9.4　农村土地经营权抵押融资创新模式构建

9.4.1　农村土地经营权抵押融资创新模式构建原则

（1）立足基本国情，遵循土地经营权合理抵押原则。农村土地经营权抵押融资创新模式构建首先要立足我国土地所有制性质、农村土地“三权”分置的基本国情，遵循不改变土地所有制形式、不转移土地占有、不改变土地用途的基本原则。在我国土地产权理论框架内，遵循《农村承包土地的经营权抵押贷款试点暂行办法》的指导意见，构建农村土地经营权抵押融资创新模式，是新型模式得以实现的基本保障。

（2）充分利用农村现有条件设施，发挥农村金融机构优势地位。农村土地经营权抵押融资创新模式构建要对农村现有基本设施进行充分利用，提高资源利用效率，最大化节省构建成本。对农村现有金融机构（农村信用合作社、农村商业银行、村镇银行等）进行大力扶持，以农村现有金融机构为贷款主体，充分发挥其群众基础，并以优惠政策吸引当地保险机构、担保机构，价值评估机构参与农村土地经营权抵押融资业务，为农村土地经营权抵押融资创新模式引入保险和担保机制。

（3）依法流转农村土地经营权，抵押品处置适宜适当。解决农村土地经营权处置难的问题，是农村土地经营权抵押融资创新模式构建首先要解决的重点问题。农村土地经营权抵押融资创新模式需要灵活处置农村土地经营权，为贷款违约后的农村土地经营权再流转变现提供稳定的绿色通道，并且提供农村土地经营权难以及时流转时的应急措施，使得农村土地经营权抵押融资创新模式能够灵活地进行违约处置。

（4）严格风险控制，降低融资风险。农村土地经营权抵押融资创新模式需要完善风险管理机制。新型模式将从损失控制和风险转移两个方面进行风险控制，从事前贷款资格审查、事中贷款监督和事后贷款回收和违约处置三个方面进行损失控制，以合同的形式引入保险和担保机制进行风险转移，合理风险分担。农村土地经营权抵押融资创新模式强调风险控制，多层次控制农村土地经营权抵押融资风险，降低整体风险。

9.4.2 土地经营权抵押融资创新模式构建

农村土地经营权抵押融资模式创新要素的层次分析结果显示，针对农村土地经营权抵押融资模式的不足之处，构建农村土地经营权抵押融资创新模式，抵押物处置系统、配套机制、风险分担机制的合理性、产权交易市场发达程度对农村土地经营权抵押融资创新模式构建的权重分别为：0.166 1、0.211 0、0.085 5、0.047 6；另外，失地保障制度的建立、地方政策与相关法律法规的协调程度、担保制度的完善程度、风险补偿制度的完备性、保险制度的完善程度、贷款回收、抵押农地自主经营、变现渠道等指标对农村土地经营权抵押融资创新模式构建的组合权重也排在前十位。所以，风险控制、担保及保险机制的引入、贷款回收及违约处理是农村土地经营权抵押融资创新模式构建的优先举措。这在平罗、开县两地农村土地经营权抵押融资贷款农户数据的多目标非线性模型运行结果中得到进一步验证：完善的抵押处置机制和合理的风险分担机制将使农村土地经营权抵押融资业务以较低的贷款利率平稳运行。

综上所述，农村土地经营权抵押融资创新模式需要着眼于抵押处置、风险控制及分担，以及农户利益保障等方面的建设。为了解决农村土地经营权抵押融资模式存在的问题，根据我国土地产权制度，针对我国土地流转的特点，基于风险转移和损失控制的风险控制原则，为抵押处置、风险控制及分担以及农户利益保障三个方面提出创新性的解决措施，以期为试点地区农村土地经营权抵押融资模式创新提供借鉴，促进农村土地经营权抵押融资业务在全国范围内推广。

（1）农村土地经营权抵押融资模式创新模块。

首先，抵押处置模块。创新模式将从拓宽土地经营权变现渠道和提升抵押土地自主经营能力两个方面进行抵押处置机制建设。抵押权人依靠可靠的企业信用或者政府信用与当地专业合作社、龙头企业等农业企业展开长期合作，一旦发生违约行为，可及时将农村土地经营权流转给合作企业获得资金补偿，既为扩大经营规模的农业企业解决了土地需求，又为抵押权人土地经营权再流转变现提供了稳定可靠的渠道。同时，抵押权人还需具备一定的土地管理能力，可以对未能及时流转的土地进行流转管理，并在抵押期限内获得足额补偿。

其次，风险控制及分担模块。创新模式主要通过损失控制和风险转移两个层面进行风险控制。损失控制可以从事前贷款资格审查、事中贷款监督和事后贷款回收和违约处置三个方面展开。在对贷款资格严格审查的同时灵活处理贷款申请，对于长期合作资信良好的优质客户，直接接受农村土地经营权抵押；对于首次申请信用不明的新生客户，则要求提供担保，对所有参与农村土地经营权抵押贷款的农户强制要求参与农业保险；对贷款资金进行跟踪回访，定期反馈贷款农户资金使用情况和土地经营情况，评估贷款农户的还款能力，以便对潜在的违约行为做出妥善应对；在贷款到期前及时向贷款农户传达贷款到期通知，并保证拥有有效的手段在违约行为发生时获得资金补偿。通过订立合同转移风险，与保险机构订立合同约定违约行为发生时获得保险赔偿金的优先补偿权，与担保机构订立合同转移土地经营权抵押处置风险。政府成立担保基金和风险补偿基金，担保基金用于补偿担保风险，风险补偿基金用于补偿金融机构贷款风险。

一旦发生违约，则根据导致违约发生的风险的不同，采取不同的处置策略。借鉴常露露等（2017）的研究结论，将影响农村土地经营权抵押贷款违约的主要风险大致分为自然风险、市场风险、经营风险和道德风险四类风险。

若违约行为是由于投保风险（自然风险、市场风险等）导致的，则由保险公司按照保险合同规定向农户进行理赔。赔偿金优先用于农村土地经营权抵押贷款本息清偿（即违约后金融机构拥有农业保险理赔的优先清偿权），若不足清偿，则由担保机构补足剩余部分后并依法获得抵押农村土地经营权的处置权；若违约是因为道德风险导致的，则由担保公司向金融机构清偿贷款并合理地享有所抵押农村土地经营权的流转权利；若是因为银行经营风险导致贷款未能及时收回的，损失由金融机构自身承担。同时，担保机构和金融机构在违约行为发生后的合理损失可由担保基金和风险补偿基金补偿。

第三，农户利益保障模块。从鼓励适度规模经营和设置失地保障基金两个方面保障农户利益。鼓励农户参与土地经营权流转，适度规模经营，将客户群定位为规模经营农户。从事小农生产的农户风险抵抗能力差，资金需求小，相对而言，规模经营农户具备较为系统的农业生产技术知识和现代化的机械设备，风险抵抗能力更强，资金需求大，所以农村土地经营权抵押贷款的优质客户应该是规模经营农户。有投资意愿的农户积极流入土地，以土地经营权抵押融资获得农业生产所需资金，提高农业机械化和现代化水平，获得规模收益，从而继续扩大生产，形成一个良性循环。

完善农村社会保障体系，由政府出资设立临时失地保障基金，若农户失地后失去基本生活来源，可向政府申请临时失地保障基金，以此缓解农户对土地的依赖性，激励农户参与农村土地经营权抵押融资业务的积极性。

（2）农村土地经营权抵押融资创新模式范例。遵循农村土地经营权抵押融资创新模式构建原则，依据创新模块的解决措施，农村土地经营权抵押融资创新模式可以设置为如下形式（如图 9–2 所示）。该模式是一种多主体参与、有效抵押处置、多重风险分担的农村土地经营权抵押融资创新模式。各主体权责分明，引入担保机制解放金融机构农村土地经营权处置压力，保险机构、担保机构、金融机构、风险补偿基金的多重风险分担机制保障新型模式可持续运行。

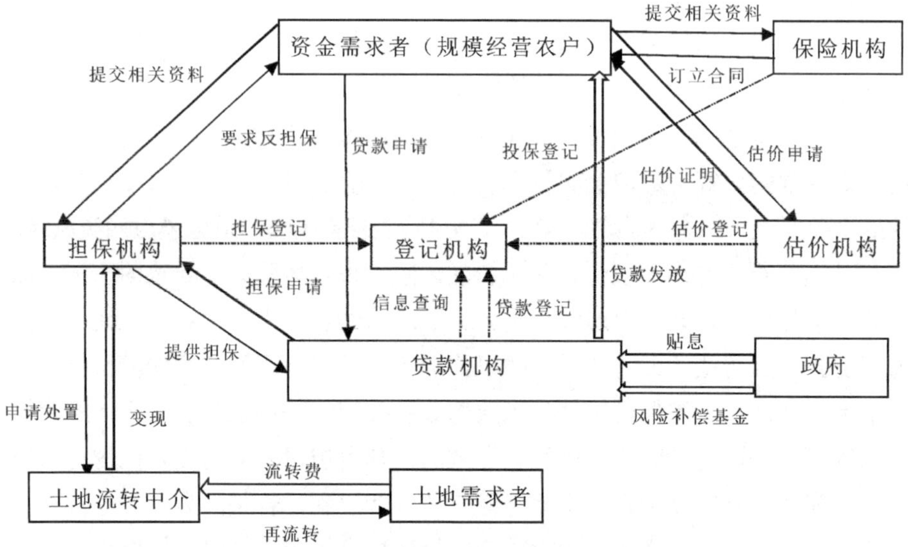

图 9–2　新型农村土地经营权抵押贷款流程图

第一，多主体参与。农村土地经营权抵押融资创新模式至少包括以下主体：规模经营农户、贷款机构、土地信息登记机构、价值评估机构、保险机构、担保机构等配套机构、农村产权交易市场、地方政府、土地潜在需求者。其中，前五类是直接参与农村土地经营权抵押贷款业务流程的显性主体，各级政府是负责建立、协调、监管其他各机构的隐性主体。

第二，责任明确，科学分工。各主体相互独立，科学分工。登记机构负责对农村土地经营权抵押的投保信息、担保信息、价值评估信息和抵押信息进行登记汇总，是农村土地经营权抵押贷款业务各主体的联系纽带，承担着新模式业务系统的信息传递和支持保障功能；价值评估机构负责根据法律规定，制定一套科学合理的农村土地经营权价值评估体系，能够对不同形式的土地进行价值评估，为金融机构发放贷款提供可靠依据；保险机构负责结合地方农业特色，不断创新险种，根据农村土地经营权抵押贷款政策设计相关农业保险，提高农业保险普及率和覆盖面积，加强保险理赔工作，提高农户参与农业保险的积极性；担保公司负责在金融机构要求担保时，对农户信息审核通过后接受农村土地经营权抵押，与农户和金融机构订立合同，为农户贷款提供担保，保证农户可以获得资金扩大生产；政府负责规范农村土地经营权抵押贷款业务流程，保证农村土地经营权抵押贷款业务惠及于民。

第三，风险分层控制，规范行为标准。建立违约风险分层控制体系，是从借款人、金融机构、其他担保方三个层次来分担违约风险，即进行层次性风险分担，形成三层制约机制。同时构建标准化的行为操作体系，规范各方的运作行为，标准化的行为规范有利于事后监督追责。

对于借款人形成的违约风险，追责借款人；对其他担保方形成的违约风险，追责其他担保方；金融机构加强完善内部追责机制，追责分为向信贷员、管理者和对内部管理制度的核查三方面的追责。形成可追溯的追责程序，主要追责信贷办理放贷手续是否合规，同时二者共同对借款人和其他担保方进行重新核查，对他们的资信状况和违约情况重新审查，并细分借款人和担保方的责任分担；之后负责将审查结果向上级管理部门汇报，如出现不合规的放贷行为而造成巨大违约风险的，启动问责机制，并加强内部控制。

9.4.3　农村土地经营权抵押融资创新模式的适用性

（1）农业经济较为发达，农村土地经营权抵押价值稳定且易于变现。在经济较为发达的农村地区，土地收益高，土地规模程度较高，农村土地具有较高的抵押价值。经济较为发达的农村地区农户土地需求旺盛，土地流转频率和流转规模更高，土地具有较高的流转变现能力，这大大降低了农村土地经营权抵押融资的违约处置难度。

（2）较为高效的土地流转市场。高效的土地流转市场是农村土地经营权抵押贷款业务开展的基础。一方面，高效的土地流转市场解决了金融机构的后顾之忧，激励金融机构提高贷款供给，解决了拥有土地而缺少资金的农户的资金需求；另一方面，高效的土地流转市场解决了拥有资金而缺少土地的农户的土地需求。高效的土地流转市场提高了土地流转效率，促进了土地流转的规模化，拉动了农村经济。

（3）较为成熟的农村金融市场。农村土地经营权抵押融资创新模式的有效运转，需要各主体相互合作。成熟的农村金融市场，具备完善的配套机制，各主体分工合作，有利于保障农村土地经营权抵押贷款业务顺利运行，提高农村金融效率，促进农村金融市场的发展。

第十章　促进农村土地经营权抵押融资完善的对策建议

10.1　法律制度层面

10.1.1　健全农地经营权抵押相关制度

确保土地产权明晰，推动部门确权信息与金融机构联网共享。推广农业生产全程社会化服务的试点经验，培育经营性服务组织，加快农地经营权流转市场的规模化、规范化建设。完善土地经营权价值评估体系，促进农地经营权完全抵押功能的实现，加快完善配套制度及体制机制，为农地经营权抵押融资业务的有序开展扫清障碍。完善农地经营权抵押的法律，明确农地经营权抵押的合法性；构建规范化、市场化的农村土地流转市场，促进农地流转，有效解决农地经营权处置问题；建立健全农地经营权抵押评估体系，为农地经营权提供合理定价；建立抵押物处置机制，降低信贷风险，增强金融机构放贷积极性。

10.1.2　提高政策扶持的精准度和法律法规相互配套性

政府应着力扩大政策性农业保险覆盖范围，减轻自然灾害对农户造成的损失，进而扩大农地经营权抵押融资业务的覆盖范围。在推进农地经营权抵押融资时，还应与金融机构互相配合，综合多方面风险因素，设置风险防范基金，与金融机构共同承担重大事件对金融机构造成的损失。而且，还可以进一步细化农地经营权抵押贷款的相关法律法规和管理办法，协调农户、金融机构和政府等相关参与主体的权责关系，确立农地经营权的抵押主体地位，提高金融机构积极性的同时确保土地经营权抵押融资的顺利发展。

10.2　土地流转层面

10.2.1　促进土地高效流转，推进土地规模化经营

（1）加快促进土地流转。地方政府拟定行政范围内全部可流转土地的规划工作，引导土地合理有效流转。鼓励农户以转包、出租、托管、入股等

方式，促进土地有序流转。依法完善土地流转协议，有效及时调节或仲裁土地流转纠纷，力求土地流转产生多赢效果。积极依托互联网优势建立土地流转信息交易平台，及时发布土地需求与供给信息，保证土地流转按市场化方式运作，提高土地流转效率。

（2）鼓励土地适度规模经营。地方政府鼓励农业经营者适当流入土地进行规模经营，同时设定土地流入用途限制，防止出现土地经营用途偏离。同时对发展适度规模经营的农户家庭给予有益于农业生产的奖励。促进适度规模经营，为农村土地逐步实现规模化、集约化经营创造条件。

10.2.2 完善农村土地确权及登记制度

农村土地承包经营权抵押融资的抵押物为农户的农地经营权，由于抵押物的特殊性，需要政府部门积极推进农地确权登记及证书发放的制度。农地确权登记及证书发放工作，是保障农户进行农村土地经营权抵押融资的基础性工作，也是金融机构在处置抵押物的基础性工作，做好该项工作，才能满足农户土地经营权抵押贷款的基础条件。

在农户参与土地经营权抵押贷款时，以农户土地经营权准确估值作为抵押向金融机构借款，解决农户的资金需求，在稳定农户土地承包权的前提下，促进农户土地经营权可抵押、可流转，在制度层面解决农户土地经营权抵押贷款的潜在问题。

10.2.3 建设农村土地交易平台，完善评估体系

（1）建设农村土地流转平台。农业部出台的《农村土地承包经营权流转管理办法》中对农地流转市场有明确规定，县级以上人民政府中的农业主管部门或者农村经营管理部门加强指导和管理，积极培育农村土地流转市场，应当遵循现有的市场经济规律，实现土地资源配置的最优化。

政府部门应该做好农村土地流转的相关法律政策的宣传教育，设置农村土地流转对应的管理部门，制订农村土地流转的规则，通过各种有效途径做好农村土地流转信息的发布，同时在农村土地流转中承担起监督责任，维护农地流转市场秩序，保证农地流转的效率。

（2）建立农村土地价值评估体系。对农户土地价值的有效评估，是进行农户土地经营权流转、抵押过程中必不可少的环节，农户土地经营权具有特殊性，需要建立合理的农村土地价值评估体制，精确评估其内在价值。

相关部门可以建立有效的土地价值评估体系，针对农户土地流转、抵押和入股形成完整的土地价值评估体系，形成专业化的农村土地价值评估系统，鼓励设立专业化的农户土地价值评估机构。

（3）引入市场化的土地价值评估机构。调研地区土地价值的评估主要通过政府主导型的价值评估体系。政府出台相应土地经营权评估指导价格，需引入市场机制。鼓励试点地区建立市场化的农村土地经营权价值评估机构，完善农村土地产权价值评估体系，制定科学的评估标准，综合考虑土地所在区域、种养殖品种、农业设施的投入、地上附着物、相关收益等因素，合理确定抵押物价值。引入市场化机制，通过市场均衡作用确定农村土地的价格，促进农村土地经营权抵押功能的实现。在规范农村土地经营权价值评估体系的过程中，应该注意调节政府与市场的关系，在保障农民基本生活的前提下，赋予土地合理价值。

10.2.4　细化土地流转的相关政策，推进土地规模化流转

控制农地经营权抵押贷款的违约风险，要以完善的政策为前提，细化完善土地流转的相关制度法律。只有夯实土地流转的具体事宜，才能有效抑制贷款违约风险的形成。农户的土地流转经营规模越大，会促进农户违约的概率降低。需要对土地流转的相关法律制度进行细化落实，可将土地流入和土地未流入的借款人进行分类，实行差别化信贷政策。鼓励专业化合作社等大户进行规模化流转，对合规的规模流转行为给予政策鼓励，地方财政可以设立专项资金用于奖励规模流转。

对土地流转各个环节的具体权责进一步进行明确，确保各个环节落到实处。设立土地流转网络平台，定期公布土地流转平台的相关信息，为有流转需求的流转主体提供媒介，切实发挥土地流转平台的作用。鼓励规模化、产业化流转，使得土地的流转目的切实得到落实，确保农民对土地的有效需求和供给能够得以满足。

10.3　风险控制层面

10.3.1　建立多层次农村土地经营权抵押融资风险共担体系

（1）建立风险预警与损失补偿体系。县级政府设立农村土地抵押贷款风险补偿专项基金，用风险补偿专项基金对农地经营权抵押融资业务进行担保、补贴、补偿或者奖励。对由于极端原因造成的银行贷款的实际损失，由

风险补偿专项基金与贷款金融机构按比例分别承担损失，最大限度地降低银行业等金融机构的风险，激发金融机构开展农地经营权抵押融资业务的热情。

（2）引入市场化担保体系。采取市场化运作的方式，引进担保公司为土地经营权抵押贷款进行担保，开展多元化的农村信用担保评估，确定风险补偿专项基金、独立的担保公司和金融机构的合理分担比例。组建并调动农村担保机构如农民专业合作社、农业专业担保机构等分担农地经营权抵押贷款风险，由农村专业化担保机构为其提供担保，有效分散贷款风险，提高涉农金融机构发放土地经营权抵押贷款的意愿。

（3）拓展农业保险。在政府推动下积极拓展政策性农业保险，充分发挥保险的经济补偿功能，降低和分散农业生产的自然风险。鼓励保险公司创新农业保险业务，加快发展多渠道、多形式的农业保险，加强涉农信贷和保险合作。针对这一新型的抵押融资金融产品，在现行法律规定的条件许可下开设与其高度相关的保险品种，鼓励和支持扩大农业保险覆盖面，对具有一定经营规模的农户适当提高农业保险补贴比例，促进农业保险纵深发展，降低农业生产经营风险至最低限度。同时，要加大宣传力度，普遍提高农民参保率。

10.3.2 科学识别风险类型，进行风险精准管理

严格识别和把控影响农地经营权抵押贷款的主要风险，包括市场经营风险、政策法律风险、自然灾害风险、家庭经济风险和道德风险。为降低贷款风险发生概率，风险控制要全面周详、综合把握，针对不同风险类型制定不同风险控制方案，并注重不同风险类型之间的相互影响和关联性。

结合农地经营权抵押贷款风险的树形结构及层次性特征，采用差别化的风险类型权重，开展不同农地规模农户及新型农业经营主体的信用等级评定工作，准确判定贷款对象，提高风险识别精准度。

10.3.3 建立多层次的风险保障和分担机制

为促进农村土地经营权抵押融资模式的运行，建立多层次的风险保障和分担机制。一是要加快建立多层次的风险共担机制。在农村土地经营权融资模式运行中，要求农户参与农业保险来降低农业经营生产中的损失风险，通过建立完善“政府引导＋财政补贴＋农业保险＋连带保证”的多层次风险分担机制，有效降低信贷风险；二是鼓励设立涉农融资担保公司，为农村土地经营权抵押融资提供担保服务；三是加强涉农信贷和农业保险的合作机制，

创新与农村土地经营权抵押融资业务紧密相关的保险产品；四是完善风险保障和补偿机制，建立由借款主体、金融机构和担保机构共同承担损失的风险分担机制。

（1）采取精细化的风险度量和控制措施。金融机构应根据每笔贷款涉及的农产品市场价格、自然灾害、农作物生长周期等影响土地使用效率相关因素的变化情况，实时监控借款人的信用水平变化和风险特征，尝试运用RAROC贷款定价等先进的风险控制手段，根据贷款的信用水平变动情况，及时调整和优化贷款的利率水平，精准的防范农地抵押贷款的预期损失，降低风险成本。

（2）完善风险保障机制。建立“农业保险＋多重风险评估”的双重风险保障机制，一方面强化农业保险的保障作用，另一方面实行“国家评估＋当地政府评估＋金融机构评估＋专业风险评估平台评估”的多重评估模式，在风险形成前期做好准备。

（3）严格执行违约风险分层控制体系标准。建立借款人、金融机构、其他担保方三层制约机制，要求责任明确，标准严格，执行有效。其中任何一方导致违约都将承担相应责任。标准化的责任分担和追究体系，有利于各方各司其职，也有利于相互监督。

10.4　贷款融资层面

10.4.1　瞄准抵押融资服务对象，确保风险识别的准确性

金融机构应结合农地经营权抵押融资信用风险的影响因素，有选择性的筛选贷款服务对象。首先，金融机构应将农地经营权抵押贷款的目标客户群定位在家庭农场、种植养殖大户、专业合作社等规模农业经营主体。此类经营主体大都参与农业保险，抗风险能力较强。其次，在审核贷款过程中，金融机构还应该考虑到抵押农地的地上附着物的特征及其价值，区别粮食作物和经济作物，较为准确地把握农业生产经营项目未来收益的稳定性等特征。最后，金融机构在准确定位客户群的同时，还应提高对借款人风险识别的准确性，实行审慎的贷前风险防范，从根本上控制信用风险。

10.4.2　有针对性的设计抵押贷款条款，有效约束借款人行为

金融机构可以尝试在承包期内，对承包经营权抵押农户适度延长抵押贷

款期限，使农地经营权抵押融资有效地促进农业生产。而且，金融机构应根据地上附着物特征等设计贷款条款，可以尝试设定灵活的贷款利率和贷款金额。其次，针对经营权的不同来源设计贷款合同，尤其是提高流入经营权抵押贷款的违约成本，有效约束借款人行为，在保证金融机构正常经营和风险可控的前提下，尽可能使农地经营权抵押贷款资金能够有效提高农业生产效率，为新型农业经营主体拓宽融资渠道。

10.4.3 推进农村信用体系建设，加快金融服务方式创新

逐步完善农户信用档案，为金融机构开展农地经营权抵押贷款提供准确信息，降低借贷双方的信息不对称；金融机构应根据农地经营权的权能属性，简化贷款审批流程，降低农户申贷成本。

依据农户异质性特征，精确衡量抵押条款，把控农地经营权抵押贷款风险。按照农户的经济水平进行分类管理，精准识别农户异质性特征，确定适宜的信用等级和抵押贷款条款，核实农户贷款抵押物质量，针对性加强贷前和贷后的信贷资金管理，降低信贷风险，加快服务方式创新。

10.4.4 合理设置农村土地经营权抵押比例

设置合理的农户土地经营权抵押比例，在合理比例范围内农户可进行土地经营权的抵押融资，既能解决农户的资金需求，又能保障农户一部分土地的收益。农户的农地经营规模与金融机构抵押融资条件存在一定差距，相关金融机构适当调整农村土地经营权抵押融资中的农地经营规模条件，合理设置抵押融资中对农户土地经营面积的要求。金融机构可以将人均土地面积纳入农村土地经营权抵押融资的条件，并合理设置农村土地经营权抵押融资条件，规定以人均土地为分界点，家庭土地经营面积多于人均分界点的农户可以鼓励抵押融资，使这项贷款政策能真正行使其惠农、惠民的意义。

10.4.5 完善农村土地经营权抵押融资管理体系

农村土地经营权抵押融资涉及农户、金融机构、政府以及相关中介机构等一系列主体，为了推进农村土地经营权抵押融资这一惠农政策，政府应针对这一系列主体出台制度细则。第一，建立政府辖区农户的资信审查体系，完善农户农地确权登记及证书发放，协同当地金融机构进行农村信用建设；第二，为防范金融机构的贷款风险，鼓励当地金融机构开展农村土地经营权

抵押融资工作，积极培育活跃的农地流转市场，加速农产品价格市场化，优化土地资源配置；第三，就政府层面来讲，应积极出台农村土地经营权抵押融资管理细则，对农户在该项抵押贷款中可能会遇到的各项问题逐一说明，同时应考虑建设农村社会保障体系，降低失地风险对农户带来的损失；第四，鼓励、引导专业化土地金融机构的发展，如农业专业担保机构、农业评估机构、土地金融公司等，建立农户土地价值评估机制，为农村土地经营权抵押融资创造良好的发展环境。

10.4.6 健全贷后风险实时监测体系

由于农地经营权抵押贷款仍处于初期发展阶段，金融机构缺乏针对性的贷款经验，因此建立贷后风险实时预警体系至关重要。贷后风险实时监测体系主要包括对抵押物、借款人、担保人三方面的监测，对直接将土地经营权抵押给银行的贷款人，定期关注抵押物价值是否发生改变、贷款用途是否违规；对采取“抵押＋担保”贷款形式的农户，定期关注担保人信用状况，明确记录信用等级，并定期公布，作为贷款的依据严格备案。在贷款之后，相关监督机构要定期对金融机构的贷款情况进行核查，对金融机构是否对贷款人的抵押物进行评估加以确认，对未按照规定评估土地价值就发放贷款的金融机构进行罚款。从而使土地经营权抵押贷款的违约风险造成的损失在最大程度上降到最低，切实保障金融机构的利益和借款人应有的权益。

10.5 经营主体层面

10.5.1 发挥金融机构主体作用，有效配置信贷资源

积极引导金融机构合理优化配置信贷资金，鼓励农地经营权抵押贷款向规模农户和新型经营主体发放，弥补农业规模化生产资金不足的问题。鼓励农地经营权向规模农户、新型经营主体和职业农民流转，并结合不同经营主体农业生产经营特点，为其提供专业性和综合性农业生产社会化服务，提高农业生产率。

引领金融机构优化配置信贷资源，促进农业规模化和现代化发展。强化政策的引领和导向作用，鼓励金融机构倾向种养大户、家庭农场、农业生产合作社和农业企业等规模经营主体发放农地经营权抵押贷款，鼓励满足中长期的农田修整、水土保持、基础设施、技术更新和机械购买等信贷资金需求，加快实现规模经营，提升农业质量。

引导和规范农户与金融机构抵押融资中的信贷行为，推进农地经营权抵押融资业务稳妥有序开展。增强农地经营权抵押品功能，强化对农户行为的约束和激励作用；加大政府政策与财政支持力度，完善农地经营权抵押融资配套措施，调动金融机构发放农地经营权抵押贷款的积极性。

10.5.2 健全农户信用体系和征信管理

（1）加快农户信用建设。加快农村地区的信用建设，对金融机构创建宽松的业务环境很有必要。第一，针对农户信用知识缺乏的情况，中国人民银行及相关部门应在农村地区定期开展全面性、持久性的征信知识宣传，不断提高农户的信用意识，提高农户参与信用体系建设的自觉性。同时相关政府部门也应该通过各种渠道，向农户宣传征信知识，提高农户的诚信意识，为农村信用体系建设打好基础。第二，建设规范的农村征信管理系统，实现农村征信信息共享。相关部门以中国人民银行个人征信系统为依托，以现有的农户信息为依据，推进开发农村征信管理系统工作，完善农户征信信息采集方式，建立统一的农村征信管理系统，方便涉农金融机构对农户征信记录的查询。

（2）加强对相关参与主体的征信管理。农村土地经营权抵押融资是农村金融制度创新的产物，这就要求有关金融机构要从征信方式入手，不断完善个人征信系统建设，建立借款人的信用档案，促进各金融机构之间信息沟通与合作，从根本上控制潜在的信用风险。

10.5.3 普遍提高农民职业素养

（1）加强农民素养培训。金融机构面临农户的贷款申请时需要花较大的成本甄别潜在借款人，但仍可能出现逆向选择。地方政府应积极督促农民参加职业素养培训，巩固农户对土地耕作的情感归属，塑造农民的契约精神；加强农户农业生产技能学习，利用知识下乡或科研入户的方式开展一对一的实地教学。

（2）大力培育职业农民。在农业现代化进程中，涌现出越来越多的职业农民，只有掌握科学的生产方式才会有较高的农业投资回报率。大力培养农技水平高的新型职业农民，制定相应的评定标准、培养办法、支持政策，积极鼓励高校毕业生、外出能人和退伍军人到农村创业，建立新型职业农民培养基地，互相探讨共同进步。

10.6 配套支持层面

10.6.1 稳定农产品价格，采用科学的风险管理技术

农产品价格稳定是农地经营权抵押融资业务顺利开展的基础，因此需要多维度共同发力，完善农产品价格体系和监管机制，推进农产品期货市场发育完善，发挥政策性保险和政府保护作用，以此来规避市场风险。采用科学风险管理技术，按风险类型提取风险补偿金，提高风险补偿广度和深度。依据不同风险类型，对农地经营权抵押贷款风险影响的强弱，按一定比例提取不同风险类型的风险补偿金。

10.6.2 加快农业生产规模化和现代化，促进农业保险制度建设

充分发挥政府保护和政策性农业保险的作用，把更多的农产品纳入风险保障体系，提高农户抵御市场风险和自然风险的能力，降低农户生产风险损失，增强金融机构放贷意愿，有效降低农户信贷约束。

有效甄别客户信息，发挥农地经营权抵押约束农户生产经营行为的作用，加强信贷档案管理，降低信贷双方的信息不对称，缓解逆向选择和农户道德风险问题，切实将信贷资金投向有信贷资金需求且具有较高还款能力的优质客户。加快培育新型农业经营主体，促进农业适度规模经营，发挥规模经济效益，调整农业种养结构，发展营利性高的优势特色农业，提高农地经营权的经济价值。

10.6.3 完善农村社会保障体系

农村地区的社会保障制度一直是国家十分重视的政策安排，目前国家已建立农村地区的医疗保障制度、养老保障制度以及相应的农业生产补贴制度，也在积极探索建立农业巨灾风险机制，解决农户因自然灾害等因素引起的农业损失。随着农村地区的进一步发展与农户土地经营权抵押贷款的进一步推进，可创新农村地区农户抵押融资模式，但农业自身收益的不稳定性所带来的风险仍待进一步解决，相关部门通过完善农村土地经营权抵押融资的农户失地社会保险制度和设立农地抵押融资保险等，以此来分担农村土地经营权抵押融资中农户面临的保障风险，为我国农村地区农地经营权抵押融资业务顺利发展奠定基础和前提。

参考文献

[1] 张晓山，苑鹏 . 合作经济理论与中国农民合作社的实践 [M]. 北京：首都经济贸易大学出版社，2009(8).

[2] 黄祖辉，刘西川，程恩江 . 贫困地区农户正规信贷市场低参与程度的经验解释 [J]. 经济研究，2009(4):116–128.

[3] 林毅夫 . 缓解“三农”问题要靠金融创新 [J]. 中国农村信用合作，2006(3):16–17

[4] 何广文 . 中国农村金融供求特征及均衡供求的路径选择 [J]. 中国农村经济，2001(10):40–45.

[5] 李锐，李超 . 农户借贷行为和偏好的计量分析 [J]. 中国农村经济，2007(8):4–14

[6] 韩俊，罗丹，程郁 . 信贷约束下农户借贷需求行为的实证研究 [J]. 农业经济问题，2007(2): 44–52,111.

[7] 肖诗顺，高锋 . 农村金融机构农户贷款模式研究—基于农村土地产权的视角 [J]. 农业经济问题，2010(4):14–18,110.

[8] 兰庆高，惠献波，于丽红，王春平 . 农村土地经营权抵押贷款意愿及其影响因素研究——基于农村信贷员的调查分析 [J]. 农业经济问题，2013(7):78–84,112.

[9] 曹瓅，罗剑朝 . 农村承包地经营权抵押贷款业务评价及影响因素——基于金融机构客户经理视角 [J]. 财经科学，2015(10):82–91.

[10] 黄惠春，祁艳，程兰 . 农村土地承包经营权抵押贷款与农户信贷可得性——基于组群配对的实证分析 [J]. 经济评论，2015(3):72–83,96.

[11] 杨奇才，谢璐，韩文龙 . 农地经营权抵押贷款的实现与风险：实践与案例评析 [J]. 农业经济问题，2015(10):4–11,110.

[12] 吕德宏，常露露，马战军 . 农村土地经营权抵押融资平罗模式：农户融资推进器 [J]. 西部金融，2016(7):56–59.

[13] 黄惠春，祁艳 . 农户农地抵押贷款需求研究——基于农村区域经济差异的视角 [J]. 农业经济问题，2015(10):11–19,110.

[14] 李韬，罗剑朝 . 农户土地承包经营权抵押贷款的行为响应——基于 Poisson Hurdle 模型的微观经验考察 [J]. 管理世界，2015(7):54–70.

[15] 黄惠春 . 农村土地承包经营权抵押贷款可得性分析——基于江苏试点地区的经验证据 [J]. 中国农村经济 , 2014(3):48–57.
[16] 林乐芬 , 王步天 . 农户农地经营权抵押贷款可获性及其影响因素—— 基于农村金融改革试验区 2518 个农户样本 [J]. 中国土地科学 , 2016(5):36–45.
[17] 林乐芬 , 孙德鑫 . 农地抵押贷款及其风险管理研究——基于枣庄市的案例分析 [J]. 现代管理科学 , 2015(12):30–32.
[18] 张龙耀 , 王梦珺，刘俊杰 . 农民土地承包经营权抵押融资改革分析 [J]. 农业经济问题 , 2015(2):70–78,110.
[19] 陈锡文 , 农村土地制度改革不能突破三条底线 [J]. 国土资源导刊 , 2013(12):38–39.
[20] 简新华 , 杨冕 . "中国农地制度和农业经营方式创新高峰论坛" 综述 [J]. 经济研究，2015(2):186–191.
[21] 张红宇 . 中国农村土地产权政策 : 持续创新——对农地使用制度变革的重新评判 [J]. 管理世界 , 1998(6):168–177.
[22] 钱忠好 . 农村土地承包经营权产权残缺与市场流转困境：理论与政策分析 [J]. 管理世界 , 2002(6):35–45,154–155.
[23] 林毅夫 . 再论制度、技术与中国农业发展 [M]. 北京 : 北京大学出版社 , 2000(1).
[24] 何明生 , 帅旭 . 融资约束下的农户信贷需求及其缺口研究 [J]. 金融研究 , 2008(7): 66–79.
[25] 朱喜 , 李子奈 . 我国农村正式金融机构对农户的信贷配给——一个联立离散选择模型的实证分析 [J]. 数量经济技术经济研究 , 2006(3):37–49.
[26] 程郁 , 罗丹 . 信贷约束下中国农户信贷缺口的估计 [J]. 世界经济文汇 , 2010(2):69–80.
[27] 黄祖辉 , 刘西川 , 程恩江 . 中国农户的信贷需求：生产性抑或消费性——方法比较与实证分析 [J]. 管理世界 , 2007(3):73–80.
[28] 常露露，吕德宏 . 农地经营权抵押贷款风险识别及其应用研究——基于重庆 639 个农户样本调查数据 [J]. 大连理工大学学报 (社会科学版), 2018(5):41–50.
[29] 陈锡文 . 用发展新理念破解 "三农" 新老难题——解读 2016 年中央 "一号文件" 亮点 [J]. 中国乡村发现 , 2016(2):1–7.
[30] 韩俊 . 涉及农民切身利益的若干问题及政策建议——基于国务院发展研究中心农村部的调查 [J]. 改革 , 2005(10):5–11.
[31] 尹志超 , 甘犁 . 信息不对称、企业异质性与信贷风险 [J]. 经济研究 , 2011(9):121–132.
[32] 黄惠春 , 徐霁月 . 中国农地经营权抵押贷款实践模式与发展路径——基于抵押品功能的视角 [J]. 农业经济问题 , 2016(12):95–102,112.
[33] 程志强 . 对我国土地信用合作社实践的思考——以宁夏平罗为例 [J]. 管理世界 ,

2008(11):1–8.

[34] 丁毅森 . 农村土地经营权抵押融资助力供给侧结构性改革 [J]. 农村经济与科技，2017(2):9–10.

[35] 郭忠兴 , 汪险生 , 曲福田 . 产权管制下的农地抵押贷款机制设计研究——基于制度环境与治理结构的二层次分析 [J]. 管理世界 , 2014(9):48–57,187.

[36] 惠献波 . 农户土地承包经营权抵押贷款潜在需求及其影响因素研究——基于河南省四个试点县的实证分析 [J]. 农业经济问题 , 2013(2):9–15,110.

[37] 罗剑朝 , 庸晖 , 庞玺成 . 农地抵押融资运行模式国际比较及其启示 [J]. 中国农村经济 , 2015(03):84–96.

[38] 吕德宏 , 闫文收 , 杨希 . 农业资金投入渠道对粮食生产能力影响差异性及协作性研究 [J]. 农业技术经济 , 2013(6):106–112.

[39] 林乐芬 , 俞涔曦 . 家庭农场对农地经营权抵押贷款潜在需求及影响因素研究——基于江苏 191 个非试点村的调查 [J]. 南京农业大学学报 (社会科学版), 2016(1):71–81,164.

[40] 吕德宏 , 张无坷 . 农地经营权抵押贷款信用风险影响因素及其衡量研究 [J]. 华中农业大学学报 (社会科学版) 2018(4):137–147,173.

[41] 吕德宏 , 朱莹 . 农户小额信贷风险影响因素层次差异性研究 [J]. 管理评论 ,2017(1):33–41.

[42] 汪小亚 . 关于农村土地经营权抵押贷款问题的研究 [J]. 中国金融 , 2009(9):53–55.

[43] 张晓玫 , 宋卓霖 . 保证担保、抵押担保与贷款风险缓释机制探究——来自非上市中小微企业的证据 [J]. 金融研究 , 2016(1):83–98.

[44] 钞贺森, 田旭, 于晓华. 肉类消费结构、饲料安全和粮食安全——农业“供给侧改革”的一个参照系 [J]. 农业现代化研究 , 2017(5):737–745.

[45] 陈菁泉 , 付宗平 . 农村土地经营权抵押融资风险形成及指标体系构建研究 [J]. 宏观经济研究 , 2016(10):143–154.

[46] 付兆刚 , 郭翔宇 . 农地经营权抵押贷款农户需求行为影响因素分析——基于黑龙江省 6 个县 1328 个农户的问卷调查 [J]. 中国土地科学 , 2017(3):4–12.

[47] 李佳欣，吕德宏 . 贫困山区金融精准扶贫模式、效果及对策建议 [J]. 农村金融研究，2019(3):66–70.

[48] 梁虎 , 罗剑朝 , 张珩 . 农地抵押贷款借贷行为对农户收入的影响——基于 PSM 模型的计量分析 [J]. 农业技术经济 , 2017(10):106–118.

[49] 梁晓琦 , 吕德宏 . 农地经营权抵押融资主体信贷行为演化博弈研究 [J]. 金融理论与实践 , 2017(12):58–64.

[50] 林建伟 . 风险认知对农地经营权抵押贷款供给意愿的影响——基于信贷员认知的视角 [J]. 经济问题 , 2018(3):47–51.

[51] 漆信贤 , 黄贤金 . 基于供给侧的承包经营权抵押贷款需求与可获性研究——以常州市武进区为例 [J]. 南京审计大学学报 , 2018(1):56–68.

[52] 苏岚岚 , 何学松 , 孔荣 . 金融知识对农民农地抵押贷款需求的影响——基于农民分化、农地确权颁证的调节效应分析 [J]. 中国农村经济 , 2017(11):75–89.

[53] 张欣 , 于丽红 , 兰庆高 . 农户农地经营权抵押贷款收入效应实证检验——基于辽宁省昌图县的调查 [J]. 中国土地科学 , 2017(12):42–50.

[54] 陈朝兵 . 农村土地“三权分置”: 功能作用、权能划分与制度构建 [J]. 中国人口 · 资源与环境 , 2016(4) :135–141.

[55] 陈锡文 . 当前农业和农村经济形势与“三农”面临的挑战 [J]. 中国农村经济 , 2010 (1):4–9.

[56] 于鹏 . 推进农村土地的承包经营权抵押贷款试点工作的实践与思考——以辽宁昌图试点为例 [J]. 农村金融研究 , 2016 (5) :70–72.

[57] 张无坷 . 农村土地经营权抵押融资信用风险度量及控制研究 [D]. 杨凌 : 西北农林科技大学 , 2017 (5).

[58] 孙金建 . 农村土地经营权抵押融资模式运行影响因素实证研究 [D]. 杨凌 : 西北农林科技大学 , 2017(5).

[59] 彭婧婧 . 基于土地流转的农地经营权抵押贷款违约风险影响因素研究 [D]. 杨凌 : 西北农林科技大学 , 2017(5).

[60] 常露露 . 农村土地经营权抵押融资风险识别及其应用研究 [D]. 杨凌 : 西北农林科技大学 , 2018(5).

[61] 梁晓琦 . 农地经营权抵押融资主体信贷行为效果及演化博弈研究 [D]. 杨凌 : 西北农林科技大学 , 2018(5).

[62] 刘俊 . 基于 AHP 模型的农村土地经营权抵押融资模式创新研究 [D]. 杨凌 : 西北农林科技大学 , 2018(5).

[63] 张梦娜 . 基于农户认知的农村土地经营权抵押融资条件研究——以眉县为例 [D]. 杨凌 : 西北农林科技大学 , 2016(5).

[64] 刘芮 . “三权分置”模式下土地经营权的法构造研究 [D]. 广州 : 华南理工大学 , 2019(5).

[65] 陈宇 . 农村集体产权制度改革风险研究 [D]. 武汉 : 华中师范大学 , 2019(5).

[66] 蔡锷 . “三变”改革框架下甘肃落后地区旅游扶贫研究 [D]. 兰州 : 兰州大学 , 2019(5).

[67] 宋宜农 . 新型城镇化背景下我国农村土地流转问题研究 [J]. 经济问题 , 2017(2):63–67.

[68] 王薇 , 马慧芳 . 新型城镇化背景下变革农村土地流转的方式 [J]. 农业经济 , 2019 (3):91–93.

[69] 谢玲红，吕开宇 . 我国农村耕地流转基本特点、区域差异及政策优化——基于 8 省农户调查的数据 [J]. 农村经济 , 2016(7):34–41.

[70] 张信芳 , 赵蕊 . 乡村振兴的重要抓手 : 土地流转的思考与政策改进——以山西省忻州市为例 [J]. 经济研究导刊 , 2019(28):13–16.

[71] 吴方卫 , 康姣姣 . 农业补贴、要素相对价格与农地流转 [J]. 财经研究 , 2020(5): 81–93.

[72] 何军 , 朱成飞 . 新结构经济学视角下新型农业经营主体发育与农村土地流转方式选择——以江苏省为例 [J]. 东北师大学报 (哲学社会科学版), 2020(2):45–53.

[73] 陈映儒 . 农村土地流转与社会保障制度的逻辑演进及互促研究 [J]. 成都理工大学学报 (社会科学版), 2020(2):58–63.

[74] ALTMAN E, RESTI A, SIRONI A. Default Recovery Rates in Credit Risk Modeling:a Review of the Literature and Empirical Evidence[J]. Econonic Note,2010,33(2):183–208.

[75] ALI AS,TALA Q, MAJDALAWI M I. Loan Repayment Performance of Public Agricultural Credit Agencies: Evidence from Jordan [J]. Journal of Agricultural Science, 2013.5(6):221–229.

[76] BABCOCK B, HENNESSY D A. Input Demand under Yield and Revenue Insurance[J]. American Journal of Agricultural Economics, 1996,78(4):416–427.

[77] BESLEY T. Property Rights and Investment Incentives: Theory and Evidence from Ghana[J]. Journal of Political Economy, 1995, 103(5):903–937.

[78] CATER M，OLINTO M. Getting Institutions "Right" for Whom? Credit Constraints and the Impact of Property Rights on the Quantity and Composition of Investment[J]. American Journal of Agricultural Economics，2003,85(1):173–186.

[79] CONNING J,CHRISTOPHER U. Chapter 56 Rural Financial Markets in Developing Coutries.Handbook of Agricultural Economics, 2007,3(8724):2857–2908.

[80] DOMEHER D，ABDULAI R. Access to Credit in the Developing World: Does Land Registration Matter? [J]. Third World Quarterly，2012,33(1):163–177.

[81] DOWER P, POTAMITES E. Signaling Credit–Worthiness: Land Titles, Banking Practices and Formal Credit in Indonesia[J]. Bulletin of Indonesian Economic Studies, 2014,50(3):435–459.

[82] FIELD E，TORERO M. Do Property Titles Increase Credit Access Among the UranPoor?

Evidence from a Nationwide Titling Program[R].Working Paper of Harvard University, 2006:22–25.

[83] FOLTZ J. Credit Market Constraints and Profitability in Tunisian Agriculture[J], Agricultural Economics, 2004,30(3):229–240.

[84] FEDER G, ONCHAN T, RAPARLA T. Collateral, Collateral, Guaranties and Rural Credit in developing countries: evidence from Asia[J]. Agriculfural Economics, 1988,2(3):231–245.

[85] KEMPER N , HA L V , KLUMP R. Property Rights and Consumption Volatility: Evidence from a Land Reform in Vietnam[J].World Development,2015, 71:107–130.

[86] KATCHOVA A L, BARRY P J. Credit Risk Models and Agricultural Lending[J]. American Journal of Agricultural Economics, 2005, 87(1):194–205.

[87] KOCHAR A. An Empirical Investigation of Rationing Constraints in Rural Credit Markets in India[J]. Journal of Development Economics, 1997(2),53:339–371.

[88] KAILAS S. On the Operation of the Land Market in Backward Agriculture: Evidence From a Village in Orissa, Eastern India[J]. Journal of Peasant Studies,1998,25(2):102–130.

[89] LERMAN, ZVI. Policies and Insitítution for Commercialization of Subsistence Farms in Transition Countries[J]. Journal of Asian Economics.2005,15(3):461–479.

[90] MenKHOFF L D, NEUBERGER O. Rungruxsirivorn. Collateral and Its Substitutes in Emerging Markets' Lending[J]. Journal of Banking & Finance, 2012, 36(3):817–834.

[91] MALPEZZI S, CHUN G H, GREEN R K. New Place–to–Place Housing Price Indexes for U.S. Metropolitan Areas, and Their Determinants[J]. Real Estate Economics 1998,26(2):235–274.

[92] NIINIMAKI J P. Nominal and True Cost of Loan Collateral [J]. Journal of Banking & Finance,2011,35(10):2782–2790

[93] SHERRICK B J,BARRY P J, ELLINGER P N. Valuation of Credit Risk in Agricultural Mortgages[J]. American Journal of Agricultural Economics,2000,82(1):71–81.

[94] STIGLITZ J, WEISS E A. Credit Rationing in Markets with Imperfect Information [J], The American Economic Review, 1981.71(3): 393–410.

[95] SINHA M K, DHAKA J P, MEENA M S. Predicting Risk of Credit Default Using Discriminant Approach: Case of Tribal Dairy Farmers of Jharkhand Platue[J]. The Indian Journal of Animal Sciences, 2015,85(5):525–527.

[96] TYLER T, YANG C C, LIN M C. Collateral Risk in Residential Mortgage Defaults[J].The Journal of Real Estate Finance and Economics,2011,42(2):115–142.

[97] TEKLU T, LEMI A. Factors Affecting Entry and Intensity In Informal Rental Land

Markets in Southern Ethiopian highlands[J]. Agricultural Economics, 2015,30(2): 117–128.

[98] UMBECK J. Might Makes Rights: A Theory of the Formation and Initial Distribution of Property Rights[J]. Economic Inquiry, 1981,19(1)38–59.

[99] WILSON C. A Model of Insurance Markets with Incomplete Information[J]. Journal of Economic Theory, 1977,16(2):167–207.

[100]WILLAMSON S.D. Costly Monitoring,Loan Contract,and Equilibrium Credit Rationing[J], Quarterly Journal of Economics,1987,102(1):135–145.

[101] ZECH L., PEDERSON G. Application of Credit Risk Models to Agricultural Lending[J]. Agricultural Finance Review, 2004,64(2): 91–106.